Trauregister

aus den Kirchenbüchern Südniedersachsens

1851 - 1900

Herausgegeben

von der

Genealogisch-Heraldischen Gesellschaft Göttingen e. V.

Teil 6
rote Reihe

Göttingen West

Adelebsen *(-1900)*
Barterode *(-1891)*
Eberhausen *(-1891)*
Güntersen *(-1891)*
Ossenfeld *(-1891)*
Erbsen *(-1895)*
Lödingsen *(-1895)*
Fehrlingsen *(-1895)*
Wibbecke *(-1895)*

Göttingen
2025

Herausgegeben
von der
Genealogisch-Heraldischen Gesellschaft Göttingen e.V.
Göttingen
2025

Bearbeitung dieses Bandes:

Hans-Werner Diederich
Christiane Rochlitz
Kerstin Rümenap-Knappe

Bibliografische Informationen der Deutschen Nationalbibliothek:

Die Deutsche Nationalbibliothek verzeichnet diese Publikation in der Deutschen Nationalbibliografie; detaillierte bibliografische Daten sind im Internet über http://dnb.dnb.de abrufbar.

Verlag: BoD - Books on Demand, Überseering 33, 22297 Hamburg, bod@bod.de

Druck: Libri Plureos GmbH, Friedensallee 273, 22763 Hamburg

ISBN: 9 783819 226823

Inhaltsverzeichnis

Vorwort

Die Einträge der Copulationen in den jeweiligen Kirchenbüchern werden hier chronologisch wiedergegeben. Alle relevanten Eintragungen wurden in dieses Trauregister übernommen.

Für die familiengeschichtliche Auswertung sind die Originalkirchenbücher heranzuziehen. Sie werden im ev.-luth. Kirchenbuchamt in Göttingen aufbewahrt.

Die Kirchenbücher des bearbeiteten Zeitraums dieses Bandes sind durch unterschiedliche Personenangaben gekennzeichnet, die von Gemeinde und Kirchenbuchführer abhängig sind und schwanken können.

Ab 1874 sind die Standesämter für die Personenstandserfassung zuständig. In den Kirchenbüchern entfallen seitdem manche Eintragungen, wie beispielsweise die zu den Eltern und die des zukünftigen Wohnortes.

Ort und Datum der standesamtlichen Trauung hingegen wurden neu aufgenommen.

Seitens der evangelisch-lutherischen Landeskirche Hannover sind nicht aus allen Orten die Daten bis 1900 öffentlich zugänglich. Somit endet in manchen Ortschaften das Trauregister vor 1900.

Abkürzungen

*	– geboren, gebürtig aus
+	– verstorben, bereits verstorben
P.	– Proklamation (Aufgebot)
V:	– Vater
M:	– Mutter
Ww.	– Witwer
Wwe.	– Witwe
cop.	– Brautpaar copuliert in …
Ws.	– künftiger Wohnsitz, Wohnsitz
?	– fragliche Lesung

Oft vorkommende Vornamen sind hin und wieder abgekürzt z.B.

Cath.	– Catharina, Catharine
Chrian.	– Christian
Chrph.	– Christoph
Doroth.	– Dorothea, Dorothee
Joh.	– Johannes, Johann, Johanna
usw.	

Ortsnamen sind in der Regel nach heutiger Schreibweise wiedergegeben.

1851

30.03. **Schaper**, Heinr. Peter (Schuhmacher, nunmehriger Bürger
V: + Friedrich (Kothsass und Schuhmacher zu Oelber am weißen Berge im Braunschweigischen)
M: + Dorothee, geb. Beddies

Koch, Caroline Friederike Luise
V: + Friedrich (Bürger u. Zimmermann)
M: Dorothee, geb. Döring

21.04. **Thier**, Wilhelm Heinr. (königl. Forstaufseher zu Schneeden, Amt Rehburg)
V: + Matthias (Soldat, Celle)
M: + Luise Dorothee Charlotte geb. Hufemeyer

Rorig, Marie Dorothee Christine Charlotte
V: Wilhelm (Einwohner, Gemeindehirte)
M: Friederike, geb. Schoppe

24.04. **Mertens**, Carl Friedrich (Ww, Oeconom, herrschaftlicher Pächter in Gladebeck)
V: Georg Philipp (Amtsverwalter zu Sehlem unweit Ahlfeld)
M: Catharine Marie geb. Loewe

Poppe, Justine Caroline Wilhelmina
V: + Friedrich (Bruchsmüller)
M: Johann Magdalene Elisabeth, geb. Meseke von Lenglern

17.06. **Koch**, Ernst (Junggesell, Gesanglehrer in Köln
V: Johann Jeremino (Schultheiß in Pferdingsleben bei Gotha)
M: Barbara Maria geb. Tümpel

Haberland, Magdalene Auguste Sophie Christine Mathilde
V: Johann Georg Carl (Dr. juris, Bürger)
M: Dorothee Charlotte Wilhelmine Friederike, geb. Nöhde

18.08. **Stumpf**, Heinrich Friedrich Carl (unehelich, Bürger, Drechslermeister)
M: +Wilhelmine Stumpf unverehelicht)
V: N.N.

Bunnemann, Charlotte Marie Wilhelmine
V: Georg Friedrich (Bürger, Schankwirt)
M: Sophie Wilhelmine Charlotte, geb. Wolter

P.
cop. in Barterode
Wieneke, Ernst Wilhelm (Bürger, Schmiedemeister)

Nienstett, Charlotte Luise Henriette (in Barterode)

21.12. **Stöppler**, Johann Vollprecht (unehelich, Einwohner, Weber)
M: +Anna Margarethe Müller (zu Schlitz im Großherzogth. Hessen Darmstadt
V: Stöppler (aus Lauterbach, Handelsmann)

Kunze, Sophie Charlotte
V: +Heinrich Andreas (Einwohner, Tagelöhner)
M: + Dorothee Fischer (aus Lödingsen, spätere Ehefrau)

28.12. **Willgerodt**, August Christoph Ludwig (Schmiedemeister zu Harlingerode im Brannschweigischen)
V: + Johann Conrad Gerhard (Fuhrknecht in Adelebsen)
M: Auguste Amalie Wilhelmine, geb. Haberkorn (aus Salzgitter)

Rosenkranz, Johanne Marie Dorothee Christiane (aus Salzgitter, Dienstmagd bei dem jüd. Lehrer Schlepinger in Adelebsen)
V: + Christian (in Salzgitter, Musikus)
M: +Dorothee, geb. Stubig

1

Adelebsen

1852

04.01.	**Küster**, Heinr. Christoph (gräfl. Hardenbergischer Hofmeister zu Levershausen / Hardenberg) V: Joh. Andreas (Tagelöhner zu Bishausen im Amt Hardenberg) M: +Marie Elisabeth, geb. Peifer	**Hartge**, Dorothee Charlotte V: Christoph (Leibzüchter, Salzhändler) M: Sophie Charlotte, geb. Thiele
28.03.	**Hildebrand**, Heinrich Christian Ludwig (Einw., Tagelöhner) V: Johann Heinrich Ludwig (Einwohner, Tagelöhner) M: + Friederike, geb. Rorig	**Löhrke**, Dorothee Christine Charlotte V: Carl Georg Heinrich (Einwohner, Tagelöhner) M: Wilhelmine Ernestine Charlotte, geb. Tolle
P.	**Hillebrecht**, Heinrich Christian Ludwig (Schäfer auf dem Gut Adelebsen, geb. in Lödingsen)	**Winter**, Johanne (Lödingsen)
P.	**Mahn**, Heinrich August Eduard (Dr. med)	**Friederichs**, geb. **Riechland**, Johanne Marie Elise (Wwe. in Göttingen)
19.09	**Döring**, Christian Friedrich (Einwohner, Hofmeister auf dem hiesigen Gut, „zurückgenommener Junggeselle") V: Justus Gottlieb (Einwohner, Tagelöhner) M: +Hanne Marie Dorothee Caroline geb. Brosenne	**Burghard**, Johanne Friederike Sophie Caroline („zurückgenommene Jungfrau") V: Wilhelm (Bürger, Schuhmacher) M: + Caroline, geb. Nörtemann (öffentl. copuliert, mit Mütze, ohne Glocken)
03.10.	**Tolle**, Christian Friedrich (Schäfer auf dem hiesigen Gut) V: Heinrich (Schafmeister) M: Friederike Appel.	**Dräger**, Marie Justine Friederike (Lenglern) V: +Joh. Chr. Wilh. Dräger (Ackermann, Lenglern) M: +Sophie Justine Wilhelmine Heins
24.10.	**Frikke**, Georg Friedrich Wilhelm (Einw., concessionierter Schornsteinfeger) V: (angenommener Sohn) Jacob Sonnenberg (Bürger, Dachdeckermeisters) M: Charlotte, geb. Wüstefeld	**Burghard**, Marie Luise Charlotte V: Ludwig (Bürger, Schuhmachermeister) M: Friederike, geb. Rust (öffentl. copuliert, Anmerkung)
05.12.	**Wedemeyer**, Johann Christian Friedrich August (Brennknecht auf dem hiesigen adligen Gut) V: + Joh. Just. Heinrich Wedemeier (Schuhmachermeister) M: +Johanne Christine Luise Charlotte, geb. Engelhard	**Oberdiek,** Johanne Sophie Caroline Luise (aus Holtensen) V: +Christian Friedrich (Holtensen) M: +Marie Sophie, geb. Ahlborn
09.12.	**Weiß**, Carl Anton Friedrich (königl. Gerichtsvogt in Adelebsen) V: + Georg Wilhelm (Bürger, Bäckermeister zu Einbeck) M: + Doris, geb. Lieffers	**Heinemann**, Charlotte Luise Eleonore V: Georg Heinrich (Bürger und Metzgermeister zu Göttingen, (bei Gastwirt Ahlborn in Adelebsen großgezogen)) M: Dorothee, geb. Kindervatter

1853

P.
10.04.
17.04.
Leonhardt, Arthur Agathon Alexander (Amtsgerichtsassesor / Adelebsen, *24.02.1820 Burgwedel)
V: Georg (Rittmeister)
M: Emilie Amalie Wilhelmine, geb. Helmolt

Schönichen, Caroline Franziska Mathilde Rosalie (Bernburg, *20.07.1830 zu Güntersberge
V: Wilhelm (Pastor)
M: Rosalie, geb. Zangenmeister
Künftiger Wohnort: Adelebsen

01.05.
von Hildebrand, Carl August (Leineweber, *02.07.1825)
V: Friedrich (Schäfer)
M: Dorothee Caroline, geb. Rohrig

Günther, Dorothee Charlotte Louise (*30.01.1826)
V: Heinrich (Maurermeister)
M: Marie Louise, geb. Schäfer
Wollen nach Amerika auswandern

03.05.
Schmidt, Carl Ferdinand (Oberappellations-Rath zu Celle, *02.02.1815 Schulenburg)
V: Georg Friedrich (Amtmann)
M: Louise Maria Juliane, geb. Stromeier

Haberland, Emilie Henriette Charlotte (*11.06.1827)
V: Johann Georg Carl (Dr. juris)
M: Dorothee Charlotte, geb. Nöhden
Künftiger Wohnort: Celle

08.05.
Bornträger, Georg Heinrich Friedrich (Nagelschmied zu Adelebsen *05.06.1824)
V: Georg Friedrich Bornträger (Handarbeiter)
M: Ernestine Klaus (unverehelicht)

Bäre, Engel Rosine Christine Magdalene (in Güntersen, *08.01.1820 zu Güntersen)
V: Heinrich (Handarbeiter)
Sophie Christine, geb. Dörger
Künftiger Wohnort: Adelebsen

P.
08.05.
16.05.
Plenge, Johann Christian Friedrich (Handarbeiter zu Geestemüde, unehelich, *02.02.1823 in Adelebsen)
V: Friedrich Plenge
M: Henriette Hillbrand (nachher verehel. Kulp)

Wittwer, Anna Maria (zu Otterndorf, *02.03.1820 Otterndorf)
V: Peter Christian (Schuhmacher)
M: Maria Magdalene, geb. Albers
Künftiger Wohnort: Geestemünde

16.05.
Dempewolf, Heinrich August (Schlossermeister, *11.03.1828 Bovenden)
V: Christian Ludwig (Schlossermeister)
M: Hanne Friederike, geb. Weitzel

Wüstefeld, Maria Sophie Dorothee Caroline (*25.01.1829)
V: Carl Wilhelm (Handarbeiter)
M: Marie Sophie Charlotte, geb. Reineward
Künftiger Wohnort: Adelebsen

02.06.
Klügel, Robert Heinrich August (Likörfabrikant zu Dassel. *27.02.1825 Dassel)
V: Ferdinand (Apotheker)
M: Julie, geb. Schrader

Schrader, Sophie Emilie Wilhelmine (*18.07.1824)
V: Johann Gottlieb (Dr. med.)
M: Auguste Lisette, geb. Koven
Künftiger Wohnort: Dassel

12.06.
Kaltenhäuser, Johann Heinrich (Kutscher zu Göttingen, *29.06.1822 zu Göttingen)
V: Andreas Karl (Buchbindemeister)
M: Elisabeth Catharine, geb. Plathen (der Bräuigam ist kath. Konfession)

Lesche, Hanna Dorothee Luise Sophie (*15.04.1828)
V: Carl (Tagelöhner)
M: Ernestine Charlotte, geb. Tolle
Künftiger Wohnort: Göttingen

P.
19.06.
26.06. **Freibot**, Heinrich Christian Friedrich August (Leineweber zu Lödingsen, *17.01.1828 Lödingsen)
V: Friedrich (Leineweber)
M: Hanna Justine Wilhelmine, geb. Klages

Fricke, Henriette Ernestine Justine Friederike (Erbsen, * 29.01.1826 Erbsen)
V: Wilhelm Cohrs (Ackerknecht)
M: Caroline Fricke (Witwe)
Künftiger Wohnort: Lödingsen

11.09. **Koch,** Heinrich Friedrich Carl (Bäckermeister, *11.06.1821)
V: Heinrich Friedrich Koch (Bäckermeister)
M: Maria Magdalena, geb. Henze

Burghard, Dorothee Christine Caroline (*01.12.1825)
V: Ludwig (Schuhmachermeister)
M: Johanne Friederike, geb. Rust
Künftiger Wohnort: Adelebsen

18.09. **Döring,** Johann Justus Gottlieb (Ww. Tagelöhner, *20.10.1797)
V: Johann Wilhelm (Schuhmacher)
M: Catharine Elisabeth, geb. Meyer

Fischer, geb. **Rettberg,** genannt **Fehrens,** Dorothee Juliane, (unehelich *26.02.1810, Wwe. des 1851 verst. Wilhelm Fischer)
V: N.N.
M: Caroline Rettberg (Dienstmagd, unverehelicht)
Künftiger Wohnort: Adelebsen

P.
11.09.
18.09. **Dornieden**, Friedrich Gottlieb (Eisenbahnarbeiter zu Göttingen, unehelich, *09.09.1825 Northeim)
V: Carl (Kutscher)
M: Justine, geb. Leopold

Bornträger, Dorothee Caroline Charlotte (*25.12.1827)
V: Friedrich (Tagelöhner)
M: Maria Luise, geb. Schoppe
Künftiger Wohnort: Göttingen

13.11. **Schramm,** Georg Heinrich Carl Christian Friedrich (Ziegelmeister in Adelebsen, *18.12.1821zu Wellersen)
V: Georg Friedrich (Ziegelmeister)
M: Hanne Christine Magdalene, geb. Feuerriegel

Lüllemann, Henriette Christine Wilhelmine (*02.03.1830 zu Eddiehausen)
V: Christian Friedrich (Rademachermeister)
M: Ernestine geb. Sprenger
Künftiger Wohnort: Adelebsen

15.11.
Cop. in
Schoningen **Fabian,** Heinrich Wilhelm (*25.03.1796 zu Badbergen, Ww., Bürgermeister und Apotheker)
V: Theodor (Wundarzt)
M: Margarethe Elisabeth, geb. Hilgenhoff

Beuermann, Johanne Henrike Antoinette (*21.01.1811 zu Uslar)
V: Justus Christoph (Pastor)
M: Maria Eleonore, geb. Hille
Künftiger Wohnort: Adelebsen

1854

29.01. **Höfert,** Carl Gottfried Ludwig Jacob (Schuhmachermeister, *22.12.1822)
V: Heinrich (Tagelöhner)
M: Hanna, geb. Meyer

Abel, Dorothee Friederike (*21.01.1823 zu Lödingsen)
V: Ernst (Pensionär)
V: Dorothee Elisabeth, geb. Albrecht
Künftiger Wohnort: Adelebsen

23.04. **Brosenne,** Johann Heinrich Georg Christian, (*13.01.1813, Ww., Ackerknecht)
V: Heinrich Andreas (Ackermann)
M: Dorothee Luise, geb. Kunze

Rimrod, Hanne Henrike Charlotte (*01.01.1825 zu Sülbeck)
V: Georg Ludwig (Halbköthner)
M: Hanne Justine, geb. Steinhoff
Künftiger Wohnort: Adelebsen

30.04.	**Spörhase**, Heinrich Friedrich (Ww., Rademachermeister, *30.08.1815 zu Settmarshausen) V: Heinrich Wilhelm (Rademachermeister) M: Luise, geb. Nolte	**Kulle**, Ana Marie Juliane (Lautenbach, *17.06.1820 zu Lautenbach) V: Johann Christoph (Ackermann) M: Christine Elisabeth, geb. Rinke Künftiger Wohnort: Adelebsen
03.08.	**Zellmann**, Carl August Friedrich Julius (Oberverwalter zu Harste, *09.01.1818 zu Herzberg) V: Carl Gustav (…verwalter) M: Wilhelmine Charlotte, geb. Diederichs	**Dieckhoff**, Dorothee Henriette Auguste (*16.06.1825 zu Göttingen) V: Andreas (Amtsgehilfe) M: Dorothee, geb. Habe nicht Künftiger Wohnort: Hannover
P. 27.08. 03.09.	**Bergmann**, Johann Christoph (Tischlergesell und Anerbe zu Lachendorf, *24.01.1830 zu Lachendorf) V: Jürgen Heinrich (Brinksitzer) M: Catharine Marie geb. Lilie	**Nörtemann**, Charlotte Luise Magdalena (*15.01.1820) V: Johann Friedrich (Zimmermann) M: Dorothee Charlotte, geb. Grünewald Künftiger Wohnort: Lachendorf

1855

28.01.	**Vollbrecht**, Johann Friedrich Ludwig (Ww., Gutsackervoigt zu Adelebsen, *28.03.1806 zu Harste) V: Christian Friedrich (Ackerknecht) M: Johanne Caroline, geb. Müller	**Friedrichs**, Hanne Catharine Christine Juliane (aus Gladebeck, *04.06.1826 zu Weende) V: Christian Ludwig (Tagelöhner) M: Hanne Christiane Elisabeth, geb. Sievert Künftiger Wohnort: Adelebsen
04.02.	**Beiland**, Heinrich Ludwig (Ww., Schmiedemeister, *05.02.1821) V: Heinrich Justus (Schmiedemeister) M: Sophie Charlotte, geb. Fleischmann	**Beiland**, Johanne Charlotte (*17.02.1832) V: Friedrich Christian August (Handarbeiter) M: Marie Amalie, geb. Kindervater Künftiger Wohnort: Adelebsen
29.05.	**Grupe**, Gustav Carl Wilhelm (Ww., Weißbinder, *24.03.1811 zu Göttingen) V: Friedrich (Färbermeister) M: Regine, geb. Tollen	**Lesche**, Ernestine Charlotte, geb. **Tolle** (*18.05.1806 zu Wibbecke, Wwe. des 1852 verst. Tagelöhners Carl Lesche) V: Heinrich Wilhelm Tolle M: Dorothee Elisabeth, geb. Kuhlmann Künftiger Wohnort: Adelebsen
14.06.	**Rorig**, Heinrich Friedrich Wilhelm (Schneider, *25.11.1824) V: Friedrich (Handarbeiter) M: Dorothee, geb. Strube	**Kohlmeyer**, Marie Conradine (Burgstemmen, *05.07.1823 zu Burgstemmen) V: Christian (Köthner u. Fischer) M: Wilhelmine, geb. Meyer Künftiger Wohnort: Adelebsen
P. 24.06 01.07.	**Sander**, Christian (Ww., pensionierter Postschirrmeister in Hannover, *07.08.1774 zu Hannover) V: Johann Jürgen M: unbekannt	**Grünewald**, geb. **Degenhard**, Regine (*13.12.1813 zu Rüdershausen, Wwe des Georg August Christoph August Grünewald (Färber in Niederscheden) V: Christoph Degenhard (Schullehrer) M: Regine, geb. Börgershausen Künftiger Wohnort: Hannover

18.09   **Duntemann,** Heinrich Conrad
(Ackermann, *05.04.1822 zu Schlarpe)
V: Christian Friedrich (Ackermann)
M: Charlotte Christine, geb. Biercamp

Claus, Dorothee Christine Wilhelmine
(*19.03.1826)
V: Christian Friedrich (Leineweber)
M: Luise, geb. Albrecht
Künftiger Wohnort: Adelebsen

02.12.   **Tolle.** Johann Heinrich
(Gutsschäferknecht, *27.11.1828)
V: Heinrich (Schafmeister)
M: Friederike, geb. Appel

Hachfeld, Johanne Dorothee Luise Friederike
(zur Freude bei Adelebsen, *09.05.1812 zu
Seesen)
V: Georg Christoph Ludwig (Förster)
M: Christiane Benediete Margarethe, geb.
Witting
Künftiger Wohnort: Adelebsen

1856

30.03   **Döring,** Heinrich Christian Wilhelm
(Weißbinder, *11.03.1827)
V: Justus (Tagelöhner)
M: Caroline, geb. Brosenne

Teuteberg, Johanne Dorothee Luise
(*30.11.1828)
V: Friedrich (Weißbinder)
M: Marie Luise, geb. Frix
Künftiger Wohnort: Adelebsen

15.04.   **Bornträger,** Heinrich Friedrich
Wilhelm (Kaufmann, *24.10.1825)
V: Georg Friedrich (Metzgermeister)
M: Dorothee Luise Christiane, geb.
Kindervater

Bornträger, geb. **Bödeker,** Sophie Caroline
Ernestine, (*22.11.1831 zu Gladebeck, Wwe.
des 1855 verst. Kaufmanns Friedrich
Bornträger)
V: Ernst Christoph (Öconom und
Leinenhändler)
M: Johanne Dorothee Juliane, geb. Tonhose
(Die Braut ist des Bräutigams Bruder Witwe)
Künftiger Wohnort: Adelebsen

P.
18.05
25.05   **Hartge,** Friedrich Wilhelm
(Tischlermeister, *10.03.1825)
V: Christoph (Leineweber)
M: Sophie Charlotte, geb. Thiele

Senge, Caroline Eleonore (in Hildesheim,
*17.06.1825 zu Hildesheim)
V: Johann Wilhelm (Pensionair)
M: Felicitas, geb. Behmann
Künftiger Wohnort: Adelebsen

P.
10.08.
17.08.   **Borchert,** Christian Friedrich Ernst
(Anbauer in Lichtenborn, Ww.,
*29.07.1815 zu Lödingsen)
V: Christoph (Einwohner)
M: Sophie Dorothee, geb. Dolle

Henze, Caroline Dorothee Christine
(*21.07.1827)
V: Ernst (Schäferknecht)
M: Dorothee, geb. Helmbrecht
Künftiger Wohnort: Lichtenborn

P.
05.10.
12.10.   **Reitz,** Jacob (Forstläufer in
Staerkelshausen im Kurfürstentum
Hessen, *14.10.1821 in Wallenstein /
Kurhessen)
V: Peter (Bauer in Wallenstein)
M: Anna Martha, geb. Kunz

Braun, Sophie Luise Emilie, (*Adelebsen
23.05.1829, zur Zeit in Cassel)
V: Heinrich (Bürger u. Öconom)
M: Henriette, geb. Hemmelmann
Künftiger Wohnort: Staerkelshausen

P.
26.10.
02.11.
Teuteberg, Heinrich Christian
Friedrich, (*05.19.1820 in Wibbecke,
Ww., Ackermann in Wibbecke)
V: Wilhelm (Ackermann)
M: Friederike Henriette, geb. Möhle
(Wibbecke)

Keunemann, Dorothee Magdalene Christine
(*24.03.1835)
V: Heinrich (Bürger u. Ackermann)
M: Charlotte, geb. Klinge
Künftiger Wohnort: Wibbecke

09.11.
Abel, Heinrich Justus Carl Friedrich
(Handarbeiter, *03.10.1830)
V: Ernst (Leineweber)
M: Elisabeth, geb. Albrecht

Henke, Maria Charlotte Caroline
(*13.06.1831)
V: Carl (Schäfermeister)
M: Caroline, geb. Hupe
Künftiger Wohnort: Adelebsen

30.11.
Fiege, Carl Justus Christoph
(Handarbeiter, *16.01.1826)
V: Johann Philipp (Einwohner)
M: Dorothee, geb. Meyer

Appel, Henriette Wilhelmine Luise
(*18.12.1826 zu Uslar)
V: Heinrich (Kuhhirt)
M: Maria, geb. Wille (Uslar)
Künftiger Wohnort: Adelebsen

1857

15.01.
Domino, Ferdinand Julius August
(Kaufmann in Hildesheim, *25.08.1832
in Parensen)
V: Carl (Pastor)
M: Franziska Luise, geb. Seidensticker

Kunke, Dorothee Wilhelmine Auguste
(Hildesheim, 26.09.1826 in Hannover)
V: Gottlieb (Schneidermeister)
M: Christine Juliane, geb. Liese
Künftiger Wohnort: Hildesheim

26.02.
Claus, Heinrich Carl
(Schuhmachermeister, *11.09.1809)
V: Dietrich (Tagelöhner)
M: Justine, geb. Goedeke

Freudenthal, Elisabeth Dorothee
(*05.05.1824)
V: Rachel Freudenthal (unverehelicht,
Israelitin)
Künftiger Wohnort: Adelebsen

P.
08.03
15.03
Freter, Heinrich Friedrich Ludwig
(Leineweber in Löwenhagen,
*20.05.1829 in Löwenhagen)
V: Johann Georg Wilhelm
(Drellmacher)
M: Caroline Wilhelmine Henriette
Christiane, geb. Siebers

Quast, Elise Justine Wilhelmine (*24.08.1827
in Löwenhagen)
V: Johann Conrad (Schneider)
M: Dorothee, geb. Fischer
Künftiger Wohnort: Löwenhagen

P.
17.05
24.05.
Bunnemann, Georg Christian
Hermann (Kaufmann, *11.05.1827)
V: Johann Heinrich Christian
M: Johanne, geb. Kolbe

Schomburg, Henriette Wilhelmine (in Bühle,
*29.09.1835 in Hameln)
V: Heinrich Christian August (Pastor)
M: Wilhelmine Elise Friederike Luise Sophie,
geb. von Matthaei
Künftiger Wohnort: Adelebsen

P.
24.05.
01.06.
Coors, Johann Georg August
(Schneider in Hechthausen,
*16.02.1832)
V: Friedrich (Tagelöhner)
M: Sophie, geb. Kahle

Schmidt, Anna Meta (in Hagen, *16.10.1831
in Hagen)
V: Nikolaus (Heuerling?)
M: Anna Meta, geb. Schulten
Künftiger Wohnort: Hechthausen

Adelebsen

P.
28.06.
05.07.
Mannes, Adam Johannes (*25.11.1804 zu Siddessen Kirchspiel Gehrden im Preußischen (Gärtner in Aumund)
V: Friedrich (Einwohner)
M: Elisabeth, geb. Heilemann

Trümper, Maria Dorothee Charlotte (in Aumund, *01.03.1832)
V: Johann Christoph Gottlieb (Tagelöhner)
M: Marie Luise, geb. Thieß
Künftiger Wohnort: Aumund

09.07.
Eicke, Heinrich August Ludwig (Metzger in Göttingen, *19.11.1823 in Einbeck)
V: Friedrich Wilhelm (Knochenhauermeister)
M: Christine Henriette, geb. Becker

Rorig, Marie Luise Henriette (*25.06.1834)
V: Heinrich Wilhelm Theodor (Lohgerber)
M: Rosine Christine Charlotte, geb. Görtler
Künftiger Wohnort: Adelebsen

26.07.
Eggers, Johann Ernst Friedrich Wilhelm (Metzger, *01.08.1828 in Hevensen)
V: Heinrich (Köthner)
M: Caroline, geb. Wisch

Dempewolf, Mathilde (*30.07. in Bovenden)
V: Christian Ludwig (Schlossermeister)
M: Johanne Friederike, geb. Weitzel
Künftiger Wohnort: Adelebsen

P.
16.08
23.08.
Harms, Heinrich Ludwig Carl (Tischler, *09.01.1830)
V: Friedrich Wilhelm (Tagelöhner)
M: Sophie Friederike, geb. Appel

Thielebeul, Gustavine Dorette Magdalene (in Hardegsen, *29.05.1837 in Hardegsen)
V: Heinrich Carl Ludwig (Bäckermeister)
M: Johanne Sophie, geb. Ohm
Künftiger Wohnort: Adelebsen

P.
30.08.
06.09.
Kulp, Heinrich Carl August (Maurer, *26.03.1829 in Erbsen)
V: Christian Friedrich (Ackerknecht, jetzt Gerichtsdiener)
M: Charlotte Lindemann (unverehelicht, jetzige Ehefrau))

Köhler, Johanne Friederike Henriette (*05.08.1829 auf der Unterhütte bei Uslar)
V: Heinrich
M: Henriette, geb. Thiele
Künftiger Wohnort: Adelebsen

P.
06.12.
13.12.
Rebentisch, Johann Carl August (Lokomotivführer in Nordstemmen, *12.06.1833 zu Zellerfeld)
V: Georg Heinrich (Bergmann)
M: Sophie Henriette, geb. Schlüter

Engelhard, Maria Magdalene Charlotte (*24.04.1834)
V: Carl (Maurer)
M. Dorothee, geb. Rust
Künftiger Wohnort: Nordstemmen

1858

P.
11.04
18.04.
Nörtemann, Ernst Justus Friedrich Wilhelm (Schmiedemeister in Wibbecke, *23.02.1831 in Wibbecke)
V: Johann Friedrich Ernst (Einwohner)
M: Sophie Justine Christine Magdalene, geb. Witthuhn

Wolfskeil, Dorothee Wilhelmine Magdalene (in Wibbecke, *18.02.1831 in Wibbecke)
V: Johannes (Handarbeiter)
M: Dorothee Eleonore, geb. Kankler
Künftiger Wohnort: Wibbecke

29.04.
Ebeling, Johann Christian Ludwig (Schneider, *19.04.1825)
V: Johann Carl
M: Hanna Dorothee Hedewig, geb. Cohrengel

Phillips, Johanne Marie Dorothee (*05.08.1827 in Bockenem)
V: Johann David (Bürger)
M: Christiane Friederike, geb. Tollner
Künftiger Wohnort: Adelebsen

16.05.	**Kerl**, Johann Christian Friedrich (Färbergehilfe, *11.04.1828 in Delliehausen) V: Johann Friedrich (Waldarbeiter) M: Friederike, geb. Baube	**Döring**, Wilhelmine Dorothee Luise (*07.03.1830) V: Justus Gottlieb (Tagelöhner) M: Hanne Maria Dorothee, geb. Brosenne Künftiger Wohnort: Adelebsen
P. 06.06. 13.06.	**Kaese**, Georg Heinrich Ludwig (Müller in Laar in Kurhessen, *08.03.1826 in Hevesen) V: Heinrich (Müller) M: Dorothee, geb. Tolle	**Cöster**, Philippine Sophie (in Niederlistingen im Hessischen, *12.12.1836 in Niederlistingen) V: Johannes (Ackermann) M: Wilhelmine, geb. Fischer Künftiger Wohnort: Laar
04.07.	**Berke**, Christian Friedrich (*30.08.1817 in Schoningen, Ww., Tagelöhner) V: Andreas (Tagelöhner) M: Christine, geb. Leonhard	**Freter**, Wilhelmine Caroline (*17.06.1829 in Bollensen) V: N.N. M: Charlotte Freter (unverehelicht) Künftiger Wohnort: Adelebsen
11.07.	**Teuteberg**, Heinrich Christian Wilhelm (Leineweber, *16.03.1828) V: Johann Christian Wilhelm M: Charlotte Helmbrecht	**Koch**, Marie Luise Friederike (*31.03.1831) V: Heinrich Friedrich (Bäcker) M: Marie Magdalene, geb. Henze Künftiger Wohnort: Adelebsen
08.08.	**Reinecke**, Heinrich August (Böttcher, *20.06.1828) V: Philipp August (Sattlermeister) M: Dorothee Sophie Christiane Charlotte, geb. Kulp	**Schlieper**, Dorothee Luise Christine (*10.03.1827) V: Ernst Wilhelm (Tagelöhner) M: Caroline, geb. Koch Künftiger Wohnort: Adelebsen
10.08.	**Parish**, Edmund (Dr. juris in Hamburg, *08.03.1829 zu Hamburg) V: Richard (Kaufmann) M: Susette, geb. Godeffroy	**von Adelebsen**, Helene Luise Anne Franziska (*01.09.1837) V: Friedrich Bodo Börries Ernst (Landrath) M: Eleonore Luise Eberhardine Johanna, geb. von Hodenberg (aus dem Hause Hudemühlen) Künftiger Wohnort: Hamburg
P. 17.10 24.10.	**Borheck**, Heinrich Christoph Carl (Gutsbesitzer, bisher Oberverwalter in Adelebsen, *27.08.1833 zu Göttingen) V: Johann Gottlieb Ludwig (Bürger und Brenner) M: Caroline Sophie Elisa, geb. Müller	**Alrutz**, Katharina Henriette Auguste (in Salzderhelden, *23.04.1832 zu Ellershausen) V: Johann Heinrich Wilhelm (Ackermann und Fuhrherr) M: Dorothee Luise, geb. Alrutz Künftiger Wohnort: Bruchhof bei Münden
24.10.	**Fiege**, Heinrich Christian Friedrich (Schweinehirt, *07.06.1819, Ww. der 1858 verst. Hanna Wilhelmina Christine, geb. Meyer) V: Philipp M: Charlotte, geb. Meyer	**König**, geb. **Borchert**, Hanne Rosine Marie (07.05.1827 zu Holtensen, Wwe. des 1856 verst. Fabrikarbeiters Christoph Ludwig Wilhelm König zu Holtensen) V: Heinrich M: Wilhelmine, geb. Hillebrecht Künftiger Wohnort: Adelebsen

9

P.
31.10
und
07.11.

Meier, Heinrich Justus (Handarbeiter, *07.11.1830)
V: Johann Friedrich Wilhelm (Schuhmacher)
M: Marie Dorothee Sophie Charlotte, geb. Drühe

Mesecke, Hanne Luise Dorothee (*15.02.1832 in Eberhausen)
V: Georg
M: Marie Rosine, geb. Vollmer
Künftiger Wohnort: Adelebsen

1859

01.01.
(steht unter 1858)

Oppermann, Carl Christian Heinrich (Beamter in Göttingen, *17.04.1834)
V: Heinrich August (Leineweber)
M: Johanne Luise Charlotte, geb. Bunnemann

Bunnemann, Caroline Wilhelmine Friderike (zu Göttingen, *26.11.1832 zu Adelebsen)
V: Georg Heinrich August
M: Sophie Charlotte, geb. Plinke (nachherige Ehefrau)
Künftiger Wohnort: Göttingen

P.
30.01.
06.02.

Rohrig, Johann Wilhelm Ludewig (Handarbeiter, *30.11.1828)
V: Friedrich (Holzhauer)
M: Dorothee, geb. Strube

Oberdieck, Caroline Wilhelmine (in Bovenden, *01.12.1831 zu Bovenden)
V: Johann Eckhardt (Tagelöhner)
M: Henriette, geb. Witte
Künftiger Wohnort: Adelebsen

P.
27.02.
06.03

Nordmann, Georg Friedrich August (Handarbeiter in Barterode, *26.04.1821 zu Barterode)
V: Hans Heinrich (Handarbeiter)
M: Marie Charlotte, geb. Gottsmann

Ilse, Christine Luise Charlotte (Dienstmagd in Adelebsen, *24.03.1828 zu Verliehausen)
V: Andreas (Maurer)
M: Charlotte, geb. Fischer
Künftiger Wohnort: Barterode

13.03.

Schaper, Georg Ludwig (Handarbeiter in Gladebeck, *08.09.1820 zu Gladebeck)
V: Georg Heinrich
M: Sophie Caroline, geb. Albrecht

Noerteman, Dorothee Friederike (*04.09.1822)
V: Friedrich (Zimmermann)
M: Charlotte, geb. Grünewald
Künftiger Wohnort: Gladebeck

P.
19.06.
26.06.

Meyer, Georg Dietrich Friedrich (Schuhmacher, *17.02.1828)
V: Friedrich (Schuhmacher)
M: Dorothee, geb. Drüke

Schrader, Caroline Luise Elisabeth (in Ellierode, *01.03.1837 zu Ellierode)
V: Andreas (Halbköthner)
M: Friederike, geb. Hampe
Künftiger Wohnort: Ellierode

12.07.

Noertemann, August Carl (Zimmermeister, *13.02.1831)
V: Johann Friedrich (Zimmermann)
M: Dorothee Charlotte, geb. Grünewald

Kunze, Annette Anna Wilhelmine Auguste (*18.10.1837)
V: August Heinrich Wilhelm (Schuhmacher)
M: Dorothee Maria Magdalene, geb. Helmbrecht
Künftiger Wohnort: Adelebsen

12.07.

Schlitz, Johann Heinrich (Tagelöhner in Veckerhagen *12.01.1817 zu Schachten im Hessischen)
V: Johann Heinrich
M: Anna Gertrud, geb. Homann

Bornträger, Dorothee Friederike Charlotte (*28.12.1825)
V: Georg Friedrich (Tagelöhner)
M: Marie Luise, geb. Schoppe
Künftiger Wohnort: Veckerhagen im Hessischen

17.07 **Grube,** Gustav Carl Wilhelm
(*24.03.1811 zu Göttingen,
Weißbindemeister in Adelebsen, Ww.
der 1859 Ernestine Charlotte, geb.
Tolle)
V: Friedrich (Färbermeister)
M: Regine, geb. Tolle

Schrader, geb. **Koch,** Christine Elisabeth
(*11.02.1822 zu Hardegsen, Wwe. des 1847
verst. Johann Heinrich Christian Gottlieb
Schrader aus Hardegsen)
V: Georg Christian Hille
M: Johanne Sophie Koch (unverehelicht)
Künftiger Wohnort: Adelebsen

P.
10.07
17.07. **Behrens,** Johann Andreas Christian
(Ww., Handarbeiter zu Bovenden,
*07.09.1807 zu Eboldshausen)
V: Johann Andreas (Schuhmacher)
M: Johanne Hedewig, geb. Oppermann

Hillebrecht, Dorothee Sophie Rosine Luise
(in Güntersen, *06.01.1816 zu Güntersen)
V: Heinrich Christian Ludwig (Tagelöhner)
M: Dorothee Charlotte, geb. Heine
Künftiger Wohnort: Güntersen

31.07. **Ilch,** Heinrich Christian Wilhelm
(Maurergesell in Adelebsen,
*05.03.1832.zu Eberhausen)
V: Carl Justus
M: Maria Dorothee Magdalene, geb.
Dolle

Göttling, Marie Dorothee Charlotte
(*20.07.1831)
V: Christoph (Brenner)
M: Hanne, geb. Fischer
Künftiger Wohnort: Adelebsen

P.
30.07
07.08. **Koch,** Johann Georg Friedrich
(Tagelöhner in Dransfeld, *19.02.1812
zu Dransfeld, Ww.)
V: Johann Wilhelm (Ackermann)
M: Katharina Charlotte, geb. Ernst

Oppermann, Henriette Caroline Sophie
Luise (in Hardegsen, 16.07.1826 zu
Hardegsen)
V: Wilhelm (Handarbeiter)
M: Henriette, geb. Wabbersen
Künftiger Wohnort: Dransfeld

04.10. **Sonnenberg,** Carl Friedrich Ludewig
Ferdinand (Nagelschmied,
*14.04.1834)
V: Johann Friedrich Jakob (Bürger und
Dachdeckermeister)
M: Christine Charlotte, geb. Wüstefeld

Breckerbaum, Maria Dorothee Charlotte (in
Adelebsen, *19.08.1832 zu Barterode)
V: Christian Friedrich
M: Johanna Dorothee Friederike, geb.
Fündling
Künftiger Wohnort: Adelebsen

P.
02.10
09.10. **Grimme,** Carl August (Schullehrer in
Dassensen, *06.07.1821 zu
Eberhausen)
V: Carl Georg (Oeconom)
M: Dorothee Sophie, geb. Harting

Oetting, Christiane Friederike Auguste (in
Diemarden, *29.07.1837 zu Bühle)
V: Georg Gustav (Schullehrer)
M: Sophie Friederike, geb. Abel
Künftiger Wohnort: Dassensen

P.
23.10.
30.10. **Plinke,** Carl Heinrich August
(Drechsler, *17.06.1831.)
V: Carl Ludwig August (Drechsler)
M: Hanne Luise Wilhelmine
Magdalene, geb. Grünewald

Ahrens, Marie Dorothee Caroline Charlotte
(in Uslar, *16.10.1830 zu Wiensen)
V: Johann Friedrich Wilhelm (Köthner)
M: Wilhelmine Burchardine, geb. Friedrich
Künftiger Wohnort: Adelebsen

04.12. **Claus,** Johann Heinrich Christian
(Holzhauer, *28.09.1822)
V: Christian Friedrich (Holzhauer)
M: Luise, geb. Albrecht

Harm, Marie Dorothee Magdalene
(*06.01.1825)
V: Wilhelm (Bürger)
M: Friederike, geb. Appel
Künftiger Wohnort: Adelebsen

Adelebsen

1860

29.01. **Borntraeger,** Georg Friedrich Heinrich (Nagelschmied, 05.06.1824)
M: Ernestine Claus (unverehelicht)
V angeblich: Georg Friedrich Borntraeger (Tagelöhner)

Trümper, Christine Marie Charlotte (*03.01.1823)
V: Gottlieb (Tagelöhner)
M: Marie Luise, geb. Thiers
Künftiger Wohnort: Adelebsen

26.02. **Goedecke,** Georg Heinrich Wilhelm (Ackerknecht in Adelebsen, *19.11.1834 zu Eberhausen)
V: Heinrich (Ackermann)
M: Rosine, geb. Gebert

Kraatz, Dorothee Henriette (in Adelebsen, *15.09.1831 zu Güntersen)
V: Christoph Friedrich (Ackermann)
M: Caroline, geb. Sturm
Künftiger Wohnort: Adelebsen

26.02. **Hillebrecht,** Ernst Friedrich August (Schäfer, *11.07.1838 zu Wollbrechtshausen)
V: Friedrich Ludwig (Schäfer)
M: Marie Dorothee Luise, geb. Poppe

Fleischmann, Caroline Luise Magdalene (*14.05.1837)
V: Friedrich (Leineweber)
M: Luise, geb. Keuneke
Künftiger Wohnort: Wollbrechtshausen

25.03. **Uhlendorff,** Georg Friedrich Wilhelm (*07.02.1832 zu Rauschenwasser, Mühlenmeister auf der Stegemühle, Ww. der 1859 verst. Sophie, geb. v. Roden)
V: Friedrich Wilhelm (Sägemüller)
M: Melusine geb. Temme

Fasch, Caroline Melusine Annelie (zu Schoningen, *26.12.1839 zu Schoningen)
V: Carl (Gastwirt)
M: Charlotte, geb. Meister
Künftiger Wohnort: Adelebsen

P. **Eulert,** Carl Dieter (Schreiber in
22.04. Adelebsen, *01.07.1825 zu Göttingen)
29.04. V: Johann (Maurer)
M: Friederike, geb. Hampe (in Grone)

Grünewald, geb. **Henniges,** Hanna Sophie Luise (*04.08.1826 zu Uessinghausen, Wwe. des Gastwirtes Wilhelm Grünewald in Uslar)
V: Johann Heinrich Gottlieb Henniges (Leineweber)
M: Henriette Christiane Luise, geb. Brock
Künftiger Wohnort: Uslar

06.05. **Thies,** Georg Heinrich August (Dienstknecht in Adelebsen, *01.05.1829 zu Fürstenhagen)
V: Johann Christoph (Ackermann)
M: Christine, geb. Sahlbach

Claus, Dorothee Friederike Charlotte (*11.07.1830)
V: Christian Friedrich (Holzhauer)
M: Luise, geb. Albrecht
Künftiger Wohnort: Adelebsen

06.05. **Bunnemann,** Heinrich Justus Wilhelm (*14.06.1822, Schuhmachermeister, Ww. der 1857 verst. Magdalene Dorothee Charlotte Friederike, geb. Brand)
V: Johann Wilhelm Jakob (Schuhmacher)
M: Johanne Christine Caroline, geb. Hartge

Koch, Johanna Justine Luise (aus Silberborn, *16.09.1814 zu Silberborn)
V: Andreas (Köhlermeister)
M: Sophie Amalie, geb. Koch
Künftiger Wohnort: Adelebsen

28.05. **Philipp,** genannt **Diek,** Heinrich August (Müller in Burguffeln im Hessischen, *20.10.1823. zu Förste)
V: N.N.
M: Dorothee Luise Wilhelmine Lüllemann (unverehelicht)

Lüllemann, Johanne Luise (*25.04.1831 zu Eddigehausen)
V: Friedrich (Rademacher)
M: Ernestine, geb. Sprenger
Künftiger Wohnort: Burguffeln

02.08. **Hildebrand,** Johann Heinrich Christian Wilhelm Ludwig (Schullehrer in Bühle, *26.10.1828 zu Sieboldshausen)
V: Johann Heinrich Ludwig (Schuhmacher)
M: Sophie Rosine, geb. Schelper

Schomburg, Luise Johanne (*09.04.1832 zu Hameln)
V: Johann August Heinrich Christian (Pastor)
M: Wilhelmine Elise Sophie Friederike Luise, geb. Matthaei
Künftiger Wohnort: Bühle

19.08. **Harm,** Wilhelm Heinrich (Handarbeiter, *17.10.1832)
V: Christian (Pensionair)
M: Caroline, geb. Meyer

Hillebrand, Hanna Luise Caroline Friederike (*28.19.1835)
V: Johann Heinrich (Handarbeiter)
M: Hanna Marie, geb. Jung
Künftiger Wohnort: Adelebsen

30.09. **Meyer,** Heinrich Ludwig Wilhelm (Handarbeiter, *15.04.1833)
V: Heinrich (Tagelöhner)
M: Maria Magdalene, geb. Kobbe

Kunze, Dorothee Sophie Charlotte (*22.08.1830)
V: Heinrich Andreas (Tagelöhner)
M: Dorothee Sophie, geb. Fischer
Künftiger Wohnort: Adelebsen

02.12. **Ahrend,** Johann Heinrich Christoph (Weißbinder, *09.09.1830)
V: Wilhelm (Tagelöhner)
M: Christine, geb. Brennecke

Wessel, Sophie Friederike Henriette (*16.05.1830)
V: Heinrich Wilhelm (Rademacher)
M: Luise, geb. Knese (nachherige Ehefrau)
Künftiger Wohnort: Adelebsen

26.12. **Freibott,** Heinrich Justus (*27.07.1817 zu Lödingsen, Handarbeiter in Adelebsen, Ww. der 1858 verst. Dorothee Sophie Christine, geb. Hille)
V: Christian Ernst (Leineweber)
M: Dorothee Caroline, geb. Schoor

Schnacke, genannt **Grimme,** Johanne Christine Wilhelmine (*28.12.1821)
V: Wilhelm
M: Luise Koch (unverehelicht)
Künftiger Wohnort: Adelebsen

1861

03.02. **Cohrs,** Johann Wilhelm Andreas (*27.04.1798, Dienstknecht, Ww. der 1859 verst. Wilhelmine Sabine Henriette Johanne, geb. Bokelmann
V: Johann Jürgen
M: Charlotte, geb. Weber

Jahns, geb. **Koch,** Marie Dorothee Wilhelmine (*07.06.1821 zu Güntersen, Wwe. des 1857 verst. Heinrich Christoph Jahns)
V: Justus
M: Sophie, geb. Hillebrecht
Künftiger Wohnort: Adelebsen

02.06. **Ahrend,** Christian Friedrich (Ackerknecht, *07.03.1832)
V: Justus (Pensionair)
M: Dorothee Caroline, geb. Kulp

Kaese, Charlotte Henriette (in Adelebsen, *27.12.1831 zu Bovenden)
V: Carl (Mühlenpächter)
M: Amalie, geb. Kuntze Künftiger Wohnort: Adelebsen

09.06.	**Winter,** Conrad Heinrich Carl (Holzhauer, *25.11.1829) V: Heinrich Carl Gerhard (Holzhauer) M: Dorothee Luise Charlotte, geb. Kunze	**Brenneke,** Wilhelmine Caroline Charlotte (in Adelebsen, *11.04.1831 zu Holzerode) V: Andreas (Schäfer) M: Wilhelmine, geb. Klinge Künftiger Wohnort: Adelebsen
30.06.	**Baetz,** Moritz Bernhard (Webergesell in Göttingen, *28.08.1834 zu Wüstenahorn bei Coburg V: Georg Adam (Webermeister) M: Anna Barbara, geb. Scheuch	**Bartschehr,** Dorothee Charlotte Magdalene (*26.11.1836) V: Johann Heinrich (Tagelöhner) M: Marie Luise, geb. Busemann Künftiger Wohnort: Göttingen
18.08.	**Beiland,** Carl Wilhelm (Schuhmacher, *08.04.1834) V: Christian Heinrich Wilhelm (Tagelöhner) M: Charlotte, geb. Kirchner (nachherige Ehefrau)	**Kaese,** Luise Henriette Elisabeth (*01.02.1834 zu Bovenden) V: Carl (Mühlenpächter) M: Amalie, geb. Kuntze Künftiger Wohnort: Adelebsen
25.08.	**Fiege,** Heinrich Christian Friedrich (*07.06.1819, Schweinehirt, Ww. der Hanna Wilhelmine Christine, geb. Meyer und der Hanna Rosine Marie, geb. Borchert, beide Ehefrauen sind ihm durch den Tod entrissen) V: Philipp M: Charlotte, geb. Meyer	**Grünewald,** Dorothee Christine Wilhelmine (*22.02.1825) V: Johann Heinrich Ludwig (Ackerknecht) M: Dorothee Charlotte Henriette, geb. Bartschehr Künftiger Wohnort: Adelebsen
08.10.	**Döring,** Ernst Heinrich Wilhelm August (Schneider, *05.10.1829) V: Gerhard M: Luise, geb. Rothemeier	**Helmbrecht,** Dorothee Sophie Friederike (*01.10.1832) V: Gottfried Gerhard (Hirt) M: Sophie Caroline, geb. Wulf Künftiger Wohnort: Adelebsen
13.10.	**Thiele,** Christian Friedrich (Schneider, *04.04.1824) V: Friedrich (Pensionair) M: Justine Chrlotte, geb. Capelle	**Ernst,** Friederike Caroline Christine (*28.12.1834) V: Heinrich Justus (Ackermann) M: Marie Christine, geb. Rohrig Künftiger Wohnort: Adelebsen
12.11.	**Warnstedt,** Johann Friedrich Wilhelm (Pastor adj. in Wulften, *17.11.1821 zu Göttingen) V: Johann Philipp (Schneidermeister) M: Sophie Elisabeth, geb. Krapp	**Deneke,** Luise Juliane Caroline, (08.12.1838) V: Heinrich Carl Friedrich (Leggemeister) M: Melusine Regine Luise, geb. Heypke Künftiger Wohnort: Wulften
26.11.	**Sommer,** August Friedrich (Handarbeiter in Adelebsen, *30.11.1832 zu Schoningen) V: Georg (Handarbeiter M: Hanna, geb. Alrutz	**Grimme,** Dorothee Maria (*23.02.1829) V: Ludwig (Ackerknecht) M: Luise, geb. Koch Künftiger Wohnort: Adelebsen

Adelebsen

1862

Döring, Justus Ludwig Carl (Maler in Geestendorf, *02.01.1833 zu Adelebsen)
P. 09.03.
16.03.
V: Justus (Einwohner)
M: Caroline, geb. Brosenne

Waltemate, Caroline Sophie Charlotte (Geestendorf, *17.03.1836 zu Holzhausen)
V: Friedrich (Häusling)
Marie, geb. Tarlmann
Künftiger Wohnort: Geestendorf

Ehlers, Georg Gustav Adolf Wilhelm (Brinksitzer und Schlosser in Dörverden, *25.12.1836 zu Celle)
P. 21.04.
27.04.
V: Heinrich (Brinksitzer)
M: Johanne, geb. Herzberg

Grimme, Marie Luise Magdalene, genannt Charlotte (*11.09.1832)
V: Ludwig (Ackerknecht)
M: Dorothee Henriette Luise, geb. Koch
Künftiger Wohnort: Dörverden

Barthel, Gottlob Franz (Feuermann auf dem Dampfschiffe „Bremen" in Bremerhaven, *09.05.1828 zu Oelsnitz im Sächsischen)
P. 15.06.
22.06.
V: Christian Friedrich (Lohrothgerber)
M: Johanne Rosine, geb. Ering

Ahrend, Sophie Charlotte (in Bremerhafen, *15.01.1837 zu Adelebsen)
V: Johann Christian Ludwig (Tagelöhner)
M: Luise, geb. Vinke
Künftiger Wohnort: Bremerhaven

Vollbrecht, Johann Friedrich Wilhelm (*16.09.1816 zu Holtensen, Leineweber in Holtensen, Ww. der 1861 verst. Dorothee, geb. Weber)
29.06.
V: Wilhelm (Brinksitzer)
M: Justine, geb. Hartge in Holtensen

Wolfskeil, Henriette Wilhelmine Charlotte Hanna (*09.08.1826 zu Wibbecke)
V: Johannes (Handarbeiter)
M: Dorothee, geb. Kunkler
Künftiger Wohnort: Hettensen

Henkel, Christoph Carl (Weißbinder, *11.07.1839)
06.07.
V: Johann Heinrich Friedrich (Dienstknecht)
M: Dorothee Jahns (nachherige Ehefrau)

Tute, Johanne Dorothee Friederike Henriette (*05.03.1833)
V: Christian Friedrich (Holzhauer)
M: Dorothee Luise, geb. Wabbersen
Künftiger Wohnort: Adelebsen

Schulze, Ernst Heinrich Ludwig (Schullehrer in Escherode, *07.03.1839 zu Oberscheden)
P. 20.07.
27.07.
V: Ludwig (Müller)
M: Dorothee Rosine geb. Heede

Poppe, Auguste Emilie Justine (*28.09.1836)
V: Friedrich (Müller)
M: Betty, geb. Meseke
Künftiger Wohnort: Escherode

Flügel, Friedrich Wilhelm (Maschinenführer in Wanfried im Hessischen, *17.11.1830 zu Frieda)
12.10.
V: Johann Wilhelm
M: Marie Elisabeth, geb. Buttlar

Kaese, Dorothee Wilhelmine Friederike Magdalene (*04.02.1836)
V: Heinrich Christian Gerhard (Mühlenbauer)
M: Dorothee Charlotte Wilhelmine, geb. Albrecht
Künftiger Wohnort: Wanfried

Bode, Georg Heinrich August (Leineweber in Hettensen, *21.09.1831 zu Hettensen)
19.10
V: Wilhelm (Leineweber)
M: Luise, geb. Deneke

Ilse, Friederike Luise Charlotte (*29.06.1837 zu Volkerode)
V: Heinrich Ludwig (Ackermann)
M: Charlotte Wilhelmine, geb. Bollensen
Künftiger Wohnort: Hettensen

P.
28.12.
und
04.01.
1863
Uhlendorff, Georg Friedrich Wilhelm
(*07.02.1832 zu Rauschenwasser,
Mühlenmeister auf der Stegemühle bei
Adelebsen, Ww. der 1859 verst. Sophie
geb. v. Roden, und der 1860 verst.
Amalie, geb. Fasch)
V: Friedrich Wilhelm (Sägemüller)
M: Melusine, geb. Temme

Meister, Emilie Albertine Elise Charlotte (in
Fürstenhagen, *08.04.1841 zu Fürstenhagen)
V: Wilhelm (Gastwirt)
M: Wilhelmine, geb. Korte
Künftiger Wohnort: Adelebsen

1863

P.
22.03.
29.03.
Wedemeyer, Heinrich Ludwig August
Georg (Schneider in Wulsdorf,
*22.03.1840)
V: Heinrich Carl August
(Schuhmacher)
M: Dorothee Charlotte Christine, geb.
Appel

Schnackenberg, Marie (in Wulsdorf,
*01.05.1838 in Buchholz)
V: N.N.
M: Anna Schnackenberg (unverehelicht)
Künftiger Wohnort: Wulsdorf

12.04.
Tolle, Heinrich Friedrich (Ackerbürger,
*30.01.1824)
V: Christoph (Ackermann)
M: Marie Charlotte, geb. Ranft

Bunnemann, Eleonore Dorothee
(*25.10.1841)
V: August (Schreiber)
M: Charlotte, geb. Plinke
Künftiger Wohnort: Adelebsen

19.04
Sonnenberg, Friedrich Johann
Heinrich (Schneider, *04.02.1837)
V: Johann Friedrich Jakob
(Dachdeckermeister)
M: Friederike Charlotte, geb. Wüstefeld

Dempewolf, Emilie Caroline Christine Elisa
(*06.09.1838 zu Bovenden)
V: Christian (Schlosser)
M: Friederike, geb. Weitzel
Künftiger Wohnort: Adelebsen

P.
12.04.
19.04
Klie, Heinrich Christoph Wilhelm
(Rentmeister, *05.12.1834 zu
Friedland)
V: Johann Ludolph (Steueraufseher)
M: Ernestine Marie, geb. Hinterthür

Krauss, Auguste Dorothee Sophie
(*07.03.1831 zu Uslar)
V: Rudolph Heinrich (Maurermeister)
M: Dorothee Caroline, geb. Lesemann
Künftiger Wohnort: Adelebsen

02.06.
Pflüger, Georg Gustav Christian
(*20.02.1823 zu Settmarshausen,
Lehrer und Küster in Wulften, Ww. der
1859 verst. Christine Wilhelmine, geb.
Fornefett)
V: Johann Friedrich (Schullehrer)
M: Marie Dorothee, geb. Wröger

Markewitz, Juliane Wilhelmine Katharine
(*08.05.1844 zu Dransfeld)
V: August (Gastwirt)
M: Caroline, geb. Kothe
Künftiger Wohnort: Wulften

07.06.
Wahmke, Carl Friedrich Ludwig
(*06.11.1822 zu Offensen,
Handarbeiter in Offensen, Ww. der
1862 verst. Marie Dorothee Luise, geb.
Göbel)
V: Hans Jürgen (Köthner)
M: Sophie Charlotte, geb. Happhoff

Fleischmann, Rosine Wilhelmine Friederike
(*18.07.1823)
V: Christian Friedrich (Leineweber)
M: Christine Luise, geb. Keuneke
Künftiger Wohnort: Adelebsen

28.06.	**Burghard,** Heinrich Wilhelm Carl (Schuhmacher, *10.05.1835) V: Friedrich Ludwig (Schuhmachermeister) M: Hanna Friederike, geb. Rust	**Klie,** Caroline Eleonore (*07.02.1837 zu Friedland V: Johann Ludolph (Schneidermeister) M: Ernestine Marie, geb. Hinterthür (nachherige Ehefrau) Künftiger Wohnort: Adelebsen
20.08.	**Großkopf,** Carl August (*16.06.1798 zu Northeim, Kaufmann in Hamburg, WW. der 1860 verst. Anna Marie Wilhelmine, geb. Heinrichs) V: Johann Heinrich (Gastwirt) M: Christine Luise, geb. Spangenberg	**Diekhoff,** Caroline Friederike Henriette (*27.10.1833) V: Johann Andreas Friedrich (Amtsvoigt) M: Johanne Dorothee Charlotte, geb. Habenicht Künftiger Wohnort: Hamburg
06.09.	**Sporleder,** Friedrich Wilhelm (Lohgerber, *17.05.1837) V: Carl Friedrich (Sattlermeister) M: Marie Luise Conradine, geb. Schrader	**Brennecke,** Henriette Wilhelmine Charlotte Christine (*11.03.1837 zu Wibbecke) V: Carl Heinrich Ernst (Förster) M: Dorothea Friederike, geb. Schodder Künftiger Wohnort: Adelebsen
27.09.	**Meyer,** Heinrich Justus Carl (Handarbeiter, *24.02.1831) V: Heinrich (Tagelöhner) M: Magdalene, geb. Fischer	**Kunze,** Hanna Caroline Friederike (*18.10.1827) V: Ernst Christian (Schreiber) M: Hanne Sophie Wilhelmine, geb. Gattermann Künftiger Wohnort: Adelebsen
11.10.	**Reinecke,** Heinrich August (Handarbeiter, *01.01.1834) V: Philipp August (Sattler) M: Sophie Charlotte, geb. Kulp	**Wabbersen,** Dorothee Wilhelmine (*12.02.1841) V: Christian Heinrich (Handarbeiter) M: Charlotte, geb. Leck Künftiger Wohnort: Adelebsen
25.10.	**Höfert,** Friedrich Wilhelm (Ackerknecht, *28.05.1834) V: Heinrich (Handarbeiter) M: Hanna Luise, geb. Meyer	**Beller,** Johanne Sophie Friederike (*11.01.1827 zu Schlarpe) V: Johann Ernst (Handarbeiter M: Charlotte, geb. Wille Künftiger Wohnort: Adelebsen
17.11. Cop. im Hause der Braut	**Fleischmann,** Christian Albert, Dr. med. (*08.11.1835 zu Münden) V: Johann Friedrich Philipp Ludwig (Kaufmann) M: Johanne Wilhelmine Christiane, geb. Habersang	**Deneke,** Emma Auguste Wilhelmine (23.09.1844) V: Carl (Leggemeister) M: Melusine, geb. Heypke Künftiger Wohnort: Adelebsen
26.11.	**Drost,** Carl Wilhelm (*09.02.1802 zu Uslar, Kaufmann und Rathsherr in Uslar, Ww. der 1862 verst. Dorothee Katharine Charlotte, geb. Röhrig) V: Johann Anton Friedrich (Landchirurg) M: Anna Dorothee Elisabeth, geb. Ziegeler	**Schwenkow,** Charlotte Wilhelmine (*12.04.1831) V: Georg Heinrich (Cantor) M: Elisabeth Henriette, geb. Tospann Künftiger Wohnort: Uslar

P.
29.11.
06.12.
Burghard, Heinrich Ernst Christian
(*13.04.1820, Schuhmacher, Ww. der
1863 verst. Sophie Dorothee, geb.
Fündeling)
V: Friedrich Ludwig
(Schuhmachermeister)
M: Hanna Friederike, geb. Rust

Noertemann, Friederike Henriette Charlotte
(*20.10.1834 zu Wibbecke)
V: Christian Wilhelm (Ackermann)
M: Christine Friederike, geb. Mai
Künftiger Wohnort: Adelebsen

1864

14.02. **Aschof,** Georg August Christian,
(*20.04.1825 zu Langenholtensen,
Gärtner in Adelebsen, Ww., der 1863
verst. Luise, geb. Brandt)
V: Johann August Christoph (Maurer)
M: Magdalene Eleonore Christiane,
geb. Knolle

Strahl, Friederike Caroline (in Halle,
*18.11.1830 zu Holste)
V: +N.N.
M: Henriette, geb. Harting (Wwe.)
Künftiger Wohnort: Adelebsen

10.03. **Wagener,** Carl Hermann (Schlosser,
*08.07.1840 zu Zellerfeld)
V: Carl Wilhelm Heinrich
(Schlossermeister)
M: Caroline Friederike, geb. Eichler

Grimme, Anna Charlotte Luise Dorothee
Friederike (*15.06.1844)
V: Johann Friedrich Ludwig (Färbermeister)
M: Luise Wilhelmine Christine, geb. Alrutz
Künftiger Wohnort: Adelebsen

17.04. **Meyer,** Friedrich Justus Ludwig
(Handarbeiter, *05.04.1824)
V: Heinrich (Feldschähr)
M: Magdalene, geb. Fischer

Stoch, Hanna Sophie Justine (*12.08.1821)
V: Wilhelm
M: Caroline, geb. Schaefer
Künftiger Wohnort: Adelebsen

P.
29.05.
05.06.
Bunnemann, Heinrich Carl Ernst
Friedrich (Gastwirt in Herford,
*09.12.1836 zu Adelebsen)
V: Georg Friedrich (Gastwirt)
M: Justine Wilhelmine Charlotte, geb.
Wolter

Brakmeyer, Anna Luise (in Herford,
*16.03.1845 zu Herford)
V: Gottlob Dietrich (Kaufmann)
M: Friederike Mathilde Charlotte, geb. Peters
Künftiger Wohnort: Herford

19.07. **Bott,** Johann Conrad (*19.10.1818 zu
Elben im Hessischen, Bierbrauerin
Adelebsen, Ww. der 1863 verst.
Wilhelmine Sophie Caroline, geb.
Herwig)
V: Heinrich Jakob (Ackermann)
M: Katharine, geb. Wackerbart

Borchers, Katharine Charlotte Auguste
(*09.10.1829)
V: Ernst (Bäcker)
M: Caroline, geb. Ernst
Künftiger Wohnort: Adelebsen

16.10. **Meyenberg,** Georg Wilhelm
(Bahnhofsarbeiter in Hannover,
*26.01.1827 zu Hattorf)
V: Johann Conrad (Handköther)
M: Rosine Margarethe Christine, geb.
Ruhmann

Rorig, Marie Luise Caroline Charlotte
(*14.10.1841)
V: Heinrich Wilhelm Theodor (Lohgerber)
M: Rosine Christine Charlotte, geb. Görtler
Künftiger Wohnort: Hannover

P. 09.10. 16.10.	**Poppe,** Heinrich Carl August (Müller in Adelebsen, *13.04.1831 zu Fehrlingsen) V: Johann Friedrich (Müller) M: Marie Elisabeth, geb. Meseke	**Meseke,** Friederike Wilhelmine Caroline Elise, (in Oberscheden, *16.12.1841 zu Jühnde) V: August Eduard (Schullehrer) M: Friederike Marie, geb. Quentin Künftiger Wohnort: Adelebsen
P. 09.10. 16.10.	**Henke,** Johann Heinrich Christian Friedrich (Handarbeiter, *27.01.1829) V: Johann Friedrich Carl (Schuhmacher) M: Caroline, geb. Hupe	**Krebs,** Sophie Friederike Wilhelmine (in Göttingen, *13.04.1824 zu Reinhausen) V: Andreas Friedrich (Einwohner) M: Henriette Christine Wilhelmine, geb. Vogel Künftiger Wohnort: Adelebsen

1865

01.01. *(steht unter 1864)*	**Tolle,** Johann Heinrich (*27.11.1828, Schäfer, Ww. der 1862 verst. Luise, geb. Hachfeld) V: Heinrich (Schafmeister) M: Friederike, geb. Appel	**Stöppler,** geb. **Kunze,** Sophie Charlotte (*22.05.1822 zu Lödingsen, Wwe. des 1858 verst. Webers Stöppler) V: Heinrich Andreas Kunze (Tagelöhner) M: Dorothee, geb. Fischer (nachherige Ehefrau) Künftiger Wohnort: Adelebsen
15.01.	**Engelhard,** Ernst Heinrich Friedrich Ludwig (Steinhauer, *26.10.1838 zu Adelebsen) V: Franz Carl Friedrich (Maurer) M: Dorothee, geb. Rust	**Schucht,** Anna Katharina Wilhelmine Sophie Lilly (*10.09.1841) V: Friedrich Carl (Müller) M: Lilly, geb. Meseke Künftiger Wohnort: Adelebsen
P. 05.03. 12.03.	**Lesche,** Heinrich Christian August (Ackerknecht, *05.02.1838) V: Carl Heinrich Georg (Holzhauer) M: Christine, geb. Tolle	**Münder,** Karoline Friederike Dorothee Charlotte (Harste, 12.12.1835 zu Harste) V: Johann Justus Friedrich Wilhelm (Tagelöhner) M: Johanne Dorothee Elisabeth, geb. Wiegand Künftiger Wohnort: Adelebsen
25.03.	**Borntraeger,** Hermann Eduard Franz August (Handarbeiter, *02.09.2829) V: Friedrich (Feldschähr) M: Marie Luise, geb. Schoppe	**Mußmann,** Dorothee Friederike Luise (*24.12.1828) V: Ludwig (Tagelöhner) M: Dorothee, geb. Cassau Künftiger Wohnort: Adelebsen
P. 17.04 23.04.	**Rorig,** Carl Christian Wilhelm Friedrich (Lohgerber, *28.06.2839) V: Heinrich Wilhelm Theodor (Lohgerber) M: Charlotte, geb. Görtler	**Ohlrogge,** Katharine Dorothee Elisabeth in Oldenstadt, *29.06.1839 zu Oldenstadt) V: Johann Heinrich (Zimmermann) M: Katharine Marie, geb. Meyer Künftiger Wohnort: Adelebsen
P. 21.05 28.05.	**Döring,** Carl Christoph Adolf (Lehrer in Dransfeld, *19.03.1842 zu Northeim) V: August (Seilermeister) M: Amalie, geb. Reddersen	**Ludewig,** Dorothee Wilhelmine Charlotte (Dransfeld, *25.04.1843 zu Dransfeld) V: Georg Justus Ludewig (Ackermann) M: Rosine Sophie Charlotte, geb. Jeep Künftiger Wohnort: Dransfeld

18.06. **Reinhard**, Christian (Töpfergesell in Göttingen, *14.10.1841 zu Waldcappel)
V: Hartmann, (Leineweber)
M: Christine, geb. Rockenkamm

Schaefer, Auguste Marie Luise Helene (*24.04.1843)
V: Ludwig (Tagelöhner)
M: Charlotte, geb. Capelle
Künftiger Wohnort: Waldcappel

P.
30.07.
06.08. **Winter,** Carl Wilhelm Ernst (Schuhmacher in Erbsen, *08.06.1834 zu Erbsen)
V: Justus Friedrich Wilhelm (Handarbeiter)
M: Sophie Caroline, geb. Meier

Wieneke, genannt **Fündling,** Hanna Luise Caroline (in Schoningen, *23.010.1838 zu Schoningen)
V angeblich: Johann Friedrich Fündling
M: Justine Wieneke
Künftiger Wohnort: Erbsen

20.08. **Helmbrecht,** Friedrich Carl Theodor (Handarbeiter, *08.07.1837)
V: Gottfried Gerhard (Kuhhirt)
M: Sophie Caroline, geb. Wulf

Schlieper, Dorothee Sophie Charlotte (*24.04.1835)
V: Ernst (Tagelöhner)
M: Caroline, geb. Koch
Künftiger Wohnort: Adelebsen

03.10. **Schulze,** Georg August (Architekt in Hildesheim, (*17.11.1837 zu Celle)
V: Johann Heinrich Friedrich (Lade-Inspector)
M: Sophie Christine, geb. Kramer

Hardeck, Josephine Caroline Amalie Helene (in Hildesheim, *30.05.1839 zu Hildesheim)
V: Joseph (Stadtrichter)
M: Luise, geb. Brandis
Künftiger Wohnort: Hildesheim

1866
07.01.
(steht unter 1865) **Borntraeger,** Johann Carl Theodor (Handarbeiter in Adelebsen, *10.01.1836 zu Göttingen)
V: Christian Friedrich (Schneider)
M: Henriette Elisabeth, geb. Senger

Beiland, Dorothee Wilhelmine Charlotte (*14.06.1836)
V: August (Tagelöhner)
M: Maria Amalie, geb. Kindervater
Künftiger Wohnort: Adelebsen

28.01. **Tute,** Heinrich Friedrich Christian (Zimmermann, *14.04.1842)
V: Christian Friedrich (Holzhauer)
M: Dorothee Luise, geb. Wabbersen

Wedemeyer, Caroline Luise (*08.08.1842)
V: Heinrich Carl August (Schuhmacher)
M: Dorothee Charlotte Christiane, geb. Appel
Künftiger Wohnort: Adelebsen

P.
18.03.
25.03. **Klinge,** Carl Wilhelm (*27.02.1813, Sattlermeister, Ww. der Juliane, geb. Henniges
V: Heinrich Christoph (Ackermann)
M: Johanne Hedewig, geb. Wellhausen

Tietzen, genannt **Reuter,** Dorothee (in Göttingen, *15.10.1814 zu Göttingen)
V: N.N.
M: Caroline Tietzen (unverehelicht)
Künftiger Wohnort: Adelebsen

02.04. **Helmbrecht,** Heinrich Wilhelm (Schuhmachermeister, *26.11.1834)
V: Gottfried Gerhard (Kuhhirt)
M: Sophie, geb. Wulf

Tolle, Marie Charlotte (*03.08.1838)
V: Johann Christian Heinrich (Gemeindediener)
M: Marie Magdalene, geb. Fiege
Künftiger Wohnort: Adelebsen

10.04. **Sporleder,** Carl Friedrich Wilhelm (Fourir in Hannover, *12.01.1839)
V: Carl Friedrich (Sattlermeister)
M: Marie, geb. Schrader

Sporleder, Hermina Alina Ottilie (aus Sievershausen, *09.06.1846 zu Sievershausen)
V: Heinrich (Köthner)
M: Christiane, geb. Rettig
Künftiger Wohnort: Hannover

15.04. **Kunze,** Carl August Heinrich Wilhelm
(Handarbeiter, *11.12.1829)
V: Ernst (Schreiber)
M: Dorothee, geb. Schrader

P.
08.04. **Schaefer,** Heinrich Christian Friedrich
15.04. (Tagelöhner in Barterode, *10.02.1840
zu Barterode)
V: Johann Friedrich (Tagelöhner)
M: Christine, geb. Schoppe

22.04. **Knüppel,** Johann Heinrich Christoph
Carl (Handarbeiter, *03.10.1835)
V: Heinrich Christoph (Handarbeiter)
M: Marie Christine Luise, geb. Ahrens
(nachherige Ehefrau)

22.07. **Oels,** Georg Heinrich Carl Ludewig
(Handarbeiter in Adelebsen,
*25.01.1834 zu Fürstenhagen)
V: Heinrich Christian (Kuhhirt)
M: Dorothee Charlotte, geb. Appel

P.
07.10. **Luze,** Heinrich Christian Friedrich
14.10. (*28.09.1837 zu Grone, Tagelöhner in
Grone, Ww. der 1866 verst. Johanne,
geb. Ziegeler)
V: Heinrich (Weißbinder)
M: Luise, geb. Rühling

P.
14.10. **Sonnenberg,** Carl Jacob Heinrich
21.10. August (Arbeitsmann in Nörten,
*19.08.1836 zu Adelebsen)
V: Conrad Friedrich Christoph
(Dachdecker)
M: Dorothee, geb. Koch

02.12. **Ilse,** Heinrich Friedrich Christoph
(Ackermann in Adelebsen, *30.10.1834
zu Rosdorf)
V: Ludwig (Ackermann)
M: Wilhelmine, geb. Bollensen

P.
02.12. **Beuermann,** Heinrich Wilhelm Ludwig
09.12. (Holzhauer in Bollensen, *15.06.1839
zu Bollensen)
V: Johann Friedrich Ernst
(Handarbeiter)
M: Rosine Marie Wilhelmine, geb.
Homes

Schohr, Henriette Luise Wilhelmine
Friederike (*09.07.1830)
V: Christian (Holzhauer)
M: Charlotte, geb. Schohr
Künftiger Wohnort: Adelebsen

Meseke, Rosine Albertine Dorette (in
Eberhausen, *23.12.1841 zu Eberhausen)
V: Georg (Holzhauer)
M: Caroline, geb. Grünewald
Künftiger Wohnort: Barterode

Ahrend, Dorothee Wilhelmine Caroline
Hanne (*17.11.1846)
V: N.N.
M: Dorothee Ahrend (unverehelicht)
Künftiger Wohnort: Adelebsen

Schaefer, Henriette Charlotte (*08.07.1837)
V: Ludewig (Tagelöhner)
M: Charlotte, geb. Capelle
Künftiger Wohnort: Adelebsen

Engelhard, richtiger **Reichwagen,** Luise
Charlotte (15.02.1843)
V: N.N.
M: Dorothee Reichwagen (unverehelicht,
nachherige Ehefrau des Franz Meyer und dem
als Vater angegebenen Johannes Engelhard)
Künftiger Wohnort: Grone

Oberdiek, Charlotte Regine Caroline Luise
(Eddigehausen, *07.05.1837 zu
Eddigehausen)
V: Heinrich (Ackerknecht)
M: Charlotte, geb. Meck
Künftiger Wohnort: Nörten

Schrader, Christine Wilhelmine Charlotte
(Ellershausen, *11.06.1841 zu Ellershausen)
V: Georg (Ackermann)
M: Justine, geb. Alrutz
Künftiger Wohnort: Adelebsen

Gronemann, Caroline Christine
(Lippoldsberg, *19.03.1839 zu Lippoldsberg)
V: Johannes (Schneider)
M: Christine Friederike, geb. Muhl
Künftiger Wohnort: Bollensen

1867

P. 06.01. 13.01.	**Schumann**, genannt, **Pape**, Georg Friedrich (Schriftgiesser in Münden, *20.11.1840 zu Münden) V: Johannes Schröder M: Sophie Schumann (unverehelicht)	**Reichwage**, genannt **Engelhard**, Dorothee Charlotte (*01.08.1840) V: Johannes Engelhard M: Luise Dorothee Reichwage (unverehelicht, nachherige Ehefrau des Feldhüters Franz Meyer Künftiger Wohnort: Münden
P. 06.01. 13.01.	**Teuteberg**, Johann Heinrich Christian (Leineweber, *27.02.1833) V: Johann Christian Wilhelm (Leineweber) M: Wilhelmine Charlotte, geb. Helmbrecht	**Kirchhof,** Hanne Marie Luise (in Schoningen, *08.10.1841 zu Schoningen) V: Georg (Sattler und Köthner) M: Melusine, geb. Schlaeper Künftiger Wohnort: Adelebsen
05.02.	**Diedrich**, Christian Friedrich Ludwig (Gastwirt und Bäckermeister in Dransfeld, *22.10.1836 zu Dransfeld) V: Franz Diedrich (Pflastermeister) M: Elise, geb. Starke (nachherige Ehefrau)	**Kaese**, Dorothee Christine Luise (*17.01.1832) V: Georg Friedrich Wilhelm (Müller) M: Caroline Magdalene, geb. Witthuhn Künftiger Wohnort: Dransfeld
12.02.	**Wentroth**, Heinrich August Georg (Braumeister in Dransfeld, *31.01.1832) V: Heinrich (Schuhmacher) M: Hanna Dorothee Luise, geb. Grünewald	**Wüstefeld**, Friederike Charlotte (*23.03.1832) V: Wilhelm (Hofmeister) M: Charlotte, geb. Reineward Künftiger Wohnort: Dransfeld
30.05.	**Schulze**, Ludwig Friedrich (Landgendarm in Göttingen, *09.02.1838 zu Celle) V: Johann Christoph Andreas (Landgendarm) M: Anna Elisabeth, geb. Kabel	**Reulke**, Dorothee Charlotte (*13.12.1839) V: Carl (Weißbindemeister und Ratsherr) M: Dorothee, geb. Bunnemann Künftiger Wohnort: Göttingen
10.11.	**Haase**, Daniel (*21.05.1823 zu Ippinghausen, Mühlenbauer in Ippinghausen (im Hessischen), Ww. der 1867 verst. Anna Marie Lüllemann) V: Jakob (Müller) M: Anna Elisabeth, geb. Weyde	**Lüllemann**, Betty Wilhelmine Juliane Auguste (*18.11.1833 zu Eddiehausen) V: Friedrich (Rademacher) M: Ernestine, geb. Sprenger Künftiger Wohnort: Ippinghausen
P. 15.12. 22.12.	**Wessel**, Georg Friedrich Ludwig, (Rademacher, *19.03.1833) V: Heinrich Wilhelm (Rademacher) M: Marie Luise Dorothee, geb. Kaese	**Franke**, Caroline Christine Wilhelmine (Volkmarshausen, *09.03.1840 zu Volkmarshausen) V: Friedrich Christoph (Mützenmacher) M: Sophie Caroline, geb. Wenzel Künftiger Wohnort: Volkmarshausen

1868

12.01. **Schaefer**, Heinrich Christian Friedrich (*02.09.1834 in Güntersen, Steinhauser in Güntersen, Ww. der 1867 verst. Dorothee Rosine Henriette Pfahlert)
V: Christian
M: Marie Justina, geb. Wapel

Mußmann, Hanne Luise Charlotte (*19.03.1842)
V: Ernst (Tagelöhner)
M: Hanne, geb. Fischer
Künftiger Wohnort: Adelebsen

P. **Fischer**, Carl Wilhelm (Maler in
12.01. Geestendorf, *28.10.1842)
19.01. V: Wilhelm (Tagelöhner)
M: Wwe. Dorothee Geier, geb. Fehrens

Liebrecht, genannt **Hagemann**, Katharine Wilhelmine (Geestendorf *20.03.1837 zu Lavelsloh)
V: N.N.
M: Luise Liebrecht, jetzt verehelichte Schulz
Künftiger Wohnort: Geestendorf

25.02. **Lücke**, Christian Ferdinand Engelhard (*15.10.1829 zu Afferde, Steuererheber in Uslar, WW. der 1866 verst. Sophie Luise Caroline Wilhelmine, geb. Behnsen)
V: Friedrich (Gastwirt)
M: Friederike, geb. Kupferschmidt

Markewitz, Marie Charlotte (*18.12.1848 zu Dransfeld)
V: August (Gastwirt)
M: Caroline, geb. Kolbe
Künftiger Wohnort: Uslar

P. **Schaefer**, Gustav Carl Christian
15.03. (Tischler in Adelebsen, *08.01.1843 zu
22.03. Barterode)
V: Georg (Ackermann
M: Dorothee Sophie Caroline, geb. Otte

Sauerland, Wilhelmine Caroline Luise, genannt Auguste, (*12.06.1849 zu Ossenfeld)
V: Ludwig (Krüger)
M: Wilhelmine, geb. Fülling
Künftiger Wohnort: Adelebsen

13.04. **Hille**, Georg Ludwig (Schmied in Adelebsen, *11.05.1836 zu Güntersen)
V: Friedrich (Schmied)
M: Luise, geb. Bäre

Lüllemann, Caroline Friederike Wilhelmine (in Adelebsen, *04.05.1836 zu Eddigehausen)
V: Friedrich (Rademacher)
M: Ernestine, geb. Sprenger
Künftiger Wohnort: Adelebsen

P. **Nörtemann**, Johann Friedrich Ernst
10.05. (Dienstknecht in Güntersen,
17.05. *29.07.1833 zu Barterode)
V: Johann Friedrich Ernst
M: Sophie Christine Magdalene, geb. Witthuhn

Ilck, Dorothee Rosine Justine (in Eberhausen, *14.08.1834 zu Eberhausen)
V: Carl (Tagelöhner)
M: Magdalene, geb. Dolle
Künftiger Wohnort: Güntersen

P. **Grünewald**, Johann Heinrich Ludwig
01.06 (Handarbeiter in Heisebeck,
07.06. *05.10.1834)
V: Johann Heinrich Ludwig (Tagelöhner)
M: Dorothee Charlotte, geb. Bartscher

Pfaffenbach, Dorothee Sophie Luise (in Heisebeck, *03.06.1841 zu Heisebeck)
V: Johann Heinrich (Schreiner)
M: Lucine Leopoldine, geb. Schocke
Künftiger Wohnort: Heisebeck

02.08. **Henke**, Ludwig Wilhelm Heinrich (Schuhmacher, *21.08.1836)
V: Johann Friedrich Carl (Schuhmacher)
M: Caroline, geb. Hupe

Steckel, Hanna Sophie Caroline (aus Lödingsen, *04.02.1839 in Schlarpe)
V: Wilhelm (Rademacher)
M: Christina, geb. Heise
Künftiger Wohnort: Adelebsen

20.09.	**Möhring,** Wilhelm Friedrich (*30.05.1815 zu Gertenbach, Pflasterer in Adelebsen, Ww. der Sophie Christine Luise Caroline Reuter) V: Christoph (Tagelöhner) M: Katharina Margarethe, geb. Schlothauer	**Ahrend,** geb. **Wienecke,** Caroline Melusine Luise Friederike (*03.02.2821zu Schoningen, Wwe. des Tagelöhners Wilhelm Ahrend) V: Johann Justus (Tagelöhner) M: Hanne Dorothee Charlotte, geb. Bock (nachherige Ehefrau) Künftiger Wohnort: Adelebsen
27.09.	**Wabbersen,** Heinrich Friedrich Ernst Theodor (*10.04.1842) V: Heinrich Christian Philipp (Holzhauer) M: Dorothea, geb. Schatte	**Körner,** Johanne Dorothee Elisabeth (Dienstmagd in Adelebsen, *15.09.1845 zu Ellierode) V: August (Handarbeiter M: Christine Friederike Luise, geb. Duntemann Künftiger Wohnort: Adelebsen
04.10.	**Fiege,** Friedrich Carl Ludwig (Dienstknecht in Adelebsen, *11.09.1838 zu Hardegsen) V: Heinrich (Schneider) M: Sophie, geb. Lange	**Sonnenberg,** Dorothee Henriette Charlotte (*31.08.1840) V: Friedrich (Dachdecker) M: Dorothee, geb. Koch Künftiger Wohnort: Adelebsen
01.11.	**Armbrüster,** Johann Philipp (Schuhmacher in Adelebsen, *17.03.1838 zu Seulberg (Hessen-Homburg)) V: Johannes (Strumpfmachermeister) M: Katharina, geb. Eul	**Fiege,** Eleonora Charlotte Elisa Betty (*01.12.1845) V: Heinrich (Schneider) M: Sophie Charlotte, geb. Lange Künftiger Wohnort: Adelebsen
08.11.	**Lang,** Johann Matthias (*23.03.1807 zu Wunsiedel (Bayern), Weber in Adelebsen, Ww. der 1868 verst. Dorothee Luise Henriette, geb. Baeke) V: Johann Georg Lang (Gärtner) M: Elisabeth geb. Purrucker	**Schuch,** Caroline Wilhelmine Georgine (in Grone, *01.05.1826 zu Grone) V: Heinrich Wilhelm Friedrich (Gemeindeschreiber, später Steuereinnehmer) M: Sophie Justine, geb. Alrutz Künftiger Wohnort: Adelebsen
15.11.	**Harms,** Franz August Christian Ludwig (Handarbeiter, *03.08.1830) V: Christian (Pensionair) M: Caroline, geb. Meyer	**Appel,** Sophie Friederike Charlotte Dorothee (*19.02.1840) V: Heinrich Ernst (Tagelöhner) M: Sophie Charlotte, geb. Benstemm
22.11.	**Claus,** Heinrich Martin Friedrich (Handarbeiter, *17.09.1842) V: Georg (Holzhauer) M: Dorothee, geb. Pflug	**Ditrich,** Dorothee (*07.08.1847 zu Göttingen) V: N.N. M: Charlotte Ditrich (unverehelicht, aus Eberhausen) Künftiger Wohnort: Adelebsen
03.01. 1869 *(steht unter 1868)*	**Kindervater,** Johann Heinrich Carl (Zimmermann, *31.03.1838) V: Johann Christian Friedrich Wilhelm (Zimmermann) M: Johanne Sophie Elisabeth, geb. Stumpf	**Mußmann,** Dorothee Auguste Charlotte Elise (*27.06.1846) V: Carl (Briefträger) M: Luise Fischer (spätere Ehefrau) Künftiger Wohnort: Adelebsen

1869

03.01. 1869 *(steht unter 1868)*	**Kindervater,** Johann Heinrich Carl (Zimmermann, *31.03.1838) V: Johann Christian Friedrich Wilhelm (Zimmermann) M: Johanne Sophie Elisabeth, geb. Stumpf	**Mußmann,** Dorothee Auguste Charlotte Elise (*27.06.1846) V: Carl (Briefträger) M: Luise Fischer (spätere Ehefrau) Künftiger Wohnort: Adelebsen
P. 17.01. 24.01.	**Spatky,** Friedrich Wilhelm (Bergmann in Lindau bei Hattingen, Provinz Westphalen, *25.02.1842 zu Rödinghausen) V: N.N. M: Anna Marie Christine Spatky	**Wulf,** Dorothee Friederike Henriette (*10.08.1843) V: Johann Wilhelm (Leggediener) M: Charlotte Henriette, geb. Heise Künftiger Wohnort: Linden
24.01.	**Fischer,** Georg Carl August Friedrich (Maurer, *23.06.1842) V: Wilhelm (Maurer) M: Charlotte, geb. Wedemeyer	**Schohr,** Luise Henriette Dorothee Caroline (*20.12.1839) V: Christian (Holzhauer) M: Charlotte, geb. Schohr Künftiger Wohnort: Adelebsen
28.01.	**Ludewig,** Heinrich Wilhelm (Schmied in Adelebsen, *03.03.1843 zu Hemeln) V: Justus Friedrich (Ackermann) M: Anna Rosine, geb. Ludewig	**Ruhe,** Hanne Wilhelmine Dina (*01.05.1848) V: Philipp (Schmied) M: Charlotte, geb. Karneboge Künftiger Wohnort: Adelebsen
P. 29.03. 04.04.	**Breckerbaum,** Johann Christian Friedrich Wilhelm (*19.11.1820 zu Barterode, Maurer in Adelebsen, Ww. der 1868 verst. Amalie Kunze) V: Johann Christian Ludwig (Maurermeister) M: Johanne Dorothee Friederike, geb. Fündling	**Reinecke,** Justine Leonore Luise (in Wibbecke, *19.02.1849 zu Bördel) V: N.N. M: Charlotte Reinecke (unverehelicht) Künftiger Wohnort: Adelebsen
P. 04.04. 11.04.	**Ahlborn,** Georg Friedrich (*14.09.1792 in Schoningen, Steuereinnehmer aD in Adelebsen, Ww. der 1859 verst. Wilhelmine Henriette Reineke) V: Johann Friedrich (Ackermann) M: Rosine Charlotte, geb. Niemeyer	**Drost,** Dorothee Henriette Eleonore (in Uslar, *29.09.1803 zu Uslar) V: Johann Anton Friedrich (Amts- und Stadtchirurg) M: Anna Dorothee Elisabeth, geb. Ziegeler Künftiger Wohnort: Uslar
P. 04.04. 11.04.	**Kühne,** Christian Heinrich (Schäfer in Bursfelde, *29.07.1844 zu Bursfelde) V: Andreas Christoph (Handarbeiter) M: Dorothee, geb. Knüppel	**Pflug,** Dorothee Luise Henriette (*06.10.1844 zu Erbsen) V: Ernst Heinrich (Leineweber) M: Charlotte Sophie Helene, geb. Teuteberg Künftiger Wohnort: Bursfelde
22.04.	**Alrutz,** Johann Christoph Ludwig (Tischlermeister in Hannover, *18.01.1839 zu Hetjershausen) V: Johann Christoph (Ackermann) M: Regine Katharina Luise, geb. Grube	**Grimme,** Friederike Regine Bertha (*19.09.1841 zu Lödingsen) V: Ludwig (Färbermeister) M. Luise, geb. Alrutz Künftiger Wohnort: Hannover

25.04.	**Eicke,** Heinrich August Ludewig (*19.11.1823 zu Einbeck, Metzgermeister in Adelebsen, Ww. der 1868 verst. Luise Rorig) V: Friedrich Wilhelm (Knochenhauermeister) M: Christine Henriette, geb. Becker	**Dempewolf,** Dorette Luise (in Adelebsen, *18.12.1841 zu Bovenden) V: Christian Ludwig (Schlossermeister) M: Johanna Friederike, geb. Weitzel Künftiger Wohnort: Adelebsen

P.
25.04.
02.05.   **Ellermeyer,** Georg Heinrich Ludwig (Ackerknecht auf der Stegemühle bei Adelebsen, *14.08.1832 zu Schoningen)
V: Friedrich (Köthner)
M: Melusine, geb. Holz

Alrutz, Marie (in Bodenfelde, *wahrscheinlich 1842)
V: N.N.
M: Maria Elisabeth Alrutz (unverehelicht)
Künftiger Wohnort: Bodenfelde

09.05.   **Lüllemann,** Georg Heinrich Friedrich (Rademacher, *27.03.1834 zu Eddigehausen)
V: Friedrich (Rademacher)
M: Ernestine, geb. Sprenger

Engelhard, Christine Friederike Charlotte, (*06.07.1845)
V: Carl (Maurer)
M: Dorothee, geb. Rust
Künftiger Wohnort: Adelebsen

17.05.   **Fischer,** Georg Friedrich (Ackerknecht, *04.08.1839)
V: Heinrich Friedrich (Maurer)
M: Charlotte, geb. Teuteberg

Ahrend, Christine Magdalene Charlotte Marie (*16.12.1839)
V: Justus (Tagelöhner)
M: Dorothee Wilhelmine, geb. Rorig
Künftiger Wohnort: Adelebsen

03.06.   **Schönewolf,** Georg Wilhelm (Bürstenmachermeister in Vernawahlhausen, *14.01.1824 zu Vernawahlhausen)
V: Johann Franz (Schullehrer)
M: Marie Magdalene, geb. Eichmann

Dettmer, Dorothee Charlotte Auguste (*04.12.1843)
V: Heinrich August Georg (Ackermann)
M: Sophie Christine, geb. Wellhausen
Künftiger Wohnort: Vernawahlshausen

P.
20.06.
27.06.   **Mündemann,** Georg Heinrich (Schmied in Offensen, *08.05.1838 zu Grone)
V: Georg (Rademacher)
M: Friederike, geb. Bornemann

Wiegmann, geb. **Leßner,** Charlotte (*20.10.1845 zu Offensen, Wwe. des 1868 verst. Schmieds Friedrich Wiegmann in Offensen)
V: Georg Heinrich Leßner (Ackermann)
M: Caroline, geb. Leßner
Künftiger Wohnort: Offensen

27.06.   **Claus,** Heinrich Christian Ludwig (Handarbeiter, *30.03.1837)
V: Georg (Holzhauer)
M: Dorothea Charlotte, geb. Pflug

Bickmeyer, geb. **Koch,** Christiane Caroline Charlotte (*24.09.1834 zu Wahmbeck, Wwe. des 1866 verst. Holzhauers Friedrich Bickmeyer in Bodenfelde)
V: Joseph Koch (Wollkämmer)
M: Marie Charlotte, geb. Wißmann
Künftiger Wohnort: Adelebsen

06.07. **Isermann**, Ernst Heinrich August Gottlob (Ackermann in Langenholtensen, *03.12.1824 zu Langenholtensen)
V: Johann Heinrich Jakob (Köthner)
M: Johanne Luise Henriette, geb. Metze

Voss, Wilhelmine Friederike (*29.03.1842 zu Fürstenhagen)
V: Heinrich (Ackermann)
M: Sophie, geb. Rohrig
Künftiger Wohnort: Adelebsen

05.09. **Reinecke**, Friedrich Ludwig (Zimmermann, *26.11.1840)
V: Philipp August (Sattler)
M: Charlotte, geb. Kulp

Raeke, Henriette Luise Caroline Magdalene (*19.11.1842)
V: Carl (Weißbinder)
M: Dorothee, geb. Hamster
Künftiger Wohnort: Adelebsen

19.09. **Spörhase**, Johann Friedrich Heinrich (Rademacher, *28.01.1847)
V: Heinrich (Rademacher)
M: Friederike Hartge (spätere Ehefrau)

Bunnemann, Georgine Wilhelmine (*19.02.1849)
V: August (Schreiber)
M: Charlotte, geb. Plinke
Künftiger Wohnort: Adelebsen

P.
26.09.
03.10. **Walter**, Julius Ferdinand Heinrich Adolf (Landgendarm in Adelebsen, *08.08.1836 zu Osterode)
V: Johann Heinrich Ludwig (Tuchscherer)
M: Dorothee Henriette, geb. Sundmacher

Rodenberg, Marie Dorothee Amalie (in Hannover, *05.04.1833 zu Hannover)
V: Georg Ernst (Stellmachermeister)
M: Sophie, geb. Hernkohl
Künftiger Wohnort: Adelebsen

03.10. **Lüllemann**, Carl Philipp Christoph Wilhelm (Rademacher, *04.07.1844)
V: Christian Friedrich (Rademacher)
M: Ernestine, geb. Sprenger

Karras, Dorothee Christine Henriette (*05.04.1846)
V: Carl Ludwig Wilhelm (Weißbinder)
M: Dorothee Christine, geb. Helmbrecht
Künftiger Wohnort: Adelebsen

10.10. **Wabbersen**, Wilhelm Philipp Christian Carl (Weißbinder, *20.09.1843)
V: Heinrich Christian Philipp (Sägeschnitter)
M: Dorothee Wilhelmine, geb. Schatte

Kelterborn, Friederike Luise Charlotte (in Göttingen, *24.01.1842 zu Ossenfeld)
V: Georg Friedrich (Ackermann)
M: Hanna Marie Christine, geb. Beinhorn
Künftiger Wohnort: Adelebsen

P.
24.10.
31.10. **Bierwisch**, Heinrich August Georg (*17.10.1817 zu Lüneburg, Gendarmerie- Wachtmeister in Sechtem, Ww. der 1869 verst. Mathilde Schütte)
V: Christian Heinrich (Sattler)
M: Marie Sophie, geb. Hillberger

Grimme, Theodora Caroline Wilhelmine (*12.06.1836 zu Eberhausen)
V: Carl (Oekonem)
M: Dorothee, geb. Hartung
Künftiger Wohnort: Sechtem

P.
07.11.
14.11. **Hellwig**, Johann Friedrich (*12.09.1838 zu Heisebeck, Ackermann in Heisebeck, Ww. der 1869 verst. Friederike Melusine, geb. Rust)
V: Johann Wilhelm (Ackermann)
M: Caroline, geb. Schaefer

Hellwig, Caroline Rosine Wilhelmine (in Heisebeck, *01.03.1844 zu Heisebeck)
V: Johann Christian (Ackermann)
M: Dorothee, geb. Habhoff
Künftiger Wohnort: Heisebeck

15.11.	**Reinert,** Georg Heinrich August (Fuhrmann in Uslar, *06.02.1842 zu Uslar) V: Heinrich Friedrich Wilhelm (Fuhrmann) M: Caroline Justine Elisabeth, geb. Ropeter	**Otte,** Hanne Luise Sophie Charlotte (*09.02.1844 zu Offensen) V: Johann Christoph (Ackermann) M: Luise, geb. Frohne Künftiger Wohnort: Uslar
P. 12.12. 19.12.	**Teuteberg,** Johann Heinrich Christian (*27.02.1833, Leineweber, Ww. der 1869 verst. Hanna Marie Luise Kirchhof) V: Johann Christian Wilhelm (Leineweber) M: Wilhelmine Charlotte, geb. Helmbrecht	**Wolf,** Marie Sophie Christine (in Schoningen, *19.01.1832 zu Schoningen) V: Carl (Maurer) M: Charlotte, geb. Oppermann Künftiger Wohnort: Adelebsen
26.12.	**Kulp,** Heinrich Carl August (*26.03.1829 zu Erbsen, Maurer in Adelebsen, Ww. der 1869 verst. Johanna Friederike Henriette Köhler) V: Christian Friedrich (Ackerknecht) M: Charlotte Lindemann (nachherige Ehefrau)	**Tolle,** Luise Wilhelmine Magdalene (in Wibbecke, *30.08.1840 zu Wibbecke) V: Johann Christoph Ernst (Ackermann) M: Sophie Marie Henriette, geb. Regente Künftiger Wohnort: Adelebsen

1870

09.01.	**Fricke,** genannt, **Möhle,** Jakob Friedrich (Ziegelmacher in Adelebsen, *24.06.1841 zu Göttingen) V: Carl Möhle (Handarbeiter) M: Charlotte Fricke (nachherige Ehefrau)	**Kindervater,** Lisette Caroline Dorothee (*25.09.1840) V: Wilhelm (Rademacher) M: Hanna Sophie, geb. Stumpf Künftiger Wohnort: Adelebsen
P. 06.02. 13.02.	**Pröpping,** Christian Carl (Tischlergesell in Grohn, *13.11.1831 zu Göttingen) V: Christian (Stiefelwichser) M: Katharine Wilhelmine Auguste, geb. Kruse	**Hillebrecht,** Johanne Luise Caroline (in Adelebsen, *08.12.1844 zu Eberhausen) V: Friedrich (Handarbeiter) M: Sophie Caroline, geb. Knoke Künftiger Wohnort: Grohn
12.04.	**Bieling,** Ernst August Wilhelm (Förster in Dedensen, *05.08.1840 zu Wolfshagen) V: Wilhelm (Förster) M: Friederike, geb. Koch	**Grimme,** Dorothee Henriette Amalie (in Adelebsen, *12.11.1841 zu Eberhausen) V: Carl Georg (Ackermann) M: Dorothee Sophie, geb. Hartung Künftiger Wohnort: Wunstorf Lohehof
17.07.	**Fischer,** Friedrich August (Ackerknecht, *13.02.1833) V: Heinrich Friedrich Siegfried (Maurer) M: Charlotte, geb. Teuteberg	**Fürchtenicht,** Hanne Maria Luise (in Adelebsen, *10.07.1826 zu Elliehausen) V: Johann Christian Friedrich (Maurergesell) M: Regine Charlotte, geb. Röttger Künftiger Wohnort: Adelebsen

28.08.	**Albrecht**, Heinrich Theodor Christian Ernst (Schlosser, *13.05.1843) V: Heinrich (Schuhmacher) M: Magdalene, geb. Schohr	**Appel**, Henriette Caroline Dorothee Friederike (*05.03.1849) V: Heinrich (Zimmermann) M: Dorothee, geb. Wabbersen Künftiger Wohnort: Adelebsen
13.09.	**Helmbrecht**, Heinrich Wilhelm (*02.11.1834, Schuhmacher, Ww. der 1870 verst. Charlotte Tolle) V: Gottfried Gerhard (Kuhhirt) M: Sophie geb. Wulf	**Tolle**, Marie Dorothee Caroline (*24.08.1840) V: Heinrich (Fleckendiener) M: Marie Magdalene, geb. Fiege Künftiger Wohnort: Adelebsen
18.09.	**Pfestorf**, August Friedrich (Glaser in Adelebsen, *24.12.1845 zu Catterfeld) V: Johann Nikolaus (Webermeister) M: Elisabeth, geb. Marx	**Voß**, Caroline Luise Wilhelmine (in Adelebsen, *06.01.1850 zu Rittmarshausen) V: Heinrich (Brenner) M: Charlotte, geb. Wabbersen Künftiger Wohnort: Adelebsen
22.10.	**Hepe**, Heinrich Christian Theodor (Müller in Bovenden, *31.01.1849 zu Rauschenwasser) V: Heinrich Wilhelm (Müller) M: Wilhelmine Friederike, geb. Brandt	**Uhlendorf**, geb. **Meister**, Emilie Albertine Elise Charlotte (*08.04.1841 zu Fürstenhagen, Wwe. des 1869 verst. Müllers Uhlendorf zur Stegemühle bei Adelebsen) V: Wilhelm (Gastwirt) M: Wilhelmine, geb. Korte Künftiger Wohnort: Stegemühle bei Adelebsen
P. 16.10 23.10.	**Siebold**, Adam (Kutscherin Oberrieden, *19.11.1845 zu Oberrieden) V: Conrad (Tagelöhner) M: Anna Elisabeth, geb. Bücker	**Grimme**, Sophie Caroline Charlotte (*29.11.1832) V: Wilhelm (Ackermann) M: Caroline, geb. Buhre Künftiger Wohnort: Witzenhausen
23.10.	**Hemer**, Heinrich Carl August (Handarbeiter, (*05.12.1844) V: Heinrich (Tagelöhner) M: Friederike Thiele (nachherige Ehefrau)	**Rodemann**, Dorothee Henriette Helene (*21.09.1846) V: Ernst (Tagelöhner M: Charlotte, geb. Fricke Künftiger Wohnort: Adelebsen
01.12.	**Schrader**, Johann Heinrich Wilhelm (Waldwärter in Priorsgehege bei Lüneburg, *18.11.1839 zu Adelebsen) V: Heinrich Carl Friedrich (Bäckermeister) M: Henriette Sophie, geb. Rorig	**Brennecke**, Marie Luise Henriette Charlotte (15.09.1844) V: Carl (Förster) M: Dorothee, geb. Schodder Künftiger Wohnort: Priorsgehege bei Lüneburg
27.12.	**Rorig**, Heinrich Carl Wilhelm (Lohgerber, *11.09.1844) V: Heinrich Wilhelm Theodor (Lohgerber) M: Charlotte, geb. Görtler	**Ernst**, Dorothee Caroline Magdalene (*16.07.1849) V: Christian Ernst (Ackermann) M: Magdalene, geb. Dörger Künftiger Wohnort: Adelebsen

1871

30.03. **Schrader,** Johann Conrad (*09.10.1836 zu Lippoldsberg, Stellmacher in Lippoldsberg, Ww. der 1870 verst. Justine Wilhelmine Goeckel)
V: Carl (Fuhrmann)
M: Caroline Gobrecht (nachherige Ehefrau)

Schrader, Henriette Wilhelmine Auguste Charlotte (*26.05.1843)
V: Carl (Bäckermeister)
M: Sophie, geb. Rorig
Künftiger Wohnort: Lippoldsberg

30.04. **Grebenstein,** Heinrich Wilhelm Theodor (Handarbeiter, *20.06.1841)
V: Georg Wilhelm (Tagelöhner)
M: Dorothee Friederike Luise, geb. Rorig

Rettberg, Justine Wilhelmine Friederike Charlotte (in Wibbecke, *03.01.1835 zu Wibbecke)
V: Wilhelm (Hirt)
M: Charlotte, geb. Goerder
Künftiger Wohnort: Adelebsen

23.05. **Johanning,** Heinrich Carl August (Müller in Schoningen, *11.02.1845 zu Schoningen)
V: Christian Friedrich (Ackermann)
M: Marie, geb. Hildebrandt

Kunnemann, Charlotte Auguste Caroline (*07.04.1846)
V: Wilhelm (Ackermann)
M: Dorothee, geb. Tolle
Künftiger Wohnort: Adelebsen

16.07. **Glaswald,** Heinrich Friedrich Wilhelm (Schneidermeister in Fürstenhagen, *15.03.1844 zu Fürstenhagen)
V: Christian Friedrich (Ackermann)
M: Charlotte, geb. Hildebrand

Kunze, Johanne Dorothee (*01.10.1849)
V: Friedrich (Schneidermeister)
M: Luise, geb. Schrader
Künftiger Wohnort: Fürstenhagen

01.10. **Lindemann,** Heinrich Friedrich Carl (Schäfer in Adelebsen, *29.12.1848 zu Lödingsen)
V: Friedrich (Schäfer)
M: Charlotte, geb. Wolkenhauer

Küster, Julie Caroline Charlotte (in Heisebeck, *11.05.1849 zu Bodenfelde)
V: Johann Heinrich Christoph (Tagelöhner)
M: Christiane Gerke (nachherige Ehefrau)
Künftiger Wohnort: Adelebsen

19.11. **Dehne,** Georg August Heinrich Carl (Steinhauer, *15.06.1841)
V: Hermann Carl Friedrich (Weißbinder)
M: Dorothee Luise Christine Charlotte, geb. Teuteberg

Schaefer, Hanne Christine Dorothee Henriette (*03.07.1848)
V: Friedrich (Wegevogt)
M: Charlotte, geb. Ahlborn
Künftiger Wohnort: Adelebsen

10.12. **Dehne,** Carl Christian Wilhelm (Weißbinder, *30.03.1838)
V: Hermann Carl Friedrich (Weißbinder)
M: Dorothee Luise Christine Charlotte, geb. Teuteberg

Sievers, Johanna Wilhelmine Charlotte (*06.02.1840)
V: Christian Friedrich (Handarbeiter)
M: Henriette Charlotte, geb. Möhle
Künftiger Wohnort: Adelebsen

Adelebsen

1872

09.01.
(steht unter 1871)
Achilles, Georg Heinrich (*20.09.1826 zu Göttingen, Schneidermeister in Göttingen, Ww. der 1870 verst. Charlotte Margarethe Haverbeck)
V: Heinrich Ludolph (Tuchmachermeister)
M: Marie Luise, geb. Wolter

09.04.
Klinge, Emil Friedrich Wilhelm (Sattler, *29.09.1839)
V: Carl Wilhelm (Sattlermeister)
M: Eleonore, geb. Pappier

23.04.
Körner, Georg Christian August (Bäcker, *20.07.1841)
V: Georg (Bäckermeister)
M. Dorothee, geb. Plinke

P.
14.04
21.04.
Deneke, Carl Friedrich Wilhelm (Kaufmann, *11.07.1840)
V: Heinrich Carl Friedrich (Kaufmann)
M: Melusine Luise Regine, geb. Heypke

P.
05.05.
12.05.
Karras, Heinrich Friedrich Wilhelm (Weißbinder, *05.01.1842)
V: Carl Ludwig Wilhelm (Weißbinder)
M: Dorothee Christine, geb. Helmbrecht

P.
05.05.
12.05.
Kaiser, Georg Heinrich Friedrich Ludwig (Kaufmann in Adelebsen, *02.02.1848 zu Lichtenborn)
V: Ludwig (Kaufmann)
M: Luise, geb. Bensemann

20.05.
Beiland, Friedrich Ernst Heinrich Ludwig (Weißbinder, *21.09.1844)
V: Heinrich Friedrich (Schneider)
M: Friederike Elisabeth, geb. Meise

P.
02.06.
09.06.
Willers, Heinrich Christoph August (Kaufmann in Walsrode, *24.05.1846 zu Helterhof)
V: Heinrich Peter (Hauswirth)
M: Katarina Sophie, geb. von der Brelie

Sonnenberg, geb. **Dempewolf,** Emilie Caroline Christine Elise (*06.09.1838 zu Bovenden, Wwe. des 1870 verst. Schneidermeister Sonnenberg in Adelebsen)
V: Christian (Schlosser
M: Friederike, geb. Weitzel
Künftiger Wohnort: Göttingen

Körner, Luise Wilhelmine Charlotte (*13.03.1846)
V: Georg (Bäckermeister)
M: Dorothee, geb. Plinke
Künftiger Wohnort: Adelebsen

Dettmer, Luise Emilie Charlotte (*15.03.1848)
V: August (Ackermann)
M: Christine, geb. Wellhausen Künftiger Wohnort: Adelebsen

Tönnies, Marie Dorothee (in Ohrum, *25.05.1848 zu Ohrum)
V: David Matthias (Ackermann)
M: Dorothee Marie Elisabeth, geb. Löhr
Künftiger Wohnort: Adelebsen

Schaefer, Dorothee Luise Magdalene (Barterode, *28.10.1845 zu Barterode)
V: Georg (Ackermann)
M: Dorothee Sophie Caroline, geb. Otte
Künftiger Wohnort: Adelebsen

Spangenberg, Johanna Dorette Wilhelmine (in Moringen, *20.04.1854 zu Oberdorf Moringen)
V: Heinrich Friedrich Wilhelm (Ackermann)
M: Caroline Friderike Wilhelmine, geb. Rien
Künftiger Wohnort: Adelebsen

Wedemeyer, Sophie Justine Charlotte (in Adelebsen, *29.05.1850 zu Holtensen)
V: August (Kuhhirt)
M: Hanna Sophie Caroline, geb. Oberdiek (nachherige Ehefrau)
Künftiger Wohnort: Adelebsen

Rohte, Emma Wilhelmine Maria Auguste (in Walsrode, *07.05.1850 zu Bodenburg)
V: Heinrich Dietrich Christian (Schönfärber)
M: Friederike Wilhelmine Justine, geb. Beckmann
Künftiger Wohnort: Walsrode

11.07.   **Biester,** Heinrich Friedrich
(*18.05.1830 zu List, Ackermann in
List, Ww. der 1869 verst. Magdalene
Halberstadt)
V: Anton Heinrich David (Oeconom)
M: Margarethe Luise Eleonore, geb.
Wöhler

P.   **Ilse,** Christian Friedrich (Dienstknecht
21.08.   in Adelebsen, *15.02.1836 zu
28.08.   Volpriehausen)
V: Friedrich (Tagelöhner)
M: Friederike, geb. Paulmann

P.   **Bause,** Heinrich Bernhard (*11.04.1830
08.09.   zu Hannover, Landgendarm in
15.09.   Adelebsen, Ww. der 1869 verst. Dorette
Schulze)
V: Johann Heinrich Ernst Ludwig
(Bedienter)
M: Sophie Dorothee, geb. Meyer

P.   **Fürchtenicht,** Heinrich Friedrich
08.09.   Wilhelm (*05.05.1846 zu
15.09.   Wolbrechtshausen, Dienstknecht in
Güntersen, Ww. der 1871 verst.
Dorothee Ernestine Henriette
Noertemann)
V: Johann Heinrich (Schuhmacher)
M: Hanna Marie Dorothee Caroline,
geb. Hinze

08.10.   **Kaiser,** Johann Justus Ludewig
(*20.11.1821 zu Lichtenborn,
Kaufmann in Adelebsen, Ww. der 1870
verst. Luise Bensemann)
V: Carl (Brinksitzer)
M: Christine, geb. Günther

P.   **Grebenstein,** Heinrich Wilhelm
29.09.   Theodor (*20.06.1841, Handarbeiter,
06.10.   Ww. der 1872 verst. Justine Wilhelmine
Friederike Charlotte Rettberg)
V: Georg Wilhelm (Tagelöhner)
M: Dorothee Friederike Luise, geb.
Rorig

Gerstenberg, Eleonore Charlotte Luise
(*20.08.1848)
V: Heinrich Christoph Ludwig (Cantor)
M: Rosine Margarethe Dorothee, geb.
Heinemann
Künftiger Wohnort: List

Küchemann, Johanna Caroline Wilhelmina,
genannt: Friederika (in Bollensen*02.09.1850
zu Bollensen)
V: August Heinrich (Tagelöhner)
M: Melusine Friederike, geb. Möhle
Künftiger Wohnort: Bollensen

Duntemann, Christine Caroline Melusine (in
Verliehausen, *18.08.1848 zu Verliehausen)
V: August (Müller)
M: Hanna, geb. Sommer
Künftiger Wohnort: Adelebsen

Benstemm, genannt **Carlberg,** Wilhelmine
Dorothee Friederike (*14.03.1847)
M: Charlotte (Wwe. des Tagelöhners Heinrich
Ernst Appel, Charlotte, geb. Benstemm)
Künftiger Wohnort: Güntersen

Eulert, geb. **Henniges,** Hanna Sophie Luise
(*04.08.1826 zu Uessinghausen, Wwe. des
1872 verst. Gastwirtes Eulert in Uslar)
V: Johann Heinrich Gottlieb Henniges
(Leineweber)
M: Henriette Christine Luise, geb. Brocke
Künftiger Wohnort: Adelebsen

Rettberg, Henriette Dorothee Caroline (in
Wibbecke, *07.08.1832 zu Wibbecke)
V: Wilhelm (Hirt)
M: Charlotte, geb. Görder
Künftiger Wohnort: Adelebsen

P. **Reinert,** Hermann Theodor
15.12. (*29.04.1839 zu Moringen,
22.12. Schuhmacher in Troegen, Ww. der
1872 verst. Sophie Wilhelmine
Charlotte Heese)
V: Ernst Heinrich Franz
(Schuhmachermeister)
M: Johanne Luise Friederike, geb.
Schruppe

Armbrecht, Johanna Luise Auguste
(*14.01.1855 zu Denkershausen)
V: Johann Friedrich Wilhelm (Handarbeiter)
M: Hanne Christine Luise, geb. Dörge
Künftiger Wohnort: Troegen

1873

19.01. **Kunze,** Johann Friedrich August
(steht (Handarbeiter, *18.11.1841)
unter V: Conrad (Holzhauer
1872) M: Friederike Luise Eleonore, geb.
Wedemeyer

Hepe, Maria Sophie (in Münden, *20.01.1846
zu Volkmarshausen)
V: Justus Heinrich Carl (Leineweber)
M: Justine Charlotte, geb. Wismann
Künftiger Wohnort: Adelebsen

02.02. **Knüppel,** Heinrich Carl Theodor
Ludwig (Dienstknecht, *13.02.1849)
V: Carl (Handarbeiter)
M: Caroline, geb. Schoppe

Henrici, Hanna Luise Rosalina (in Heisebeck,
*25.10.1849 zu Heisebeck)
V: Christian Friedrich (Leineweber)
M: Melusine Amalie, geb. Wenzel
Künftiger Wohnort: Adelebsen

P. **Tielbaar,** Ernst August Heinrich
16.02. (Kaufmann in Bremen, *30.05.1848 zu
23.02. Bremen)
V: August Heinrich (Oeconem)
M: Anna Catherine, geb. Husmann

Bunnemann, Dorothee Henriette Maria
(*06.02.1851)
V: Heinrich (Schuhmacher)
M: Magdalene, geb. Brand
Künftiger Wohnort: Bremen

27.02. **Pfestorf,** August Friedrich
(*24.12.1845 zu Catterfeld, Glaser in
Adelebsen, Ww. der 1872 verst.
Wilhelmine Voss)
V: Johann Nicolaus (Webermeister)
M: Elisabeth geb. Marx

Fischer, Sophie Friederike Auguste Juliane
(*10.09.1848)
V: Carl (Bäckermeister)
M: Juliane, geb. Borchers
Künftiger Wohnort: Adelebsen

P. **Grimme,** Carl Georg Friedrich
16.03. (Restaurateur in Lüttich, *04.04.1850
23.03. zu Adelebsen)
V: Andreas Fredrich (Ackermann)
M: Charlotte, geb. Deneke

Leverenz, Anna Juliane Johanna (in Lüttich,
*16.03.1851 zu Celle)
V: Johann Georg Christian (Zigarren-
Fabrikant)
M: Marie Sophie Friederike Kruse
[unehelich?]
Künftiger Wohnort: Lüttich

14.04. **Lindemann,** Friedrich Heinrich Carl
Ludwig (Dienstknecht in Adelebsen,
*29.12.1850 zu Lödingsen)
V: Friedrich (Schäfer)
M: Charlotte, geb. Wolkenhauer

Rosenthal, Friederike Henriette Magdalene
(*02.10.1851)
V: Friedrich (Ackerknecht)
M: Luise, geb. Dörges
Künftiger Wohnort: Adelebsen

14.04.	**Rettberg,** Heinrich Friedrich Wilhelm (Ackerknecht, *07.10.1839 zu Wibbecke) V: Wilhelm (Hirt) M: Charlotte, geb. Göder	**Knüppel,** geb. **Ahrend,** Dorothee Wilhelmine Caroline Hanna (*17.04.1846, Wwe. des 1872 verst. Handarbeiters Carl Knüppel in Adelebsen) V: N.N. M: Dorothee Ahrend (unverehelicht) Künftiger Wohnort: Adelebsen
P. 14.04. 20.04.	**Fricke,** Heinrich Wilhelm Ludewig (Steinhauer in Hettensen, *17.09.1834 zu Hettensen) V: Christian Friderich (Ackerknecht) M: Dorothee, geb. Bur	**Meseke,** Juliane Wilhelmine (in Adelebsen, *30.11.1854 zu Barterode) V: Georg Wilhelm (Gemeindediener) M: Sophie Marie Elisabeth, geb. Krauss Künftiger Wohnort: Hettensen
P. 02.06. 08.06.	**Glahe,** Johann Carl (Handarbeiter in Münden, *25.04.1841 zu Hettensen) V: Christian (Leineweber) M: Henriette, geb. Storre	**Kulp,** Luise Christiane (*09.10.1850 zu Hardegsen) V: Friedrich Christian (Tagelöhner) M: Johanne Dorothee Sophie, geb. Wemmel Künftiger Wohnort: Hettensen
29.06.	**Frohne,** Georg Friedrich Conrad (*30.11.1835 zu Offensen, Köthner zu Offensen, Ww. der 1872 verst. Wilhelmine Klinge) V: Conrad (Rademacher) M: Charlotte, geb. Sahlbach	**Vollmer,** Dorothee Luise Elise (*23.08.1848 zu Niederscheden) V: Wilhelm (Schneider) M: Regine, geb. Grünewald Künftiger Wohnort: Offensen
29.07.	**Grotjahn,** Carl Hermann Otto (Zollrevisions-Aufseher in Bremen, *16.11.1839 zu Minden) V: Friedrich Wilhelm (Feldwebel a.D.) M: Charlotte, geb. Schmitt	**Voss,** Hanne Marie Christine (*01.03.1852) V: Heinrich (Ackermann) M: Rosine, geb. Rorig Künftiger Wohnort: Bremen

1874

01.02.	**Friedrichs,** Heinrich Friedrich Carl (Maurermeister in Adelebsen, *26.01.1846 zu Ellierode) V: Heinrich (Maurermeister) M: Dorothee, geb. Buhre	**Schulze,** Wilhelmine Charlotte Friederike (in Göttingen, *04.02.1847 zu Schoningen) V: Christoph (Ackermann) M: Charlotte, geb. Schomburg Künftiger Wohnort: Adelebsen
08.02.	**Zierenberg,** genannt **Böning,** Georg Ernst (Handarbeiter, *08.02.1846 zu Göttingen) V: N.N. M: Hanne Zierenberg (unverehelicht)	**Schaefer,** Dorothee Luise (in Adelebsen, *11.11.1849 zu Güntersen) V: Wilhelm (Handarbeiter) M: Charlotte, geb. Ahrend Künftiger Wohnort: Adelebsen
06.04.	**Ebeling,** genannt **Evers,** Moritz Christian (Müller in Adelebsen, *16.12.1835 zu Uslar) V: N.N. M: Hanna Christine Friederike Luise Charlotte Ebeling	**Wessel,** Magdalene Christine Elisabeth (*31.05.1835) V: Heinrich Wilhelm (Rademacher) M: Marie Dorothee Luise, geb. Kaese Künftiger Wohnort: Adelebsen

06.04. **Hemert,** Friedrich Heinrich Carl
(Ackerknecht, *03.12.1851)
V: Heinrich (Tagelöhner)
M: Friederike, geb. Thiele

Hillebrecht, Caroline Friederike Charlotte (in
Güntersen, *30.01.1850 zu Güntersen)
V: N.N.
M: Luise Hillebrecht (unverehelicht)
Künftiger Wohnort: Adelebsen

19.04. **Helmbrecht,** Friedrich Carl Theodor
(*08.07.1837, Kuhhirt, Ww. der 1872
verst. Sophie Schlieper)
V: Gottfried Gerhard (Kuhhirt)
M: Sophie Caroline, geb. Wulf

Grimme, Sophie Luise Charlotte (in
Güntersen, *08.01.1847 zu Güntersen)
V: Wilhelm (Zimmermann)
M: Christine, geb. Kellner
Künftiger Wohnort: Adelebsen

25.05. **Schohr,** Heinrich Carl Friedrich August
(Zimmermann, *04.07.1846)
V: Christian (Holzfäller)
M: Charlotte, geb. Schohr

Siebrecht, Johanne Wilhelmine Caroline
Sophie (in Bodenfelde, *07.12.1853 zu
Bodenfelde)
V: Georg Friedrich Wilhelm (Ackermann)
M: Hanne Caroline Wilhelmine, geb. Ropeter
Künftiger Wohnort: Adelebsen

P.
14.06.
21.06.
Isenbart, Wolf Georg Theodor
(Oeconem in Adelebsen, *29.09.1849
zu Hannover)
V: Wilhelm Ernst Carl Theodor
(Justizrath)
M: Agnes Marie Luise, geb. Böhmer

Apel, Caroline Ernestine (in Uslar,
*22.12.1851 zu Uslar)
V: Hermann Wilhelm (Färbermeister)
M: Johanna Dorothee, geb. Hillemann
Künftiger Wohnort: Adelebsen

02.08. **Knüppel,** Johann Christian Heinrich
Friedrich (Schäfer, *01.12.1848)
V: Heinrich (Schäfer)
M: Marie Christine Luise, geb. Ahrens

Teuteberg, Alwine Charlotte Friederike (in
Adelebsen, *27.02.1850 zu Lödingsen)
V: Ernst (Ackermann)
M: Dorothee, geb. Ahlborn
Künftiger Wohnort: Adelebsen

09.08. **Scheufler,** Wilhelm Heinrich Friedrich
Lorenz (Ackerknecht in Ballenhausen,
*16.12.1855 zu Ballenhausen)
V: Georg Wilhelm Ludolph (Schmied)
M: Caroline Friederike, geb. Heise

Krebs, Caroline Eleonore (*29.01.1850 zu
Reinhausen)
V: N.N.
M: Sophie Friederike Wilhelmine Krebs
(unverehelicht)
Künftiger Wohnort: Adelebsen

P.
16.08.
23.08.
Tolle, Heinrich Friedrich Ludwig
(Ackermann in Eberhausen,
*09.10.1841 zu Eberhausen)
V: Heinrich (Ackermann)
M: Hanne Sophie Caroline, geb. Ilch

Wahmke, Hanna Luisa Charlotte (in
Adelebsen, *13.07.1850 zu Offensen)
V: Ludwig (Ackermann)
M: Luisa, geb. Göbel
Künftiger Wohnort: Eberhausen

P.
30.08.
06.09.
Henze, Friedrich Carl
(Bürgerschullehrer in Gera,
*16.11.1848 zu Adelebsen)
V: Heinrich (Organist)
M: Bertha, geb. Schwenkow

Herrmann, Martha Emilie (in Gera,
*07.01.1858 zu Gera)
V: Gustav Fürchtegott (Militärarzt a.D.)
M: Luise Friederike, geb. Veith
Künftiger Wohnort: Gera

27.09. **Schaefer,** Heinrich Friedrich Ernst August (Steinhauer in Adelebsen, *22.04.1851 zu Güntersen)
V: Georg (Aufseher)
M: Wilhelmine, geb. Müller (nachherige Ehefrau)

Lindemann, Dorothee Henriette Wilhelmine Christine (in Adelebsen, *28.08.1853 zu Lödingsen)
V: Friedrich (Schäfer)
M: Charlotte, geb. Wolkenhauer
Künftiger Wohnort: Adelebsen

08.11. **Nölke,** Heinrich Philipp Friedrich Martin, genannt: Carl (Schneider, *22.03.1850)
V: Heinrich (Schneidermeister)
M: Luise, geb. Wegener

Ernst, Leonore Friederike (*24.03.1852)
V: Christian (Ackermann)
M: Magdalene, geb. Dörges
Künftiger Wohnort: Adelebsen

1875

16.02. **Franke,** Ernst Ludwig Philipp (Steinhauer in Hannover, *27.01.1850)
V: Philipp (Tischlermeister)
M: Friederike, geb. Günther

Wienecke, Juliane Friederike Elise Henriette (genannt: Dorothee, in Hettensen , *13.10.1850 zu Hettensen)
V: Heinrich (Zimmermann)
M: Charlotte, geb. Ellies
Künftiger Wohnort: Hannover

18.03. **Ludolph,** Friedrich Wilhelm August (*20.09.1843 zu Bollensen, Handarbeiter in Adelebsen, Ww. der1874 verst. Melusine Harbart)
V: Heinrich (Ackermann)
M: Magdalene, geb. Friess

Schaper, Sophie Henriette Luise (in Hettensen, *25.07.1853 zu Hettensen)
V: Heinrich Friedrich Ludwig (Leineweber)
M: Sophie Luise Henriette Amalie, geb. Wippermann
Künftiger Wohnort: Adelebsen

20.04. **Grünemann,** Johann Dietrich (Gastwirt in Bremen, *12.06.1850 in Rastede)
V: Tönges Friedrich Adolf (Ziegelmeister)
M: Mette Margarethe, geb. Würdemann

Bunnemann, Luise Henriette Magdalene Friderike Johanna (*13.09.1850)
V: Carl (Schuhmachermeister)
M: Dorothee, geb. Bunnemann
Künftiger Wohnort: Bremen

15.08. **Scheele,** Heinrich Christian Friedrich (Dienstknecht in Adelebsen, *19.07.1847 zu Offensen)
V: Wilhelm (Schmied)
M: Charlotte, geb. Wienecke

Meyer, geborene **Mesecke,** Hanna Luise Dorothee (*15.02.1832 zu Eberhausen, Ww. des 1874 verst. Ackermanns Heinrich Meyer)
V: Georg Mesecke (Einwohner)
M: Marie Rosine, geb. Vollmer
Künftiger Wohnort: Adelebsen

03.10. **Hemer,** Heinrich Carl August (*05.12.1844, Handarbeiter, Ww. der 1875 verst. Dorothee Rodemann)
V: Heinrich (Tagelöhner)
M: Friderike Thiele (nachherige Ehefrau)

Wehrmann, Bertine Christine Caroline (in Heisebeck, *11.05.1852 zu Heisebeck)
V: N.N.
M. Dorothee Charlotte Wehrmann (unverehelicht)
Künftiger Wohnort: Adelebsen

05.10.	**Lindhorst,** Heinrich Friedrich Adolf (Telegraphist in Göttingen, *17.03.1842 zu Suderbruch) V: Johann Heinrich (Vollmeier) M: Anna Catharine Dorothee, geb. Grünhage	**Duensing,** Henriette Carolin Bertha (in Adelebsen, *04.10.1580 zu Wunstorf) V: Ludewig Georg Richard Heinrich (Gerichtsvogt) M: Johanne Auguste Charlotte, geb. Thiemann Künftiger Wohnort: Göttingen
26.12.	**Franke,** Georg Wilhelm (Maurer, *05.03.1855) V: Philipp (Tischler) M: Friederike, geb. Günther	**Bartels,** Hanna Dorothee Friederike (in Hettensen, *18.02.1854 zu Hettensen) V: August (Einwohner) M: Ernestine Dorothee Charlotte, geb. Klinge Künftiger Wohnort: Hettensen

1876

30.01. Standes- amtlich 30.01., Adelebsen	**Abel,** Ludwig Carl Wilhelm (Handarbeiter)	**Kulp,** Hanne Wilhelmine Friederike (in Hettensen)
17.04. Standes- amtlich, 15.04. Nordhsn.	**Dempewolf,** Heinrich Wilhelm Carl Albert (Schneider in Nordhausen)	**Grasenich,** Caroline Maria (in Nordhausen)
23.04. Standes- amtlich 23.04., Adelebsen	**Lauterberg,** Carl Wilhelm (Steinsetzer in Einbeck) (katholischer Konfession)	**Mußmann,** Caroline Wilhelmine Dorothee Henriette Helene
07.05. Standes- amtlich 07.05. Adelebsen	**Henke,** Heinrich (Schneider in Göttingen) (katholischer Konfession)	**Fischer,** Auguste Wilhelmine Dorothee
23.07. Standes- amtlich 23.07. Adelebsen	**Reulke,** Heinrich Adolf Georg (Weißbinder)	**Duntemann,** Sophie Christine Dorothee Charlotte
30.07. Standes- amtlich 30.07., Adelebsen	**Cohrs,** Heinrich Carl Friedrich (Handarbeiter)	**Gerling,** Philippine Charlotte Carolina (in Verliehausen)
30.07. Standes- amtlich 30.07., Adelebsen	**Meyer,** Heinrich Ludwig Wilhelm (Handarbeiter, Ww. der Dorothee Kunze)	**Bartschehr,** Marie Luisa Christine
27.08. Standes- amtlich 27.08. Adelebsen	**Kahlmeyer,** Carl Heinrich Lorenz (Drechsler in Göttingen)	**Wienecke,** Luise Caroline Dorette

28.09. Standes- amtlich 28.09. Adelebsen	**Sievers** August Carl Ludwig Theodor (Waldwärter in Rieste)	**Kopp,** Charlotte Luise Magdalene
01.10. Standes- amtlich 01.10. Adelebsen	**Bohn,** Carl Ernst Wilhelm (Handlungsreisender in Hannover)	**Sporleder,** Caroline Marie Friederike Sophie
29.10. Standes- amtlich 29.10. Adelebsen	**Möhle,** Carl Heinrich August (Zimmermann)	**Klemme,** Melusine Christine Friederike

1877

02.01. Standes- amtlich 02.01. Adelebsen	**Apel,** Gottfried Ludwig Ernst Julius (Kaufmann in Uslar)	**Mahn,** Pauline Dorette Henrike Leonie
05.04. Standes- amtlich 05.04. Adelebsen	**Andreas,** August Louis Julius (Gastwirt in Lautenthal)	**Brennecke,** Henriette Marie Louise
19.06. Standes- amtlich 19.06. Adelebsen	**Münder,** Carl Georg August (Mühlenbesitzer in Wellersen)	**Borntraeger,** Henriette Wilhelmine Dorothee
15.07. Standes- amtlich 15.07. Adelebsen	**Ilse,** Georg Heinrich Ludwig (Ackermann in Schoningen)	**Tolle**, geb. **Bunnemann,** Eleonore Dorothee (Wwe. des Ackerbürgers Heinrich Tolle)
22.07. Standes- amtlich 22.07. Adelebsen	**Müller,** Christian Friedrich Ludewig (Gastwirt)	**Fricke,** Charlotte Johanne Dorothee Caroline
07.10. Standes- amtlich 07.10. Adelebsen	**Binnewies,** Franz Carl Wilhelm (Schäfer in Königshof)	**Mußmann,** Maria Elise
21.10. Standes- amtlich 21.10. Adelebsen	**Franke,** Carl Christian Ludwig Wilhelm (Maurer)	**Hubensack,** Luise Caroline Auguste
29.11. Standes- amtlich 29.11. Adelebsen	**Fischer,** Friedrich Adolf Carl (Bäcker)	**Eichhorst**, geb. **Friedrich**, Christine Charlotte Wilhelmine (Wwe. des 1872 zu Bremen verst. Gastwirtes Eichhorst)

Adelebsen

1878

01.01. Standes- amtlich 01.01. Adelebsen	**Kulp,** Martin Ludwig Christian Heinrich (Schuhmacher)	**Klaproth,** Dorette Wilhelmine Augustine
27.01. Standes- amtlich 27.01. Adelebsen	**Weihmann,** Heinrich Gottlieb Christian (Brunnenmacher in Hannover)	**Höfert,** Wilhelmine Friederike Bertha
10.02. Standes- amtlich 10.02. Adelebsen	**Friedrichs**, Heinrich Gustav Friedrich Hermann (Steinhauer)	**Henze,** Caroline Maria Dorothee
04.04. Standes- amtlich 04.04. Adelebsen	**Bockelmann,** Heinrich Hartwig (Bäcker in Lindau)	**Ernst** Caroline Henriette
22.09. Standes- amtlich 22.09. Adelebsen	**Lammert,** Heinrich Adolf Albert (Ww. der Wilhelmine Seering, Magazindepotverwalter in Stargardt	**Schrader,** Marie Friederike
29.09. Standes- amtlich 29.09. Adelebsen	**Großkopf,** Friedrich Wilhelm (Schneider in Göttingen)	**Kerl,** Bertha Friederike Luise
01.10. Standes- amtlich 01.10. Adelebsen	**Linne**, Heinrich Gustav (Lehrer in Nörten, Ww. der Dorothee Pauline Charlotte Hampe)	**Duensing**, Anne Johanna Dorothee
20.10. Standes- amtlich 22.10. Adelebsen	**Zierenberg,** Heinrich Ernst Christian Friedrich (Weber)	**Büte,** Wilhelmine Luise Henriette (in Barterode)
01.12. Standes- amtlich 01.12. Adelebsen	**Ilse,** Heinrich Friedrich Christoph (Handarbeiter, Ww. der Christine Wilhelmine Charlotte Schrader)	**Grube,** Wilhelmine Luise
15.12. Standes- amtlich 15.12. Adelebsen	**Rinke,** Christian Friedrich (Handarbeiter, Ww.)	**Becker,** Friederike, geb. **Harbarth** (Wwe.)

1879

06.07. Standes- amtlich 06.07. Adelebsen	**Braune,** Karl Otto (aus Gommern)	**Ebrecht,** Wilhelmine Dorette Friederike Caroline Mathilde

20.07 Standes- amtlich 22.07. Adelebsen	**Bertram**, Heinrich Friedrich (Bäckermeister, Ww. in Heisede)	**Brandfaß**, Henriette Christine Charlotte
17.08. Standes- amtlich 17.08. Adelebsen	**Tolle,** genannt **Burghard**, Carl Heinrich Ludwig	**Schaper,** Sophie Dorothee Friederike Anna
23.09. Standes- amtlich 23.09. Adelebsen	**Grimme,** Johann Gustav Carl Christoph	**Stumpf,** Mathilde Auguste Caroline Helene
12.10. Standes- amtlich 12.10. Adelebsen	**Mußmann,** August Heinrich Christian Carl Georg	**Reinecke**, Luise Charlotte Sophie
02.11. Standes- amtlich 02.11. Adelebsen	**Kerl**, August Karl Friedrich	**Wedemeyer,** Henriette Friederike Rosine Charlotte
23.11. Standes- amtlich 23.11. Adelebsen	**Lindemann,** Ernst Christian August (in Lödingsen)	**Dehne,** geb. **Siewers**, Johanna Wilhelmine Charlotte (Ww. in Adelebsen)

1880

15.02. Standes- amtlich 15.02. Adelebsen	**Möhring,** Wilhelm Friedrich (Steinsetzer, Ww.)	**Mordmüller,** geb. **Engelhardt,** Hanna Louise (Ww. in Wahmbeck)
29.03. Standes- amtlich 29.03. Adelebsen	**Binnewies,** Philipp Friedrich Carl	**Schaper,** Hanna Wilhelmine Caroline (in Offensen)
03.10. Standes- amtlich 03.10. Adelebsen	**Kunze,** Heinrich Friedrich Carl	**Dettmar,** Johanna Wilhelmine Friederike Dorothee

1881

15.02. Standes- amtlich 15.02. Adelebsen	**Ramster,** Johann Heinrich (Färbergesell aus Hofstädten (Sondershausen)	**Vohs,** Louise Wilhelmine Antoinette
06.03. Standes- amtlich 06.03. Adelebsen	**Möhle,** Carl Wilhelm Eduard (Holzarbeiter)	**Henze,** Marie Luise Dorothee

10.04. Standes- amtlich 10.04. Adelebsen	**Rettberg,** Heinrich Wilhelm August (Tagelöhner)	**Schmidt,** Luise Rosine Amalie
06.06. Standes- amtlich 06.06. Adelebsen	**Bach,** Carl (Bierbrauer in Göttingen)	**Abel,** Wilhelmine Friederike Helene
23.06. Standes- amtlich 22.06. Adelebsen	**Peter,** August Wilhelm (Schneidermeister in Herford)	**Eicke,** Caroline Wilhelmine Henriette
31.07. Standes- amtlich 31.07. Adelebsen	**Ische**, Georg Heinrich Arnold (Schlossergesell in Hettensen)	**Ernst,** Eleonore Charlotte

1882

14.03. Standes- amtlich 14.03. Adelebsen	**Fischer**, Carl August Adolph Heinrich (Bäcker)	**Friedrichs,** geb. **Schulze,** Wilhelmine Charlotte Friederike (Ww. des 1881 verst. Maurers Carl Friedrichs)
09.04. Standes- amtlich 09.04. Adelebsen	**Helmbrecht,** Heinrich Friedrich Ludwig (Obermüller in Witzenhausen)	**Tolle,** Dorothee Johanna Friederike
16.07. Standes- amtlich 16.07. Adelebsen	**Schulze,** Gustav Adolf (Tischler in Vernawahlhausen)	**Doering**, Karoline Friederike Johanna
15.10 Standes- amtlich 15.10. Adelebsen	**Henze**, Heinrich Wilhelm Otto (Drechsler in Münden)	**Schormann,** Dorothee Charlotte Rosina
26.12. Standes- amtlich 26.12. Adelebsen	**Appel,** genannt **Fiege,** Heinrich August Friedrich (Ackerknecht)	**Meier,** Henriette Wilhelmine Friederike Caroline
31.12. Standes- amtlich 31.12. Adelebsen	**Bornträger,** Heinrich Friedrich Carl (Maurer)	**Gottsmann,** Wilhelmine Caroline (Dienstmagd)

1883

26.03. Standes- amtlich 26.03. Adelebsen	**Burghard,** Ludwig Ernst (Schuhmacher)	**Koch,** Emilie Philippine Caroline Louise (in Heisebeck)

17.06. Standes- amtlich 17.06. Adelebsen	**Lücke**, alias **Lüdecke,** Eckhard Wilhelm August (Kutscher in Göttingen)	**Goedeke**, Caroline Dorothee Helena
22.07. Standes- amtlich 22.07. Adelebsen	**Hoßfeld,** Christian (Schlachtermeister in Schweina)	**Eggers,** Bartha Emilie Wilhelmine Dorette
14.10. Standes- amtlich 14.10. Adelebsen	**Engelhardt**, Heinrich Franz (Schneidemeister, Ww.)	**Plinke,** Minna Leonore Melusine Dorothee
14.10. Standes- amtlich 14.10. Adelebsen	**Drescher,** Ferdinand Heinrich Karl (Schlosser in Göttingen)	**Winter**, Emilie Dorothee Karoline

1884

04.05 Standes- amtlich 04.05. Adelebsen	**Sievers,** August (königlicher Waldwärter, Ww. zu Harsefeld)	**Hennecke,** Carolin
11.05. Standes- amtlich 11.05. Adelebsen	**Franke,** Heinrich Carl Gottlieb (Klempner)	**Beiland,** Sophie Charlotte Marie
15.06. Standes- amtlich 15.06. Adelebsen	**Beiland,** Friedrich Heinrich Georg (Schneidermeister)	**Spörhase,** Marie Annette
12.10. Standes- amtlich 12.10. Adelebsen	**Jörn,** Friedrich (Sattlermeister, Ww.)	**Schohr,** Magdalene Dorette (in Hannover)
02.11. Standes- amtlich 02.11. Adelebsen	**Duntemann,** August (Ackermann)	**Barkhof,** Bertha
09.11. Standes- amtlich 09.11. Adelebsen	**Rodemann,** Ernst August Wilhelm (Arbeiter)	**Lindemeyer,** Sophie Christine
16.11. Standes- amtlich 16.11. Adelebsen	**Bartschehr,** Heinrich Wilhelm (Tischler in Hördel)	**Spörhase,** Elise Charlotte Emilie

30.11. Standes- amtlich 30.11. Adelebsen	**Meyer**, August Martin Albert (Maurergesell)	**Kerl**, Karoline Friederike Charlotte Wilhelmine

1885

15.02. Standes- amtlich 15.02. Adelebsen	**Tolle**, Carl Friedrich Heinrich (Arbeitsmann)	**Ahrend**, Elise Charlotte Marie
26.04. Standes- amtlich 26.04. Adelebsen	**Klages**, Heinrich Friedrich Ludwig (Schneidermeister in Gladebeck)	**Schormann**, Christine Wilhelmine Henriette Caroline
25.05. Standes- amtlich 25.05. Adelebsen	**Kulp**, Friedrich August (Arbeitsmann, Ww.)	**Freibot**, Charlotte Henriette Magdalene (aus Lödingsen)
05.06. Standes- amtlich 05.06. Adelebsen	**Engelhard**, Adolf (Lokomotivführer in Northeim)	**Eggers**, Anna
27.09. Standes- amtlich 27.09. Adelebsen	**Brosenne**, Wilhelm (Weißbinder)	**Schohr**, Louise
11.10. Standes- amtlich 11.10. Adelebsen	**Kunze**, August (Ackerknecht)	**Sievert**, Caroline

1886

07.03. Standes- amtlich 07.03. Adelebsen	**Wessel**, Georg Heinrich (Tischler)	**Klie**, geb. **Duntemann**, Albertine (Ww. zu Uslar)
11.11. Standes- amtlich 11.11. Adelebsen	**Jordan**, Carl (Bäcker)	**Noertemann**, Henriette

1887

27.03. Standes- amtlich 27.03. Adelebsen	**Hartge**, Georg Heinrich Ludwig Carl (Tischlermeister)	**Thier**, Helene Georgine Anna

05.06. Standes- amtlich 05.06. Adelebsen	**Sandvoss,** Karl Christoph Andreas (Fußgendarm in Bodenfelde)	**Hennecke,** Wilhelmine Christine Georgine
25.09. Standes- amtlich 25.09. Adelebsen	**Spörhase,** Johann Friedrich Heinrich (Rademacher, Ww.)	**Wienecke,** Caroline Henriette Dorothea Friederike
27.12. Standes- amtlich 27.12. Adelebsen	**Müller,** Georg Heinrich August (in Hannover)	**Burghard,** Dorothee Auguste
27.12. Standes- amtlich 27.12. Adelebsen	**Kutscher,** Albert (Maler und Tapezierer in Neuss am Rhein)	**Engelhard,** Hermine Elise Dorothee Betty

1888

18.03. Standes- amtlich 18.03. Adelebsen	**Kaminski,** Andreas (Arbeitsmann)	**Fiege,** Georgine Caroline Friederike
15.04. Standes- amtlich 15.04. Adelebsen	**Reinecke,** Carl Friedrich Martin Theodor (Maurer)	**Schulte,** Luise Friederike Auguste
22.04. Standes- amtlich 22.04. Adelebsen	**Ludewig,** Gottfried Conrad Wilhelm (Stellmacher in Barterode)	**Noertemann,** Helene Juliane Dorette Wilhelmine
14.10. Standes- amtlich 14.10. Adelebsen	**Schnacke,** Ernst August Wilhelm (Schneider)	**Beiland,** Charlotte Luise Friederike Auguste
14.10. Standes- amtlich 14.10. Adelebsen	**Dettmer,** Ernst August Georg (Stellmachermeister)	**Schormann,** Emilie Rosine Magdalene Sophie
04.11 Standes- amtlich 04.11. Adelebsen	**Schormann.** Georg Friedrich Wilhelm (Tischlermeister)	**Ernst,** Marie Magdalene Henriette
11.11. Standes- amtlich 11.11. Adelebsen	**Rempke,** genannt **Diewald,** Karl Wilhelm Franz (Eisenbahnrangierer in Hannover)	**Rohrig,** Magdalene Bertha

44

22.11. Standes- amtlich 22.11. Adelebsen	**Franke,** Carl Heinrich August (Klempnermeister)	**Poppe,** Bertha Betty Marie Christine
26.12. Standes- amtlich 26.12. Adelebsen	**Rohrig,** Heinrich Karl Christian Ludwig (Maurergesell)	**Roprecht,** Johanna Caroline Wilhelmine

1889

12.05. Standes- amtlich 12.05. Adelebsen	**Lindemann,** Ernst Heinrich Carl Theodor (Arbeiter)	**Knüppel,** Luise Henriette
02.06. Standes- amtlich 02.06. Adelebsen	**Sonnenberg,** Friedrich Ludwig Ernst (Arbeitsmann)	**Abel,** Luise Auguste Henriette
06.10. Standes- amtlich 06.10. Adelebsen	**Behrens,** Heinrich Friedrich Wilhelm (Ackermann in Delliehausen)	**Cohrs,** Caroline Magdalene Elise
13.10. Standes- amtlich 13.10. Adelebsen	**Brandfass,** Heinrich Carl August (Schuhmachermeister)	**Bode,** Charlotte Dorothee Marie
05.12. Standes- amtlich 05.12. Adelebsen	**Thiele,** Ludwig Friedrich Wilhelm (Papiermüller in Eberhausen)	**König,** Henriette Friederike Wilhelmine

1890

05.01. Standes- amtlich 05.01. Adelebsen	**Wolter,** Ernst August Friedrich (Schmied)	**Dettmer,** Minna Caroline Luise
26.01. Standes- amtlich 26.01. Adelebsen	**Ilse,** Georg Heinrich Carl (Drechsler)	**Plinke,** Auguste Luise Dorothee Wilhelmine
07.04. Standes- amtlich 07.04. Adelebsen	**Abel,** August Adolf Martin Gustav (Steinhauer)	**Schmidt,** Marie Caroline Henriette (in Offensen)
27.04. Standes- amtlich 27.04. Adelebsen	**Wiegmann,** Friedrich Georg Ludwig (Kutscher in Göttingen)	**Bräutigam,** Friederike Luise Christine (in Göttingen)

27.04. Standes- amtlich 27.04. Adelebsen	**Schlieper**, Ernst Heinrich August (Maurer in Barterode)	**Sonnenberg**, Henriette Caroline Luise Magdalene
26.05. Standes- amtlich 26.05. Adelebsen	**Denecke, genannt Diedrich,** Johann Christian Friedrich Ludwig (Steinbruchsarbeiter in Hettensen)	**Fiege**, Friederike Karoline Dorette Auguste
05.10. Standes- amtlich 05.10. Adelebsen	**Fiege**, Heinrich Friedrich Karl (Zimmermann)	**Rettberg**, Charlotte Sophie Caroline Dorothee
02.11. Standes- amtlich 02.11. Adelebsen	**Thies**, Carl Heinrich Wilhelm (Drechslermeister)	**Teuteberg**, Luise Christine Magdalene
30.11. Standes- amtlich 26.12. Adelebsen	**Braune**, Karl Otto (Schuhmachermeister)	**Ebrecht**, Caroline Luise Friederike
16.12. Standes- amtlich 16.12. Adelebsen	**Doberg**, Wilhelm Eduard (Kaufmann zu Mühlhausen)	**Bunnemann**, Christine Mathilde Luise

1891

03.05. Standes- amtlich 03.05. Adelebsen	**Möhlecke**, Heinrich August Louise (Steinbruchsarbeiter)	**Wißmann**, Eline Caroline Melusine
19.07. Standes- amtlich 19.07. Adelebsen	**Sommer**, Karl Friedrich (Arbeitsmann)	**Helmbrecht**, Wilhelmine Caroline Melusine
21.17. Standes- amtlich 21.07. Adelebsen	**Breuker**, Friedrich August (Kaufmann in Bokenheim b. Frankfurt am Main)	**Asehof**, Caroline Auguste Johanna (in Hannover)
22.08. Standes- amtlich 22.08. Adelebsen	**Bornträger,** August (Ingenieur, Ww. in Frankfurt am Main)	**Marienhagen**, Wilhelmine Charlotte Ottilie
06.10. Standes- amtlich 06.10. Adelebsen	**Stumpf**, Ernst Georg Carl (Schlachtermeister und Gastwirt)	**Dehne**, Emilie Charlotte Annette

29.12. Standes- amtlich 29.12. Adelebsen	**Bertram,** Heinrich Ludolf Adolf (Lehrer)	**Sonnenberg,** Auguste Mathilde

1892

18.04. Standes- amtlich 18.04. Adelebsen	**Horstmann,** Friedrich August Ludwig (Ackermann in Offensen)	**Teuteberg,** Albertine Wilhelmine Caroline Alwine
18.04. Standes- amtlich 18.04. Adelebsen	**Fiege,** Karl Theodor Heinrich Friedrich (Gärtner)	**Schäfer,** genannt **Rettberg,** Charlotte Auguste (in Münden)
28.08. Standes- amtlich 28.08. Adelebsen	**Franke,** Heinrich August (Schlachter)	**Burghard,** Alwine Henriette Charlotte Luise
04.09. Standes- amtlich 04.09. Adelebsen	**Hartge,** Heinrich Karl Wilhelm (Stellmacher)	**Hillebrecht,** Sophie Henriette Auguste Friederike

1893

03.04. Standes- amtlich 03.04. Adelebsen	**Sommer,** Karl Georg Friedrich (Hochofenarbeiter in Hörde in Westfalen)	**Fricke,** Julia Wilhelmine Christine
20.04. Standes- amtlich 20.04. Adelebsen	**Grimme,** Heinrich August Carl (Briefträger in Schoningen)	**Pflug,** Marie Wilhelmine Dorothee
20.08. Standes- amtlich 20.08. Adelebsen	**Pflug,** Heinrich Friedrich Wilhelm Ernst (Maurermeister)	**Beiland,** Sophie Charlotte Wilhelmine Amalie
26.08. Standes- amtlich 26.08. Adelebsen	**von Uslar-Gleichen,** Freiherr, Curt Emil Hans Carl (Sekond-Lieutenant zu Marienberg)	**von Adelebsen,** Adelheid Hermine Eleonore Louise
08.10. Standes- amtlich 08.10. Adelebsen	**Knüppel,** Friedrich Heinrich (Arbeiter)	**Schmidt,** Caroline Sophie Wilhelmine Anna (in Offensen)
29.10. Standes- amtlich 29.10. Adelebsen	**Beiland,** August Carl Heinrich Friedrich Albert (Arbeiter)	**Henkel,** Minna Louise Friederike

47

24.12. Standes- amtlich 24.12. Adelebsen	**Winter,** August Heinrich Carl Ludwig (Schuhmacher)	**Kleinschmidt,** Louise Friederike Caroline (in Lödingsen)

1884

26.03. Standes- amtlich 26.03. Adelebsen	**Oehme,** Ernst Richard (Wagenbauer in Nordhausen)	**Rorig,** Dorothee Frieda Lina
26.03. Standes- amtlich 26.03. Adelebsen	**Witthuhn,** Carl Ernst Wilhelm (Arbeiter)	**Nölke,** genannt **Grote,** Luise Albertine
08.04. Standes- amtlich 08.04. Adelebsen	**Reinecke,** Heinrich Carl August (Maurer)	**Witzenhausen,** Eline Wilhelmine Christine Charlotte
01.05. Standes- amtlich 01.05. Adelebsen	**Oelgarte,** Gustav August (Friseur in Hannover)	**Schaefer,** Dorothee Auguste
13.05. Standes- amtlich 13.05. Adelebsen	**Engelhard,** Carl Ferdinand Friedrich (Landwirth zu Mechelroda)	**Sporleder,** Dorette Marie Leonore
24.06. Standes- amtlich 24.06. Adelebsen	**Rode,** Carl Friedrich Julius (Maurergesell)	**Hartwig,** Henriette Friederike Auguste Wilhelmine
05.08. Standes- amtlich 05.08. Adelebsen	**Winter,** Eduard Heinrich Wilhelm (Arbeiter)	**Reimann,** Pauline (Gr. Drensen Kreis Filehne, Polen)
12.08. Standes- amtlich 12.08. Adelebsen	**Schäfer,** Heinrich Wilhelm (Steinhauer, Ww.)	**Sommer,** Minna Melusine Caroline
16.09. Standes- amtlich 16.09. Adelebsen	**Jünger,** Carl Wilhelm Eduard (Gerichtsaktuar zu Frankfurt/ M)	**Engelhard** Marie Friederike Helene
14.10. Standes- amtlich 14.10. Adelebsen	**Dettmer,** Christian Friedrich August (Ackerknecht, Ww. zu Mengershausen)	**Freibot,** Hanne Friederike Henriette (zu Adelebsen (Esebeck))

25.11. Standes- amtlich 25.11. Adelebsen	**Wedemeyer**, Carl Conrad Friedrich (Zimmergesell)	**Döring**, Anna Marie Louise (zu Gr. Drensen)
26.12. Standes- amtlich 26.12. Adelebsen	**Rettberg**, Ernst Christian Eduard (Steinhauer)	**Helmbrecht**, Henriette Caroline Bertha

1895

31.03. Standes- amtlich 31.03. Adelebsen	**Fischer**, Heinrich Carl August Friedrich (Fabrikarbeiter)	**Otte**, Sophie Wilhelmine Dorette (zu Lichtenborn)
15.04. Standes- amtlich 15.04. Adelebsen	**Dreyer,** Christoph Gustav Friedrich (Schmiedegesell zu Limmer)	**Helmbrecht**, Friederike Wilhelmine Antonie
28.04. Standes- amtlich 28.04. Adelebsen	**Knüppel,** Wilhelm Heinrich Ludwig (Ackerknecht zu Weende, Ww.)	**Rettberg**, Theodore Friederike Charlotte
05.05. Standes- amtlich 05.05. Adelebsen	**Lange**, Carl August (Ackerknecht)	**Hildebrand**, Charlotte Henriette
02.06. Standes- amtlich 02.06. Adelebsen	**Fricke**, Heinrich Christoph August (Schneider zu Hildesheim)	**Harm**, Wilhelmine Adolphine Mathilde
03.06. Standes- amtlich 03.06. Adelebsen	**Küchemann**, Ludwig August Wilhelm (Kutscher zu Güntersen)	**Schmidt**, Rosine Wilhelmine Amaleie Marie
20.10. Standes- amtlich 20.10. Adelebsen	**Karl**, Friedrich Carl (Maurer)	**Helmbrecht,** Elise Auguste Charlotte Annette
10.11. Standes- amtlich 10.11. Adelebsen	**Ilse**, August Gottlieb Carl (Ackerknecht)	**Tetzlaff**, Ottilie Juliane (zu Klein Drensen)
10.11. Standes- amtlich 10.11. Adelebsen	**Behrend**, Friedrich Hermann (Maurer zu Arenborn)	**Wabbersen**, Louise Charlotte Dorothee

17.11. Standes- amtlich 17.11. Adelebsen	**März,** Heinrich Friedrich Carl (Tischler in Göttingen, Ww.)	**Burghard,** Wilhelmine Leonore Charlotte
08.12. Standes- amtlich 08.12. Adelebsen	**Goedecke,** August Theodor (Maler)	**Lichtenthäler,** Christine Wilhelmine (zu Schöneberg)

1896

15.03. Standes- amtlich 15.03. Adelebsen	**Methe,** Carl Ernst Wilhelm (Ackerknecht zu Eddigehausen)	**Fiege,** Wilhelmine Emilie Anna
06.04. Standes- amtlich 06.04. Adelebsen	**Bode,** Wilhelm Christian Ludwig (Böttcher zu Jühnde, Ww.)	**Lindemann,** Helene Regine Henriette

1897

01.01. Standes- amtlich 01.01. Adelebsen	**Hoffmann,** Carl Robert Eduard (Steinbrucharbeiter auf der Bramburg bei Adelebsen)	**Litschke,** Bertha, (zu Starkow bei Krotoschin)
31.01. Standes- amtlich 31.01. Adelebsen	**Thiele,** Friedrich Carl (Handarbeiter)	**Schmidt,** Emilie Martha (zu Klein Drensen)
19.10. Standes- amtlich 19.10. Adelebsen	**Blum,** Johannes (Eisenbahnarbeitergehilfe zu Herford)	**Lüllemann,** Johanne Caroline Charlotte

1898

20.03. Standes- amtlich 20.03. Adelebsen	**Scherrerling,** berichtigt: **Schererling,** Heinrich Ludwig Adolph (Former zu Kirchrode)	**Lindemann,** Auguste Marie
11.04. Standes- amtlich 11.04. Adelebsen	**Schrader,** Christian Friedrich Ernst August (Ackerknecht zu Delliehausen)	**Wissmann,** Louise Caroline Auguste (zu Wahmbeck)
11.04. Standes- amtlich 11.04. Adelebsen	**Sporleder,** Wilhelm Louis Friedrich (Haussohn zu Adelebsen)	**Poppe,** Maria Friederike Emilie Betty

26.12.
Standes-
amtlich
26.12.
Adelebsen

Kass (Nolte), genannt **Schacht**, Albert Carl Rudolph (Steinbrucharbeiter)

Bornträger, geb. **Gottsmann**, Wilhelmine Caroline (Ww.)

1899

08.01.
Standes-
amtlich
08.01.
Adelebsen

Ahlborn, Ludwig Heinrich (kgl. Eisenbahn-Zugführer in Göttingen, Ww.)

Engelhardt, Dorette Friederike

08.01.
Standes-
amtlich
08.01.
Adelebsen

Freibot, Heinrich Wilhelm Carl Ludwig (Steinhauer)

Reinecke, Marie Charlotte Henriette

22.01.
Standes-
amtlich
22.01.
Adelebsen

Beyland, Theodor Carl Friedrich (Landwirt)

Schormann, Elise Caroline Sophie Charlotte (zu Heisebeck)

29.01.
Standes-
amtlich
29.01.
Adelebsen

Bolle, Georg August Erich (Schlosser am Bahnhof zu Göttingen)

Poppe, Friederike Emilie Louise

26.03.
Standes-
amtlich
26.03.
Adelebsen

Lehmann, Julius Hermann Reinhold (Jäger zu Adelebsen)

Engelhard, Betty Friederike Elise Emilie

03.04.
Standes-
amtlich
03.04.
Adelebsen

Beyland, Georg Friedrich August (Sattlermeister)

Körner, Minna Friederike

03.04.
Standes-
amtlich
03.04.
Adelebsen

Ahrend, Otto Carl Christian (Weißbinder)

Düker, Wilhelmine Louise Minna

14.04.
Standes-
amtlich
14.04.
Adelebsen

Otte, Carl August Ludwig (Steinrichter zu Fürstenhagen)

Kunze, Dorothee Wilhelmine Sophie

14.04.
Standes-
amtlich
14.04.
Adelebsen

Mengel, Heinrich Adam (Kaufmann zu Wehlheiden bei Kassel)

Engelhard. Eleonore Charlotte Bertha,

09.07.
Standes-
amtlich
09.07.
Adelebsen

Brosenne, Ernst August Gottfried (Schmied)

Binnewies, Wilhelmine Charlotte Auguste

20.07. Standes- amtlich 20.07. Adelebsen	**Marten,** Heinrich Carl August (Schuhmachermeister zu Hamburg)	**Lüllemann,** Anna Wilhelmine Louise
22.10. Standes- amtlich 22.10. Adelebsen	**Rode,** Ernst August Adolf (Steinbrucharbeiter zu Lödingsen)	**Fischer,** Magdalene Wilhelmine Lina
12.11. Standes- amtlich 12.11. Adelebsen	**Ahlborn,** Christian Anton Adolph, genannt Heinrich, (Schmied zu Hannover)	**Knüppel,** Charlotte Christine Dorette

1900

14.01. Standes- amtlich 14.01. Adelebsen	**Tiepel,** Heinrich Ernst Friedrich (Maurer)	**Teuteberg,** Melusine Dorette Elise
16.04. Standes- amtlich 16.04. Adelebsen	**Riethmüller,** August Georg (Schmied zu Göttingen)	**Rettberg,** Wilhelmine Dorette Lina
29.04. Standes- amtlich 29.04. Adelebsen	**Appel,** genannt **Harm,** Conrad Carl Wilhelm (Ackerknecht)	**Schwetge,** Bertine Minna Johanna
27.05. Standes- amtlich 27.05. Adelebsen	**Moosmeyer,** Carl (Jäger zu Denzerheide bei Ems)	**Lindemann,** Anna Louise Christine
04.06. Standes- amtlich 04.06. Adelebsen	**Mußmann,** Carl Heinrich Hermann (Wegewärter)	**Weber,** Minna August Caroline
25.09. Standes- amtlich 25.09. Adelebsen	**von Mandelsloh,** Gebhard Ernst Alphons Adolph (Oberleutnant zu Kamenz i. S)	**von Adelebsen,** Else Anna Doraline Emilie Emma
30.09. Standes- amtlich 30.09. Adelebsen	**Sonnenberg,** Wilhelm Friedrich (Hilfslademeister am Grafenhof, zu Nörten)	**Knüppel,** Marie Melusine Christine
04.11. Standes- amtlich 04.11. Adelebsen	**Böning,** August Heinrich Wilhelm (Arbeiter)	**Steitz,** Elise Amanda (zu Themar in Sachsen- Meiningen

18.11. Standes- amtlich 18.11. Adelebsen	**Thielbörger,** genannt **Winter,** Gustav Heinrich Ludwig (Ackerknecht zu Lenglern)	**Dörmann,** Caroline Wilhelmine
30.12. Standes- amtlich 30.12. Adelebsen	**Böker,** Carl August Heinrich Friedrich (Steinbruchsarbeiter)	**Fiege,** Auguste Hermine Marie

Adelebsen

1851

23.03. **Brand,** Johann Heinrich Christoph (Ackermann, *28.05.1801, Ww. der 1842 verst. Caroline Charlotte geb. Schodder und der 1850 verst. Johanne Dorothee Marie Justine, geb. Schodder)
V: Andreas Christoph
M: Sophie Charlotte, geb. Riemenschneider +

Bundstein, geb. **Schodder,** Charlotte (*20.05.1804, Wwe. des 1838 verst. Johann Christian Friedrich Bundstein (zu Salzderhelden))
V: Ernst
M: Caroline, geb. Sprenger

11.04. **König,** Johann Christian Justus (Kaufmann und Gastwirt zu Bovenden, *21.08.1822 zu Hettensen, Ww. der ? in Bovenden verst. Caroline Wilhelmine, geb. Ludwig)
V: +Johann Christian Ludwig
M: Marie Sophie, geb. Groten

Hesse, Dorothee Justine Charlotte (*10.10.1825)
V: Heinrich (Müller in der unteren Auschnippemühle)
M: Marie Justine, geb. Willig

18.05. **Gans,** Ernst Friedrich Ludwig Wilhelm (* zu Hilwartshausen)
V: +Christian
M: Friederike, geb. Wellhausen

Fündling, Dorothee Marie Caroline Henriette (*14.08.1816)
V: N.N.
M: Sophie Christine, geb. Fündling (Die Ehefrau von Daniel Gromme)

08.07. **Tolle,** Friedrich August Eduard (Musikus, *13.01.1822)
V: Christian
M: +Marie Sophie Dorothee, geb. Küchemann

Hesse, geb. **Meseke,** Marie Dorothea Christine (*16.03.1811 in Klein Wiershausen, Wwe. des 06.10.? verst. Heinrich August Hesse)
V: +Johann Wilhelm Meseke
M: +Marie Charlotte, geb. Weitemeyer

P. **Räkel,** Johann Christian Wilhelm (Ackermann, *27.09.1817)
V: Conrad
M: Charlotte, geb. Harm +

Blumenberg, Louise Wilhelmine Henriette (*14.05.1831 z Offensen)
V: Ludwig (zu Offensen)
M: Eleonore, geb. Engel
cop. Offensen (31.08.1851)

P. **Israel,** Johann Heinrich Ernst (Mühlenmeister zu Bettenhausen, *23.03.1826 in Kassel)
V: Philipp
M: Marie Dorothee, geb. Pfahlert

Fricke, geb. **Nolte,** Johanne Caroline Wilhelmine (*19.09.1819 zu Wahlshausen, Wwe. des Heinrich Engelhard Fricke)
V: Friedrich Salomo Nolte (Ackermann)
M: + Marie Elisabeth, geb. Wrede
cop. zu Wahlhausen

26.10. **Mesecke,** Georg Heinrich Christian (*21.12.1823, Tagelöhner)
V: Georg Wilhelm
M: Ernestine, geb. Knüppel

Vogt, Ernestine Caroline Charlotte Magdalene (*04.01.1824)
V: +Justus
M: +Hedwig, geb. Henke

27.11. **Wienecke,** Ernst Wilhelm (Schneidermeister und Bürger zu Adelebsen, *17.09.1822 zu Hevensen)
V: +Friedrich (zu Hevensen)
M: +Louise, geb. Hartge

Nienstedt, Charlotte Louise Henriette (*31.10.1820)
V: Ernst (Ackermann und Gastwirt)
M: Henriette Caroline, geb. Schaefer

P.	**Göbel**, Johann Heinrich August (*21.04.1825) V: Friedrich Wilhelm M: Marie Sophie Caroline, geb. Giebel	**Teuteberg**, Christiane Wilhelmine Sophie Elisabeth (*02.02.1821 in Erbsen) V: Justus M: Hanne Justine, geb. Degenhardt cop. 30.11. zu Erbsen
26.12.	**Hillebrecht**, Georg Friedrich Wilhelm Heinrich (*25.12.1821 in Güntersen) V: +Heinrich Ludwig M: +Dorothea Charlotte, geb. Heine	**Brosenne**, Marie Dorothee Charlotte (*11.10.1824) V: Christoph M: Marie Dorothea Charlotte, geb. Riemenschneider

1852

16.02.	**Eilers**, Johann Justus Friedrich (Schuhmacher, * in Dransfeld, Ww. der 1845 verst. Dorothee Wilhelmine Magdalene, geb. Fischer und der 1850 verst. Caroline, geb. Schwalhaus V: +Georg Justus Friedrich M: +Sophie Charlotte, geb. Brauns	**Grebenstein**, geb. **Bischof**, Johanne Caroline Juliane (* in Kammerborn, Wwe. des 1838 verst. Ernst Grebenstein (aus Fürstenhagen)) V: Christian Heinrich Wilhelm M: Rosine, geb. Toppen
P. Cop. in Rengs- hausen	**Hesse**, Ernst Heinrich Christoph (Müller in Rengshausen in Kurhessen, *17.10.1814) V: Heinrich (Müller) M: Marie Justine, geb. Willig	**Heinzerling**, Anna Marie (*17.10.1829 in Rengshausen in Kurhessen) V: Sebastian M: Anna Elisabeth, geb. Pfalz
08.02.	**Hichert**, Heinrich Christoph (Ackerknecht, *26.12.1821 in Heisebeck) V: +Heinrich Christoph M: +Marie Charlotte, geb. Ernst	**Frees**, Caroline Seraphine Charlotte (*26.08.1825) V: Friedrich Wilhelm M: Marie Sophie Christiane, geb. Busemann
P. Cop. in Ellers- hausen 29.02.	**Oberdieck**, Georg Heinrich Christian August (Ackermann, *19.08.1824) V: Joh. Heinrich Ludwig M: Sophie Christine Charlotte, geb. Küchemann	**Potthast**, Marie Rosine Louise Caroline Henriette (*11.05.1828 in Ellershausen V: Gottfried M: Marie Justine, geb. Gerke
14.03.	**Kraatz**, Heinrich Christian August Ludwig (Ackerknecht, *26.01.1826) V: August Ludwig (Förster in Dransfeld) M: Marie Caroline Nörtemann, geb. Tolle	**Pfahlert**, Sophie Dorothee Henriette (*22.08.1823) V: Christoph (Zimmermeister) M: Marie Charlotte, geb. Sturm
21.03. Güntersen	**Neise**, Georg Heinrich Christoph (Tischler, *21.03.1806) V: +Ernst Christian M: Dorothee Caroline, geb. Wellhausen	**Knüppel**, geb. **Hildebrand**, Dorothee Caroline (*14.08.1806 in Dankelshausen, Wwe. des 1846 verst. Georg Friedrich Knüppel in Güntersen) V: +Johann Stephan M: Marie Louise, geb. Neddemann

25.06.	**Kolle,** Johann Georg Christian Wilhelm Ludwig (Leineweber, *21.02.1821 in Dransfeld) V: +Heinrich Christian (Ackermann) M: Marie Rosine Elisabeth, geb. Dreyfuß	**Gottsmann,** Dorette Friederike Henriette (*05.06.1826) V: Georg Christian (Schuhmacher) M: +Johanne Marie Christiane, geb. Rinke
05.09.	**Finsel,** Johann Christian Friedrich (Leineweber, *04.07.1823 in Eberhausen) V: hat die Vaterschaft abgeschworen M: Marie Regine Elisabeth Finsel (in Eberhausen)	**Voigt,** Henriette Caroline Magdalene (*29.10.1823) V: Ernst M: Maria, Doroth. Sophie, geb. Knüppel
12.09.	**Korte,** Christian Friedrich Carl (Leineweber, *24.03.1825) V: Heinrich Christian M: Sophie Caroline, geb. Ackerhans	**Ahlborn,** Dorothee Wilhelmine (*22.10.1825 in Gladebeck) V: +Conrad Friedrich M: +Johanne Sophie, geb. Kraus +
21.11.	**Schlemme,** Johann Christian Friedrich Wilhelm (Ackermann in Lichtenborn, *19.02.1816, Ww. der 1852 verst. Caroline Sophie Louise, geb. Hoppe in Lichtenborn) V: +Wilhelm M: +Charlotte, geb. Kaese	**Filthuth,** Dorette Christiane Charlotte (*08.01.1828) V: +Georg Christian M: Dorothee Sophie, geb. Tolle
21.11.	**Teipel,** Heinrich Ludwig Carl (Tagelöhner, *15.01.1818 in Gladebeck) V: +Heinrich Justus M: +Dorothee, geb. Böttcher	**Riemenschneider,** geb. **Franke,** Rosine Louise Wilhelmine (*01.04.1816 in Varlosen, Wwe. des 1850 verst. Georg Christian Riemenschneider) V: +Johann Heinrich Franke M: +Sophie Rosine Elisabeth, geb. Bührmann
12.12.	**Brandt,** Johann Heinrich Friedrich (Handarbeiter, *26.07.1824 in Einbeck) V: Johann Heinrich Andreas (in Einbeck) M: +Justine Wilhelmine, geb. Zimmermann	**Mesecke,** Ernestine Charlotte Magdalene (*19.11.1827) V: Georg Wilhelm M: +Ernestine, geb. Knüppel

1853

02.01. 1853 *(steht unter 1852)*	**Schmidt,** Christoph Friedrich (Ackermann, *07.09.1811) V: +Christian M: +Marie Charlotte, geb. Vogt	**Grüneklee,** geb. **Rackebrandt,** Johanne Wilhelmine (*17.02.1822 in Bovenden, Wwe. des 1847 verst. August Heinrich Friedrich Grüneklee in Bovenden) V: Carl Rackebrandt M: Justine, geb. Degenhardt

P.
02.01.
09.01.

Herwig, Heinrich Christoph Friedrich (Gemeindehirt zu Imbsen, *19.09.1822 zu Imbsen)
V: Johann Justus (Gemeindehirt)
M: Sophie Rosine Juliane, geb. Korf

Koenemund, Dorothee Sophie Ernestine Charlotte (zu Eberhausen, *06.03.1828 zu Eberhausen)
V: Conrad Koenemund (aus Schwebda im Hessischen)
M: Charlotte Zierenberg (unverehelicht)
künftiger Wohnort: Imbsen

23.01.
Güntersen

Schäfer, Ludwig Carl (Schneider in Güntersen Ww., *30.05.1811 zu Güntersen)
V: Johann Christian (Conmune Maire)
M: Margarethe Elisabeth, geb. Bete

Gepel, Maria Dorothee Louise Christine (zu Güntersen, *08.10.1801 zu Güntersen)
V: Johann Friedrich (Tagelöhner)
M: Maria Justine, geb. Gehrke
künftiger Wohnort: Güntersen

24.02.
Ossenfeld

Beinhorn, Justus Friedrich Ludwig (Handarbeiter zu Ossenfeld, *30.12.1828 zu Ossenfeld)
V: Wilhelm (Handarbeiter)
M: Marie Caroline, geb. Werner

Hohmann, genannt **Schlote,** Sophie Dorothea Louise (zu Nicolausberg, *10.04.1830 zu Celle)
V: Johann Heinrich Homann (aus Gieboldehausen, Maurergesell)
M: Engel Magdalene Fischer (aus Langenhagen, später verehelichte Schlote zu Nicolausberg)
künftiger Wohnort: Ossenfeld

13.03.
Eberhs.

Sommer, Georg Carl Friedrich (Handarbeiter und Leineweber zu Schoningen, *25.09.1823 zu Schoningen)
V: +Jürgen Andreas
M: Caroline, geb. Buck

Schmidt, Marie Dorothee Magdalene (zu Eberhausen, *11.07.1830 zu Eberhausen)
V: +Georg
M: Charlotte, geb. Ilck
künftiger Wohnort: Schoningen

17.03.
Ossenfeld

Schelp, Georg Heinrich Wilhelm Justus (Ackermann zu Ossenfeld, *07.04.1826 zu Ossenfeld)
V: +Justus
M: Marie Dorothee Charlotte, geb. Sohnrey

Ewert, Dorothee Henriette Charlotte Louise (zu Ossenfeld, *03.10.1827 zu Ossenfeld)
V: +Heinrich Ludwig (Ackermann)
M: Marie Dorothee Caroline Wilhelmine, geb. Tolle
künftiger Wohnort: Ossenfeld

P.
20.03.
28.03.

Teuteberg, Johann Friedrich Wilhelm (Müller in der oberen Auschnippe-Mühle bei Barterode, *30.10.1829 zu Schoningen)
V: +Wilhelm (Ackermann)
M: Melusine, geb. Ilse

Goepel geb. **Düvel,** Hanne Caroline Dorothea (*30.07.1830 zu Uslar, Wwe. des 1852 verst. Carl Goepel zu Schoningen)
V: +Johann Christian Ludwig Düvel
M: Louise, geb. Eilert
künftiger Wohnort: Schoningen

03.04.

Hoffmeister, Johann Heinrich Ludwig Ww. 1852 verst. zu Barterode, *13.11.1801 zu Bremke)
V: +Heinrich
M: Catherine Sophie, geb. Hoffmann

Pfahlert, genannt **Hesse,** Dorothee Magdalene (*08.12.1808)
V: N.N.
M: Marie Dorothee Pfahlert, jetzt verwitwete Israel
künftiger Wohnort: Barterode

10.03.	**Crepon,** Heinrich Christoph Friedrich (Ww. der 1851 verst. Sophie Rosine Elisabeth, geb. Quantz, Schuhmacher zu Oberscheden, *03.17.1797 zu Oberscheden) V: Franz Ludwig Crepon (Dienstknecht im Hessischen) M: Rosine Margarete Siegmann (zu Oberscheden)	**Schrader,** Sophie Caroline (*26.11.1829 zu Göttingen) V: Wilhelm Schrader M: Ernestine Schodder (unverehelicht, jetzt verehelichte Schlieper) künftiger Wohnort: Oberscheden
31.05. Ossenfeld	**Tolle,** Heinrich Christian Friedrich Ferdinand (Leineweber zu Ossenfeld, *25.03.1822 zu Ossenfeld) V: N.N. M: Anna Marie Elisabeth Cäcilie Tolle (unverehelicht, zu Ossenfeld)	**Witthuhn,** Caroline Charlotte Henriette (*28.03.1829) V: Christoph Witthuhn (aus Lippoldshausen) M: Caroline Witthuhn künftiger Wohnort: Ossenfeld
01.09. Ossenfeld	**Tolle,** Ludwig (Leineweber zu Ossenfeld, *01.05.1825 zu Göttingen) V: Georg Peckewitz (aus Göttingen, Schuhmacher) M: Anne Marie Elisabeth Cäcilie Tolle (zu Ossenfeld)	**Elfenbüttel,** Rosine Dorothee Louise (zu Mielenhausen, *09.11.1828 zu Mielenhausen) V: Justus Heinrich Wilhelm (Forstaufseher) M: Catherine Charlotte, geb. Korf künftiger Wohnort: Ossenfeld
P. 09.10 19.10.	**Nordmann,** Christian Friedrich (*16.11.1819 zu Barterode, Schäfer zu Ossenfeld) V: Hans Heinrich M: Marie Charlotte, geb. Gottsmann	**Finis,** Dorothee Elisabeth (zu Westuffeln… im Kurfürstentum Hessen, *02.12.1822 zu Westuffeln) V: Johann Conrad (Schäfer) M: Anna …… geb. Berendt künftiger Wohnort: Barterode
27.10.	**Sohnrey,** Johann Friedrich Ludwig (Ackermann zu Ossenfeld, *26.10.1828 zu Ossenfeld) V: Johann Christoph (Ackermann) M: Wilhelmine Christine Sophie Charlotte, geb. Thormann	**Nienstedt,** Dorothee Friederike Wilhelmine Magdalene (*16.03. zu Barterode) V: Ernst (Ackermann und Gastwirt) M: Caroline Henriette, geb. Schaefer künftiger Wohnort: Ossenfeld
30.10. Güntersen	**Hasselmann,** Georg Heinrich (Schäfer zu Güntersen, *16.12.1829 zu Ellershausen) V: Johann Friedrich (Schäfer) M: Anna Marie, geb. Mechmershausen	**Schaefer,** Marie Dorothee Rosine (zu Güntersen, *10.12.1828 zu Güntersen) V: Georg Ludwig (Schuhmacher M: Louise Catharine, geb. Hanne künftiger Wohnort: Ellershausen
P. 06.11. 13.11.	**Heise,** Georg Heinrich (Ackermann zu Barterode, *07.01.1824 zu Barterode) V: Georg Heinrich (Ackermann) M: Dorothee Sophie Christine, geb. Ahlborn	**Klemme,** Henriette Wilhelmine Caroline (zu Verliehausen, *11.11.1832 zu Verliehausen) V: Heinrich (Schuhmacher) M. Louise geb. Voltt künftiger Wohnort: Barterode

24.09. **Zierenberg,** Christian Friedrich
(*17.04.1810 zu Fürstenhagen, Ww.,
Gemeindeschäfer zu Eberhausen)
V: N.N.
M: Maria Dorothee Zierenberg
(unverehelicht)

Zierenberg, Maria Dorothee Louise (zu
Eberhausen, *29.09.1822 zu Eberhausen)
V: Heinrich
M. Henriette, geb. Ziegeler
künftiger Wohnort: Eberhausen

08.11. **Fredershausen,** Heinrich Friedrich
August (*22.09.1930 zu Barterode,
Drellmacher zu Barterode)
V: Christian Ludwig (Drellmacher und
Kirchenvorsteher)
M: Maria Justine Magdalene, geb.
Wathsmuth

Frees, Dorothee Louise Charlotte
(*01.12.1830 zu Barterode)
V: Friedrich Wilhelm (Ackermann)
M: Marie Sophie Christine geb. Busemann
künftiger Wohnort: Barterode

08.12. **Teuteberg,** Heinrich Justus
(*04.08.1823 zu Esebeck, Ackermann
zu Esebeck)
V: Johann Justus (Leibzüchter)
M: Sophie Dorothee Christiane, geb.
Rackebrandt

Leunig, Dorothee Henriette (*13.12.1832 zu
Barterode)
V: Christian Friedrich Wilhelm (Ackermann)
M: Christine, geb. Schomburg
künftiger Wohnort: Esebeck

25.12. **Güllenbeck,** Heinrich Ludwig
(*22.11.1829 zu Güntersen, Leineweber
zu Güntersen)
V: Johann Justus (Böttcher)
M: Maria, geb. de Amoral

Kraatz, Ernestine Charlotte Caroline, (zu
Güntersen, *23.08.1834 zu Güntersen)
V: +Friedrich
M: Caroline, geb. Sturm
künftiger Wohnort: Güntersen

26.12. **Witthuhn,** Heinrich Christian Friedrich
(*13.02.1823 zu Barterode, Tagelöhner
zu Güntersen)
V: +Georg Friedrich Wilhelm
M: Ernestine Louise, geb. Sturm

Riemenschneider, Dorothee Justine Louise
(zu Güntersen, *10.02.1822 zu Güntersen)
V: +Christian
M: Juliane, geb. Rerck
künftiger Wohnort: Güntersen

1854

05.02. **Wichert,** Justus Christoph Wilhelm
(Maurer aus Knutbühren, *28.12.1823
zu Knutbühren)
V: Johann Justus (Schneider)
M: Hanne Dorothee Sophie Christine,
geb. Wahmke

Breckerbaum, Charlotte Caroline Henriette,
(zu Barterode, *02.11.1829 zu Barterode)
V: Johann Christian Ludwig (Maurermeister)
M: Hanna Dorothee Friederike, geb. Fündling
künftiger Wohnort: Barterode

05.02. **Mesecke,** Georg Wilhelm (*07.09.1799
zu Barterode, Ww., Forstaufseher,
Gemeindediener und Schneider)
V: Christian Wilhelm
M: Dorothee, geb. Bode

Knauff, Sophie Marie Elisabeth (zu
Barterode, *11.04.1828 zu Barterode)
V: Christian
M: Therese Marie, geb. Algram
künftiger Wohnort: Barterode

12.03. **Tolle,** Johann Christian Friedrich
(*12.06.1814 zu Güntersen, Ww.
(+1853)., Ackermann und Gastwirt aus
Güntersen)
V: Johann Christoph
M: Catharine Louise, geb. Filthuth

Scholle, Dorothee Henriette Caroline (zu
Güntersen, *27.05.1832 zu Güntersen)
V: Georg
M: Dorothee, geb. Schaefer
künftiger Wohnort: Güntersen

P.
02.04.
09.04.
Schelp, Heinrich Friedrich Wilhelm (*08.06.1829 zu Ossenfeld, Leineweber zu Ossenfeld)
V: Johann Justus Friedrich (Ackermann)
M: Catharine Rosine, geb. Buermann

Lüshenhop, Friederike Sophie Rosine (aus Hetjershausen, *30.09.1831 zu Hetjershausen)
V: Georg Friedrich (Schullehrer)
M: Johanne Christine Rosine, geb. Evers
künftiger Wohnort: Ossenfeld

27.04.
Eberhsn.
Beurmann, Heinrich Friedrich (*23.03.1824 zu Niederscheden, (Leineweber zu Niederscheden)
V: Johann Ludwig (Tagelöhner)
M: Marie Louise, geb. Hartig

Spielmacher, Hanne Christine Louise (zu Eberhausen, *28.10.1826 zu Eberhausen)
V: Franz Spielmacher (Schlossergesell aus Mannheim)
M: Justine Clages (unverheiratet, aus Eberhausen)
künftiger Wohnort: Niederscheden

P.
11.06.
18.06.
Ahlbrecht, Johann Justus Karl (Handarbeiter zu Elliehausen, *09.01.1824 zu Elliehausen)
V: Andreas Heinrich (Köthner)
M: Hanna Dorothee Elisabeth, geb. Ahlborn

Keller, Hanna Christine Frederike (aus Schlarpe, *30.12.1823 zu Schlarpe)
V: Johann Heinrich Christoph (Leineweber)
M: Sophie Christine, geb. Hellwig
künftiger Wohnort: Elliehausen

27.06.
Ossenfeld
Klinge, Johann Christian Friedrich (Ackermann zu Ossenfeld, *08.10.1827 zu Ossenfeld)
V: Christian Friedrich (Ackermann)
M: Dorothee Catharine Friederike, geb. Mengershausen

Sohnrey, Sophie Friederike Charlotte (zu Ossenfeld, *17.04.1834 zu Ossenfeld)
V: Johann Christoph (Ackermann)
M: Wilhelmine Christine, geb. Thormann
künftiger Wohnort: Ossenfeld

P.
10.09.
17.09.
Knüppel, Georg Heinrich (Köthner zu Barterode, *10.12.1974 zu Barterode)
V: Henricus (Bauermeister)
M: Sophie Magdalene, geb. Möhlen

Wißmann, Sophie Caroline (aus Wahmbeck, *16.03.1804 zu Wahmbeck)
V: Carl (Schneider)
M: Dorothee Elisabeth, geb. Berckemeyer
künftiger Wohnort: Barterode

24.10.
Güntersen
Filthuth, Heinrich August (Ackermann zu Güntersen, *16.11.1825 zu Güntersen)
V: Friedrich (Ackermann)
M: Johanne Henriette, geb. Ahlborn

Jeep, geb. **Henkel,** Marie Charlotte Christine (*21.02.1823 zu Hemeln, Wwe. des 1854 verst. Johann Georg Wilhelm Jeep (Gastwirt in Güntersen))
V: Henricus Ernst Henkel
M: Anna Rosine, geb. Drüke
künftiger Wohnort: Güntersen

P.
12.11.
19.11.
Oelfenbüttel, auch **Elfenbüttel,** Georg Friedrich Heinrich (Schullehrer zu Ossenfeld, *18.04.1831 zu Mielenhausen)
V: Heinr. Justus (Klosterforstaufseher)
M: Catharine Charlotte, geb. Korf

Jünemann, Henriette Juliane (zu Jühnde, *09.10.1833 zu Jühnde)
V: Heinrich Christoph Friedrich (Schneidermeister)
M: Sophie Christine Charlotte, geb. Bode
künftiger Wohnort: Ossenfeld

03.12.
Güntersen
Schaefer, Ernst August (Ackermann zu Güntersen, *10.11.1819 zu Güntersen)
V: Christoph (Ackermann)
M: Magdalene, geb. Hesse

Filthuth, Dorothe Caroline Louise (zu Güntersen, *21.01.1829 zu Güntersen)
V: Johann Friedrich (Ackermann)
M: Dorothee Charlotte, geb. Ahlborn
künftiger Wohnort: Güntersen

61

1855

P.
25.02
04.03.
Ahlborn, Heinrich Christian Carl
(Leineweber zu Barterode, *13.06.1829
zu Barterode)
V: Christian Friedrich
M: Marie Charlotte, geb. Knüppel

Hewel, Friederike Caroline Wilhelmine (zu
Elliehausen, *18.06.1835 zu Elliehausen)
V: Johann Justus Heinrich (Bauermeister und
Leggediener)
M: Hanne Charlotte Louise, geb. Ahlbrecht
künftiger Wohnort: Elliehausen

29.04.
Grünewald, Georg Friedrich
(Ackermann und Bauermeister, Ww. der
1854 verst. Hanna Caroline Melusine
Lisette Grünewald, geb. Brecht zu
Eberhausen, *19.05.1817 zu
Eberhausen)
V: Johann Friedrich Ludwig
M: Juliane, geb. Büsing

Nienstedt, Dorothee Wilhelmine Magdalene
Caroline (zu Barterode, *11.11.1822 zu
Barterode)
V: Ernst (Ackermann und Gastwirt)
M: Henriette Caroline, geb. Schaefer
künftiger Wohnort: Eberhausen

17.06.
Reime, August Wilhelm Christian
(Eisenbahnaufseher zu Ellershausen,
*29.03.1822 zu Welliehausen, Ww. der
1853 verst. Christine Friederike
Christiane, geb. Glade)
V: Johann Friedrich (Steinhauer)
M: Dorothee Wilhelmine Magdalene,
geb. Holste

Lüllich, Henriette Auguste Juliane (zu
Barterode, *26.04.1833 zu Clausthal)
V: Johann Georg Gustav (Klosterförster)
M: Johanne Louise Henriette, geb. Breitkopf
künftiger Wohnort: Welliehausen

28.06.
Güntersen
Beuermann, Carl Ludwig (Gastwirt in
Niederscheden, *06.03.1830 in
Niederscheden)
V: Christoph Ludwig (Gastwirt und
Frachtfuhrmann)
M: Rosine Louise Charlotte, geb.
Kleinhans

Ahlborn, Marie Dorothee Louise (in
Güntersen, *20.08.1834 in Güntersen)
V: Heinrich (Gastwirt)
M: Marie Justine, geb. Filthuth
künftiger Wohnort: Güntersen

21.08.
Schrader, Louis Albert (Dr. der
Medizin in Göttingen, *12.11.1817 zu
Zorge)
V: Christoph Carl (Müller)
M: Wilhelmine Caroline, geb. Bischoff

Beinhorn, Christine Rosine Catharine (zu
Göttingen, *30.06.1824 zu Grone)
V: Justus Christoph (Einwohner)
M: Christine Marie, geb. Alrutz
künftiger Wohnort: Göttingen

16.10.
Güntersen
Jordan, Johann Heinrich Friedrich
Ludwig (Verwalter zu Göttingen,
*22.10.1821 zu Güntersen)
V: Heinrich Wilhelm (Tagelöhner)
M: Dorothee Christine, geb.
Westermann

Witthuhn, geb. **Wedekind**, Dorothee Sophie
Louise (*25.01.1828 zu Güntersen, Wwe. des
1853 verst. Branntweinbrenners Justus
Heinrich Carl Witthuhn zu Güntersen)
V: Carl Friedrich Gottlieb Wedekind
M: Dorothee, geb. Filthuth
künftiger Wohnort: Güntersen

29.11. Eberhsn.	**Mesecke,** Heinrich Wilhelm (Ackermann in Eberhausen, *31.01.1812 in Eberhausen) V: N.N. M: Marie Charlotte Mesecke (unverehelicht)	**Groppe,** geb. **Finsel,** Marie Justine Catharine (*22.08.1822 in Eberhausen, Wwe. des 1854 verst. Ackermanns August Groppe in Eberhausen) V: Conrad (Leibzüchter) M Marie Charlotte, geb. Finsel künftiger Wohnort: Eberhausen

1856

02.03.	**Büte,** Georg Heinrich Friedrich August (Leineweber in Barterode, *02.03.1821 zu Barterode) V: Christian Friedrich M: Marie Charlotte, geb. Schaefer	**Ackerhannes,** genannt **Fiege,** Hanna Ernestine Charlotte (in Barterode, *28.09.1828 in Barterode) V: N.N. M: Dorothee Christine Ackerhannes (später verehel. Dunker) künftiger Wohnort: Barterode
P. 02.03. 09.03.	**Sohnrey,** Heinrich Christian Friedrich (Ackermann in Barterode, *08.01.1830 in Knutbühren) V: Johann Ernst Friedrich Georg Wilhelm (Ackermann) M: Dorothee Wilhelmine, geb. Pape	**Jeep,** Justine Wilhelmine (in Knutbühren, *30.05.1830 in Knutbühren) V: Johann Justus (Ackermann) M: Sophie Wilhelmine, geb. Herwig künftiger Wohnort: Barterode
13.04.	**Jeep,** auch **Jaep,** Johann Ernst Friedrich (Ackermann in Barterode, *10.11.1818 in Barterode) V: Johann Friedrich (Ackermann) M: Elisabeth, geb. Engelhardt	**Schelpl,** genannt, **Riemenschneider,** Dorothee Wilhelmine Henriette Charlotte (in Barterode, *06.10.1827 in Barterode) V: Wilhelm Riemenschneider M: Caroline Schelp (später verehelichte Filthuth) künftiger Wohnort: Barterode
27.04.	**Mohrhoff,** Ernst Carl August (Leineweber in Barterode, *30.05.1824 in Barterode) V: Carl Friedrich (Leineweber) M: Caroline, geb. Schoppe	**Bäre,** auch **Baer,** Marie Dorothee Caroline (in Barterode, *03.08.1823 in Güntersen) V: Heinrich M: Sophie Christine, geb. Dörger künftiger Wohnort: Barterode
27.04.	**Busch,** August Friedrich Wilhelm (Ackermann in Löwenhagen, *15,09,1821 in Löwenhagen) V: Johann Ludwig (Ackermann) M: Marie Sophie, geb. Hille	**Encawitz,** auch **Eincawitz,** Christine Wilhelmine Henriette (in Barterode, *29.12.1834 in Barterode) V: Christian Friedrich (Ackermann) M: Sophie Rosine, geb. König künftiger Wohnort: Barterode
P. 20.04 27.04.	**Basse,** Heinrich Philipp Jacob, genannt Louis (Ww., Bürger, Gastwirt und Weinhändler in Osterode, *14.01.1817 in Heere) V: Heinrich (Kothsasse) M: Dorothee, geb. Hamann	**Füllgrabe,** Louise Charlotte (in Barterode, *10.01.1832 in Barterode) V: Johann Christian (Oeconom) M: Sophie Rosine, geb. Wedemeyer künftiger Wohnort: Osterode

29.04. **Sauerland,** Friedrich Justus (Ackermann in Ossenfeld, *20.11.1823 in Ossenfeld)
V: Johann Christoph (Ackermann)
M: Marie Charlotte, geb. Nörtemann

Ewert, Sophie Rosette (in Ossenfeld, *11.08.1824 in Ossenfeld)
V: Heinrich Ludwig (Ackermann)
M: Marie Dorothee Caroline Wilhelmine, geb. Tolle
künftiger Wohnort: Ossenfeld

04.05. **Hentgc,** auch **Henze,** Ernst Christian Ludwig (*02.02.1802 in Barterode, Maurer in Barterode, Ww. der 1854 verst. Louise Eleonore Friederike, geb. Holfer)
V: Johann Justus
M: Marie Juliane, geb. Frees

Schaefer, geb. **Schuchtrupp,** Marie Sophie Eleonore (*31.12.1824 in Imbsen, Wwe. des 1855 verst. Tagelöhners und Soldaten Heinrich Ludwig Schaefer in Güntersen)
V: Johann Heinrich Schuchtrupp (Schuhmacher)
M: Rosine Elisabeth, geb. Huch
künftiger Wohnort: Güntersen

12.05. **Holscher,** Heinrich Christian (Leineweber in Barterode, *31.05.1825 in Barterode)
V: Friedrich (Belgentreter)
M: Dorothee, geb. Witthuhn

Sauerland, Ernestine Charlotte Henriette (in Barterode, *20.07.1824 in Barterode)
V: Georg Heinrich (Tagelöhner)
M: Caroline, geb. Knüppel
künftiger Wohnort: Barterode

12.05 **Baier,** auch **Bayer,** Georg August Friedrich (Schuhmachermeister in Güntersen, *24.08.1826 in Güntersen)
V: August Friedrich Gottlob (Schuhmachermeister)
M: Dorothee Magdalene, geb. Schaefer

Bock, Charlotte Dorothee Juliane (in Güntersen, *23.12.1830 in Güntersen)
V: Christian Friedrich Bock (Tischlermeister)
M: Dorothee Rosine, geb. Riemenschneider
künftiger Wohnort: Güntersen

.08. **Korte,** Ernst Christian Ludwig Friedrich (Maurer und Weißbinder zu Barterode, *21.06.1822 zu Barterode)
V: Christoph (Maurer)
M: Marie Catharine, geb. Hübener

Ohm, Charlotte Caroline Sophie (zu Offensen, *10.11.1836 zu Offensen)
V: Heinrich (Schäfer)
M: Dorothee, geb. Decker
künftiger Wohnort: Barterode

21.08.
Eberhsn. **Storm,** auch **Sturm,** Christian Friedrich (Ackermann zu Eberhausen, *28.08.1824 zu Eberhausen)
V: Christian Gottfried (Ackermann)
M: Caroline, geb. Zierenberg

Meier, Friederike Caroline Louise Charlotte (zu Eberhausen, *24.02.1826 zu Eberhausen)
V: Heinrich (Gastwirt und Kirchenvorsteher)
M: Caroline, geb. Schlieper
künftiger Wohnort: Eberhausen

P.
31.08.
07.09. **Wilhelm,** Johann Christoph Daniel (Conditor zu Hofgeismar), *18.12.1823 zu Hofgeismar)
V: Dittmar Wilhelm (Conditor)
M. Caroline Christine Friederike, geb. Nolte

Witthuhn, Helena Louise Elisabeth (zu Volkmarsen, *27.04.1838 zu Volkmarsen)
V: Ludwig (Oeconom)
M: Dorothee, geb. Rühl wiederverehelichte Neumeier
künftiger Wohnort: Hofgeismar

14.09. **Hartje,** Georg Friedrich Ludwig (Schneider zu Güntersen, * 16.04.119 zu Güntersen)
V: Christian Friedrich (Pensionair)
M: Charlotte, geb. Klages

Baier, Dorothee Caroline Magdalene (zu Güntersen, *13.03.1822 zu Güntersen)
V: Friedrich Gottlieb (Schmiedemeister)
M: Dorothee Magdalene, geb. Schaefer
künftiger Wohnort: Güntersen

21.09. Güntersen	**Hille**, Carl Ernst August (Schmied zu Güntersen, *18.07. 1828 zu Güntersen) V: Johann Friedrich (Schmied) M: Louise, geb. Bäre	**Hasselmann,** Caroline Rosine Marie Charlotte (zu Güntersen, *27.03.1829 zu Eberhausen) V: Johann Friedrich (Schäfer) M: Anna Marie, geb. Mechmershausen künftiger Wohnort: Eberhausen
05.10.	**Witthuhn**, Ernst August (Dienstknecht zu Güntersen, *03.06.1827 zu Güntersen) V: Georg Friedrich Wilhelm (Leineweber) M: Ernestine Louise, geb. Staten	**Scholle,** Marie Dorothee Magdalene Louise (zu Güntersen, *16.02.1836 zu Güntersen) V: Georg (Ackermann) M: Dorothee, geb. Schaefer künftiger Wohnort: Güntersen
26.10.	**Kleinhans**, Heinrich Justus August (Ackerknecht zu Jühnde, *27.01.1833 zu Jühnde) V: Heinrich Christoph (Großkother) M: Catharine Rosine Charlotte, geb. Weitemeier	**Pfahlert,** Louise Dorothee Juliane (Zu Güntersen, *17.09.1834 zu Güntersen) V: Friedrich (Tagelöhner) M: Helena, geb. Witthuhn künftiger Wohnort: Jühnde
P. 09.11. 16.11.	**Reinecke**, Heinrich Christoph (Leineweber zu Barlissen, *28.03.1824 zu Barlissen) V: Johann Ludwig (Häusling) M: Marie Justine Charlotte, geb. Wenzel	**Günther,** genannt **Lehne** oder **Lene**, Sophie Christine Friederike (zu Elkershausen, *15.05.1821 zu Elkershausen) V: Joseph Lehne oder Lene M: Marie Elisabeth Günther (unverehelicht) künftiger Wohnort: Barlissen
P. 23.11. 30.11.	**Sohnrey**, Ernst Christoph Ludwig (Ackermann in Ossenfeld, *07.03.1836 zu Ossenfeld) V: Justus Friedrich (Ackermann) M: Friederike Charlotte, geb. Foerding	**Gerelt,** Dorothee Rosette Auguste (in Klein Wiershausen, *10.04.1838 zu Klein Wiershausen) V: Ludwig (Ackermann) M: Wilhelmine, geb. Hampe künftiger Wohnort: Ossenfeld

1857

01.01. Güntersen (steht unter 1856)	**Schaefer,** Georg Heinrich Friedrich Wilhelm (Handarbeiter zu Güntersen, *11.05.1828 zu Güntersen) V: Georg Christian (Handarbeiter) M: Marie Justine, geb. Wapel	**Müller,** Marie Christine Wilhelmine Juliane (zu Güntersen, *24.07.1826 zu Güntersen) V: Ernst Friedrich (Handarbeiter) M: Louise, geb. Westermann künftiger Wohnort: Güntersen
12.03.	**Strube,** Christian Wilhelm (*01.09.1811 zu Barterode, Ackermann zu Barterode, Ww. der 1856 verst. Sophie Louise Caroline, geb. Potthast)) V: Christian Heinrich (Ackermann) M: Dorothee Charlotte, geb. Ische	**Filthuth,** Dorothee Charlotte (zu Barterode, *25.07.1831 zu Barterode. Bemerkung: Aus Versehen ist der Familienname Filthuth angegeben, der richtige Name ist Knüppel V: Wilhelm Knüppel (Ackermann) M: Dorothee Sophie Christine, geb. Filthuth künftiger Wohnort: Barterode

15.03.
Becker, Friedrich Ernst (Schneider zu Wibbecke, *14.09.1828 zu Wibbecke)
V: Friedrich (Leineweber)
M: Justine, geb. Möhle

Mohrhoff, Dorothea Sophie Charlotte Rosette (zu Barterode, *14.01.1823 zu Barterode)
V: Carl Friedrich (Leineweber)
M: Caroline, geb. Schoppe
künftiger Wohnort: Wibbecke

22.03.
Bock, Ernst Heinrich Friedrich Wilhelm (Tischlergesell zu Güntersen, *05.02.1833 zu Güntersen)
V: Christian Friedrich (Tischler)
M: Rosine, geb. Riemenschneider

Busch, Dorothee Friederike (zu Löwenhagen, *29.08.1836 zu Löwenhagen)
V: Johann Christian Friedrich Wilhelm (Ackermann)
M: Wilhelmine Charlotte, geb. Oberdieck
künftiger Wohnort: Güntersen

30.04.
Bührmann, Joachim Heinrich (*25.07.1811 zu Bühren, Ackermann und Gastwirt aus Bühren, Ww. (seit 1856))
V: Christian Friedrich (Ackermann)
M: Dorothee Marie Elisabeth, geb. Auen

Lohrengel, Henriette Justine Louise (zu Barterode, *14.11.1833 zu Barterode)
V: Heinrich (Ackermann)
M: Rosine, geb. Dawe
künftiger Wohnort: Bühren

14.05.
Brandt, Heinrich Friedrich Ludwig (Ackermann zu Barterode, *13.03.1831 zu Barterode)
V: Johann Justus (Gastwirt)
M: Marie Sophie Christine Charlotte, geb. Grube

Knüppel, Caroline Wilhelmine (zu Barterode, *27.01.1834 zu Barterode)
V: Wilhelm (Ackermann)
M: Sophie Dorothee Christine, geb. Filthuth
künftiger Wohnort: Barterode

01.06.
Güntersen
Mesecke, Heinrich Friedrich Wilhelm (Handarbeiter zu Güntersen, *03.02.1825 zu Güntersen)
V: Christian Friedrich (Handarbeiter)
M: Marie Charlotte, geb. Jeep

Kellner, Christine Rosine Henriette (zu Imbsen, *24.03.1831 zu Imbsen)
V: Heinrich Andreas (Handarbeiter)
M: Dorothee Louise, geb. Hesse
künftiger Wohnort: Güntersen

01.06.
Güntersen
Pfahlert, Ernst Friedrich Wilhelm (Handarbeiter zu Güntersen, *05.12.1831 zu Güntersen)
V: Friedrich (Zimmermann)
M: Helene, geb. Witthuhn

Grote, Marie Dorothee Caroline (zu Güntersen, *02.03.1831 zu Güntersen)
V: Heinrich (Handarbeiter)
M: Charlotte, geb. Veilke
künftiger Wohnort: Güntersen

02.06.
Eberhsn.
Klagen, genannt **Paucke,** Johann Justus Friedrich (Mühlenbauer zu Eberhausen, *22.04.1822 zu Münden)
V: N.N.
M: Sophie Justine Klagen (unverehelicht)

Hofmeister, Louise Catharine Charlotte (zu Dankelshausen, * 20.12.1833 zu Dankelshausen)
V: Friedrich Heinrich (Drellmacher)
M: Louise Marie Charlotte, geb. Brosenne
künftiger Wohnort: Eberhausen

14.06.
Gercke, Heinrich Wilhelm Carl (Eisenbahnmeister in Lemshausen, 25.03.1821 zu Lemshausen)
V: Heinrich Wilhelm (pensionierter Corporal und Ackermann)
M: Marie Sophie, geb. Teichmeyer

Wachsmuth, Caroline Friederike Auguste (zu Barterode, *05.02.1831 zu Barterode)
V: Christian Friedrich (Ackermann)
M: Marie Regine Elisabeth, geb. Finsel
künftiger Wohnort: Lemshausen

21.06. Güntersen	**Fildhuth,** Friedrich Wilhelm August (Ackerknecht zu Güntersen, *29.10.1823 zu Ellierode) V: Georg (Zimmermann) M: Sophie, geb. Becker	**Dörger,** Christiane Caroline Wilhelmine (zu Güntersen, *01.09.1835 zu Güntersen) V: Heinrich (Tischlermeister) M: Sophie Rosine, geb. Elend künftiger Wohnort: Güntersen
21.06.	**Nordmann,** Ernst Heinrich Christian (Fabrikarbeiter zu Barterode, *29.12.1825 zu Barterode) V: Hans Heinrich (Handarbeiter) M: Marie Charlotte, geb. Gottsmann	**Pfahlert,** Caroline Christine Henriette (zu Barterode, *13.09.1825 zu Barterode) V: Christoph Wilhelm (Tischler) M: Marie Ernestine Christine, geb. Brosenne künftiger Wohnort: Barterode
23.07. Eberhsn.	**Funke,** Wilhelm Christoph Hermann (Dienstknecht zur Papiermühle bei Eberhausen, *14.05.1829 in Klein Wiershausen) V: Johann Wilhelm (Schlosser) M: Sophie Louise, geb. Harthausen	**Ramberg,** genannt **Ültz,** Dorothea Sophie Caroline (in Eberhausen, *03.05.1836 in Eberhausen) V: Theodor Ültz (Ladendiener aus Gotha) M: Justine Ramberg (unverehelicht) künftiger Wohnort: Eberhausen
13.08. Güntersen	**Sohnrey,** Christian Friedrich August (Ackermann in Güntersen, * 09.12.1821 in Güntersen) V: Georg (Schuhmachermeister) M: Dorothee, geb. Reuter	**Westermann,** Hanna Dorothee Louise (in Güntersen, *31.12.1828 in Güntersen) V: Friedrich (Ackermann) M: Dorothee, geb. Borchert künftiger Wohnort: Güntersen
20.08.	**Weitemeyer,** Georg Ludwig (Förster in Löwenhagen, *04.08.1828 in Volkmarshausen) V: Johann Christian (Regiments-Pferdearzt und Gastwirt) M: Marie, geb. Becker	**Seelhorst,** auch **Sehlhorst,** Louise Juliane Friederike Betty Justine (in Barterode, *18.03.1835 in Bühren) V: Georg (Lieutenant) M: Regine, geb. Wißmann künftiger Wohnort: Löwenhagen
P. 23.08. 30.08.	**Sievers,** auch **Sievert,** Johann Conrad Ludwig August (Tagelöhner in Emmenhausen, *23.07.1826 in Emmenhausen) V: Christian Friedrich (Hirt) M: Sophie Charlotte, geb. Bertram	**Jürgemeier,** Emilie Juliane Dorothee (in Lenglern, *09.07.1828 in Lenglern) V: Heinrich Friedrich Theodor (Drellmacher) M: Johanne Justine Louise, geb. Behrend künftiger Wohnort: Emmenhausen
13.09. Güntersen	**Hentze,** auch **Henze,** Ernst Christian Ludwig (*02.02.1802 in Barterode, Ww. der 1854 verst. Louise Eleonore Friederike, geb. Hofer und der 1856 verst. Marie Sophie Eleonore, geb. Schuchtrupp, Maurermeister in Güntersen) V: Johann Justus M: Marie Justine, geb. Frees	**Schaefer,** geb. **Gepel,** Marie Dorothee Louise Christine (*08.10.1801 in Güntersen, Wwe. des 1856 verst. Schuhmachers Ludwig Carl Schaefer in Güntersen) V: Johann Friedrich Gepel M: Marie Justine, geb. Gehrke künftiger Wohnort: Güntersen

P. 06.09. 13.09.	**Bornemann,** Christian Wilhelm (*25.07.1814 in Esebeck, Ackermann in Esebeck, Ww. der 1856 verst. Friederike, geb. Rohrbach (Die Braut ist die Halbschwester der ersten Ehefrau)) V: Christoph (Ackermann) M: Charlotte, geb. Achtermann	**Rohrbach,** Marie Sophie Friederike Louise (in Eberhausen, *06-02-1837 in Harste) V: Christoph Ludwig (Schuhmacher) M: Johanne Dorothee Charlotte, geb. Kreitz künftiger Wohnort: Esebeck
P. 13.09. 20.09.	**Berthan,** Heinrich August Eilhardt (Sattlermeister in Bovenden, *28.03.1822 in Bovenden) V: Christian August (Sattlermeister) M: Juliane Auguste, geb. Rien	**Busch,** Dorothee Wilhelmine (in Löwenhagen, *19.05.1835 in Löwenhagen) V: Johann Christian Friedrich Wilhelm (Ackermann) M: Wilhelmine Charlotte, geb. Oberdiek künftiger Wohnort: Bovenden
27.09.	**Köhler,** Carl August (Dienstknecht in Göttingen, *30.11.1826 in Harste) V: Johann Heinrich Christian (Schmied) M: Hanne Dorothee Friederike, geb. Lips	**Schmidt,** Ernestine Wilhelmine Magdalene (in Barterode, *29.01.1831 in Barterode) V: Georg Wilhelm (Handarbeiter) M: Caroline Christiane, geb. Wiegand künftiger Wohnort: Harste
P. 04.10. 11.10.	**Westermann,** Georg Heinrich (Ackermann in Güntersen, *22.05.1826 in Güntersen) V: Friedrich (Ackermann) M: Dorothee, geb. Borchert	**Hildebrand,** Dorothee Rosine Louise (in Niederscheden, *05.07.1825 in Niederscheden) künftiger Wohnort: Güntersen Johann Christoph (Ackermann) M: Marie Christine, geb. Schaper künftiger Wohnort: Güntersen
18.10.	**Ische,** Johann August Friedrich (Dienstknecht in Dransfeld, *17.01.1819 in Schlarpe) V: Wilhelm (Tagelöhner) M: Marie Christine, geb. Nolte	**Schlieper,** Caroline Louise Magdalene (in Barterode, *25.01.1830 in Barterode) V: Georg (Musikus) M: Friederike, geb. Windwehe künftiger Wohnort: Schlarpe
18.10.	**Eilers,** Justus Wilhelm (Fuhrmann in Barterode, *20.05.1813 in Dransfeld) V: Georg Friedrich (Bürger und Schuhmacher) M: Charlotte, geb. Uhlendorf	**Schmidt,** Marie Caroline (in Barterode, *06.05.1820 in Barterode) V: Georg (Tagelöhner) M. Marie Sophie Elisabeth, geb. Lutz künftiger Wohnort: Dransfeld
22.10. Eberhsn.	**Ilck,** Heinrich Christian Friedrich (Holzhauer in Eberhausen, *10.10.1827 in Eberhausen) V: Carl Justus (Tagelöhner) M: Marie Dorothee Magdalene, geb. Dolle	**Witthuhn,** Dorothee Caroline Louise (in Eberhausen, *01.03.1830 in Güntersen) V: Georg Friedrich (Ackermann) M: Christine, geb. Sturm künftiger Wohnort: Eberhausen
26.11. Eberhsn.	**Maring,** Johann Daniel (Beamter an der Eisenbahn in Göttingen, *25.01.1828 in Nesselröden, (kathol. Confession)) V: N.N. M: Franzisca Maring (unverehelicht)	**Meyer,** Dorothee Louise Charlotte (in Eberhausen, *23.04.1832 in Eberhausen) V: Heinrich (Gastwirt und Kirchen-Vorsteher) M: Christine, geb. Schlieper) künftiger Wohnort: Nesselröden

P.
22.11.
29.11.
Meyer, Johann Heinrich Christian
(Leineweber in Güntersen, *06.04.1832
in Güntersen)
V: Christian Friedrich (Ackermann)
M: Wilhelmine, geb. Thiele

Bauer, Dorothee Rosine Louise (in Imbsen,
*07.04.1833 in Imbsen)
V: Johann Georg Wilhelm Ludwig
(Schuhmacher und Kirchenvorsteher)
M: Friederike Charlotte, geb. Arend
künftiger Wohnort: Güntersen

P.
29.11.
06.12.
Fusch, Georg Heinrich August
(*06.01.1821 in Barterode,
Schmiedemeister in Barterode, Ww. der
1850 verst. Sophie Wilhelmine
Christine, geb. von Rhoden)
V: Johann Georg Heinrich
(Schmiedemeister)
M: Sophie Caroline, geb. Wellhausen

Ludolph, Anne Louise Regine (in Wibbecke,
*21.12.1832 in Holtensen)
V: Heirich Ludolph (Ackermann)
M: Magdalene, geb. Freeß
künftiger Wohnort: Barterode

10.12.
Ossenfeld
Beinhorn, Ernst Justus Ludwig
(Schneider in Ossenfeld, *14.02.1813 in
Ossenfeld)
V: Johann Andreas (Tagelöhner)
M: Christine Elisabeth, geb. Sohnrey

Bergmann, Sophie Charlotte Louise (in
Ossenfeld, *08.05.1833 in Rosdorf)
V: Johann Georg Friedrich (Schafmeister)
M: Rosine Friederike, geb. Grube
künftiger Wohnort: Ossenfeld

27.12.
Pfahlert, Wilhelm August
(Zimmergesell in Barterode,
*15.11.1828 in Barterode)
V: Christoph (Zimmermann)
M: Marie Charlotte, geb. Sturm

Hofmeister, Johanne Sophie Elisabeth (in
Barterode, *15.12.1832 in Barterode)
V: Heinrich Ludwig (Handarbeiter)
M: Wilhelmine, geb. Schlote
künftiger Wohnort: Barterode

1858

P.
03.01.
10.01.
Müller, Heinrich Justus (Ackermann in
Barterode, *22.05.1834 in
Emmenhausen)
V: Carl Ludwig (Ackermann)
M: Dorothee Caroline Henriette, geb.
Hartge

Thesing, Anna Catharine Margarethe (in
Grothe, *28.09.1830 in Grothe)
V: Johann Heinrich (Colonus [Bauer])
M: Catharine Adelheid, geb. Strodmann
künftiger Wohnort: Barterode

P.
03.01.
10.01.
Nienstedt, auch **Nienstaedt,** Ernst
Heinrich Christian (Ackermann in
Barterode, *04.10.1831 in Barterode)
V: Ernst (Ackermann und Gastwirt)
M: Caroline Henriette, geb. Schaefer

Henze, Sophie Christine Wilhelmine Louise,
(in Mengershausen, *25.01.1831 in
Mengershausen)
V: Johann Heinrich (Ackermann)
M: Christine Rosine, geb. Schaefer
künftiger Wohnort: Barterode

14.02.
Oppermann, Ludwig Friedrich
Wilhelm (Tischler in Varlosen,
*02.09.1825 in Varlosen)
V: Johann Heinrich Friedrich Wilhelm
(Leineweber)
M: Marie Sophie, geb. Schröder

Knüppel, Justine Friederike Christine (in
Barterode, *12.04.1837 in Barterode)
V: Heinrich Christoph (Tagelöhner)
M: Dorothee Sophie Charlotte, geb. Fischer
künftiger Wohnort: Barterode

06.05. Ossenfeld	**Vahlbusch,** Ludwig August (Ackermann in Ossenfeld, *10.11.1838 in Varmissen) V: August (Gastwirt, Ackermann und Kirchen-Vorsteher) M: Friederike Wilhelmine, geb. Fredershauscn	**Ahlborn,** Dorette Sophie Albertine (in Ossenfeld, *15.04.1837 in Ossenfeld) V: Heinrich Christian Daniel (Ackermann) M: Marie Dorothee, geb. Schimmke künftiger Wohnort: Ossenfeld
27.05. Ossenfeld	**Schaefer,** Heinrich Christoph Ludwig (Rademacher in Ellershausen, *15.02.1829 in Ellershausen) V: Johann Daniel (Rademachermeister) M: Marie Charlotte, geb. Köhler	**Sauerland,** Caroline Friederike Eleonore (Henriette) (in Ossenfeld, *20.02.1839 in Ossenfeld) V: Friedrich Wilhelm (Leineweber) M: Henriette Catharine, geb. Appel künftiger Wohnort: Ellershausen
24.05.	**Knüppel,** Christian Friedrich (*19.11.1811 in Barterode, Schuhmacher in Barterode, Ww. der in Lödingsen verst. Charlotte, geb. Reineward und der 1855 verst. Marie Charlotte Henriette, geb. Vogt) V: Henricus Christian (Bauermeister) M: Sophie Magdalene, geb. Möhle	**Angerstein,** Marie Dorothee Justine Helene (in Bühren, *09.08.1834 in Bühren) V: Heinrich (Gemeindediener) M: Caroline, geb. Klinge künftiger Wohnort: Barterode
04.07. Güntersen	**Scholle,** Justus Heinrich Ludwig (Ackermann in Güntersen, *18.12.1828 in Güntersen) V: Georg (Ackermann) M: Dorothee, geb. Schaefer	**Schmidt,** Hanne Dorothee Wilhelmine (in Güntersen, 11.10.1828 in Güntersen) V: Justus (Ackermann) M: Dorothee, geb. Reuter künftiger Wohnort: Güntersen
P. 27.06. 07.07.	**Finke,** Heinrich August Ludwig (Schneider in Barterode, *03.04.1836 in Barterode) V: Friedrich (Schneider) M: Johanne, geb. Ludewig	**Fusch,** Henriette Friederike (in Erbsen, *26.06.1832 in Erbsen) V: Heinrich Justus (Handarbeiter) M: Dorothee Charlotte, geb. Sprenger künftiger Wohnort: Barterode
19.09. Güntersen	**Harms,** Johann Heinrich Wilhelm (Eisenbahninspector in Dransfeld, 04.10.1823 in Groß Ilfeld) V: Heinrich (Brinksitzer) M: Elisabeth, geb. Waatsack	**Grote,** Dorothee Caroline (in Güntersen, *02.09.1835 in Güntersen) V: Friedrich (Handarbeiter) M: Caroline, geb. Wellhausen künftiger Wohnort: Dransfeld
24.10.	**Kelterborn,** Christoph Friedrich Ludwig, (Leineweber in Ossenfeld, *20.12.1825 in Ossenfeld) V: Georg Friedrich Kelterborn (Handarbeiter) M: Christine Charlotte Beinhorn (später verehelicht)	**Ahlbrecht,** Louise Caroline Charlotte (in Ossenfeld, *01.1855 in Knutbühren) V: Heinrich (Leineweber) M: Marie Caroline, geb. Führding künftiger Wohnort: Ossenfeld

14.11.
Eberhsn.
Meier, Heinrich Justus (Bürger in Adelebsen, *07.11.1830 in Adelebsen)
V: Johann Friedrich Wilhelm (Schuhmacher und Bürger)
M: Marie Dorothee Charlotte, geb. Drüke

Mesecke, Hanne Louise Dorothee (in Eberhausen, *15.02.1832 in Eberhausen)
V: Georg (Leineweber)
M: Marie Rosine, geb. Vollmer
künftiger Wohnort: Adelebsen

21.11.
Güntersen
Knüppel, Georg Friedrich Carl (Tischler in Güntersen, *14.03.1821 in Güntersen)
V: Christian Friedrich Knüppel (Soldat)
M: Dorothee Charlotte Grimm, auch Grimme (später verehelicht)

Meyer, geb. **Quast,** Rosine Louise Charlotte (*29.06.1823 in Löwenhagen, Wwe. des 1857 verst. Tagelöhners Georg Wilhelm Meyer in Güntersen)
V: Johann Heinrich Conrad (Tagelöhner)
M: Marie Elisabeth, geb. Dockenfuß
künftiger Wohnort: Güntersen

02.12.
Ropeter, Heinrich August (Ackermann in Hevensen, *19.11.1822 in Hevensen)
V: Christoph (Ackermann)
M: Caroline, geb. Ropeter

Filthuth, Auguste Charlotte Dorothee (in Barterode, *25.03.1836 in Barterode)
V: Heinrich Christoph (Ackermann)
M: Sophie Caroline, geb. Schelp
künftiger Wohnort: Hevensen

09.12.
Ossenfeld
Hellwig, Heinrich Christoph Friedrich (Eisenbahninspector in Ossenfeld, *11.01.1833 in Offensen)
V: Christian Hellwig (Cürassier)
M: Henriette, geb. Bode

Götze, Louise Caroline Charlotte (in Ossenfeld, *07.07.1837 in Ossenfeld)
V: Ernst (Handarbeiter)
M: Caroline, geb. Hesse
künftiger Wohnort: Ossenfeld

26.12.
Schlieper, Ernst Christian Wilhelm (Leineweber in Barterode, *24.01.1834 in Barterode)
V: Georg (Musikus)
M: Friederike, geb. Windwehe

Diederich, genannt, **Knauf,** Louise Ernestine Betty (in Barterode, *25.04.1834 in Barterode)
V: Conrad Diederich (Pensionair in Münden)
M: Marie Therese geb. Algrau (Wwe, kathol. Konfession)
künftiger Wohnort: Barterode

1859

03.02.
Thies, Georg Friedrich Wilhelm (Handarbeiter in Fürstenhagen, *06.04.1825 in Fürstenhagen)
V: Johann Christoph (Ackermann)
M: Christine, geb. Sahlbach

Schodder, Ernestine Caroline Magdalene (in Barterode, *25.06.1830 in Barterode)
V: Ernst (Leineweber)
M: Ernestine Charlotte, geb. Harm
künftiger Wohnort: Fürstenhagen

10.02.
Knüppel, Ernst Christian Friedrich (Ackermann in Barterode, *29.10.1829 in Barterode)
V: Wilhelm (Ackermann)
M: Dorothee Sophie Christine, geb. Filthuth

Ohm, auch **Ahm,** Caroline Wilhelmine Charlotte (in Barterode, *17.12.1839 in Barterode)
V: Georg Heinrich Christoph (Ackermann)
M: Louise, geb. Nolte
künftiger Wohnort: Barterode

06.03.
Wienecke, Heinrich Georg Christian (Schuhmacher in Hettensen, 04.11.1830 in Hettensen)
V: Heinrich (Zimmermann)
Charlotte, geb. Ellies

Nörtemann, Marie Charlotte Magdalene (in Barterode, *20.02.1822)
V: Christian Ludwig (Tagelöhner)
M: Caroline, geb. Tolle
künftiger Wohnort: Hettensen

P.
27.02.
06.03.
Nordmann, Georg Friedrich August (Handarbeiter in Barterode, *26.04.1821 in Barterode)
V: Hans Heinrich (Handarbeiter)
M: Marie Charlotte, geb. Gottsmann

Ilse, Christine Louise Charlotte (in Adelebsen, *24,03,1828 in Verliehausen)
V: Andreas (Maurer)
M: Charlotte, geb. Fischer
künftiger Wohnort: Barterode

20.03.
Jungblut, Georg Friedrich August (Leineweber in Barterode, *06.11.1827 in Barterode)
V: Gustav Heinrich
M: Charlotte, geb. Appel

Muthig, Ernestine Caroline Christine (in Barterode, *12.11.1833 in Barterode)
V: Ignatius (Leineweber)
M: Ernestine Wilhelmine, geb. Giebel
künftiger Wohnort: Barterode

03.04.
Güntersen
Walle, Conrad (Tagelöhner in Ermschwerd, *02.09.1890 in Ermschwerd)
V: Johann Joachim (Tagelöhner)
M: Marie Elisabeth, geb. Brinkmann

Schaefer, Marie Dorothee Charlotte (in Güntersen, *05.08.1834 in Adelebsen)
V: Georg Friedrich Wilhelm (Tagelöhner)
M: Marie Dorothee Charlotte Henriette, geb. Ahrens
künftiger Wohnort: Ermschwerd

07.04.
Dunker, Ernst Carl Christian (Maurergesell in Barterode, *08.11.1855 in Barterode)
V: Christian Friedrich (Maurer)
M: Sophie Christine, geb. Ackerhannes

Hildebrand, Christine Rosine Charlotte (in Bühren, *21.07.1834 in Bühren)
V: Heinrich Wilhelm (Tagelöhner)
M: Marie Rosine Elisabeth, geb. Emme
künftiger Wohnort: Barterode

28.04.
Thies, Heinrich Friedrich Johann Daniel (Mühlenbesitzer in Hombressen, *15.05.1833 in Bodenfelde)
V: Johann Heinrich (Mühlenbesitzer)
M: Lucia Christine Elisabeth, geb. Grupe

Klages, Louise Melusine Caroline (in der oberen Auschnippe-Mühle bei Barterode, *02.07.1835 in Sohlingen)
V: Heinrich (Mühlenbesitzer)
M: Friederike, geb. Sackel
künftiger Wohnort: Hombressen

08.05.
Güntersen
Breuker, Georg Christian Heinrich (Maurer in Eberhausen, *11.10.1826 in Eberhausen)
V: Georg (Tagelöhner)
M: Marie Sophie Charlotte, geb. Wedding

Knoke, Justine Caroline Louise (in Güntersen, *05.03.1833 in Lenglern)
V: Heinrich Christoph (Tagelöhner)
M: Catharine Henriette Charlotte, geb. Klages
künftiger Wohnort: Eberhausen

22.05.
Güntersen
Söder, Christian Friedrich Wilhelm (Böttcher in Güntersen, *02.05.1827 in Güntersen)
V: Friedrich (Gemeindediener)
M: Sophie Elisabeth, geb. Deppe

Ahlborn, Caroline Friederike Henriette (in Güntersen, *01.03.1826 in Barterode)
V: Christian Friedrich Ahlborn (Ackermann in Lenglern)
M: Caroline Wilhelm (später Verehelichte Döring)
künftiger Wohnort: Güntersen

05.06.
Witthuhn, Johann Christian Ludwig (Drellmacher in Barterode, *06.02.1826 in Barterode)
V: Christian Friedrich (Schneidermeister)
M: Marie Sophie, geb. Hartje

Hildebrand, Marie Dorothee Christine Juliane (in Bühren, *06.02.1830 in Bühren)
V: Heinrich Friedrich Wilhelm (Tagelöhner)
M: Marie Rosine Elisabeth, geb. Emme
künftiger Wohnort: Barterode

26.05.	**Schott**, Johann Paul August (Eisenbahnwärter in Wellersen, *22.02.1825 in W… am …) V: Johann Heinrich Philipp (Hutmacher) M: Dorothee Friederike, geb. Schaefer	**Lohrengel**, Marie Ernestine Caroline (in Barterode, *25.11.1836 in Barterode) V: Heinrich (Ackermann) M: Rosine, geb. Dawe künftiger Wohnort: Wellersen
31.05. Güntersen	**Füllgrabe**, Christian Friedrich Conrad Ludwig (Oeconom in Barterode, *06.04.1836 in Barterode) V: Johann Christian (Ackermann) M: Sophie Rosine, geb. Wedemeyer	**Schaefer**, Henriette Regine (in Güntersen, *06.01.1839 in Güntersen) V: Heinrich (Ackermann) M: Marie Rosine, geb. Knoop künftiger Wohnort: Güntersen
05.06. Güntersen	**Müller**, Johann Georg Ludwig (*30.01.1804 in Güntersen, Handarbeiter in Güntersen, Ww. der 1859 verst. Christine Wilhelmine, geb. Scholle) V: Heinrich Friedrich (Handarbeiter) M: Dorothee Christine, geb. Witthuhn	**Witthuhn**, Dorothee Caroline Henriette (in Güntersen, *03.03.1824 in Güntersen) V: Justus (Tagelöhner) M: Louise, geb. Schaefer künftiger Wohnort: Güntersen
P. 12.06. 19.06.	**Fischer**, Heinrich Justus Ludwig (Leinweber in Güntersen, *28.11.1829 in Güntersen) V: Justus (Leineweber) M: Louise, geb. Meyer	**Franck**, Caroline Justine Dorothee (in Meensen, *20.04.1828 in Meensen) V: Christoph Diedrich (Ackermann) M: Marie Justine, geb. Franck künftiger Wohnort: Güntersen
26.06. Güntersen	**Witthuhn**, Heinrich Christian Friedrich (*13.02.1823 in Barterode, Leineweber in Güntersen, Ww. der 1858 verst. Dorothee Justine Louise, geb. Riemenschneider) V: Georg Friedrich Wilhelm (Leineweber) M: Ernestine Louise, geb. Sturm	**Brosenne**, genannt **Buermann**, Hanna Louise Caroline (in Barterode, *06.05.1826 in Barterode, unehelich) V: Christian Friedrich Buermann (in Barterode) M: Justine Charlotte Brosenne (in Barterode) künftiger Wohnort: Güntersen
10.07. Güntersen	**Riemenschneider**, Christian Friedrich (Schuhmacher in Barterode, *13.02.1823 in Barterode) V: Ernst Christoph (Ackermann) M: Marie Charlotte, geb. Knauf	**Korte**, Dorothee Christiane Friederike (in Barterode, *15.05.1827 in Barterode) V: Christoph (Maurer) M: Marie Catherine, geb. Hübener künftiger Wohnort: Barterode
10.07. Güntersen	**Schönhütte**, Heinrich Justus Ludwig (Tagelöhner in Grone, *16.06.1833 in Grone) V: Christoph (Tagelöhner) M: Dorothee Louise, geb. Klöppner	**Filthuth**, genannt **Helwig**, Johanne Henriette Louise (in Güntersen, *10.11.1837 in Güntersen, unehelich) V: Christoph Hellwig (Ackerknecht in Lippoldshausen) M: Sophie Dorothee Filthuth (in Güntersen) künftiger Wohnort: Grone
17.07.	**Hesse**, Georg Friedrich Wilhelm (Dienstknecht in Barterode, *01.06.1824 in Barterode) V: Justus (Gastwirt) M: Marie Dorothee Wilhelmine, geb. Beuermann	**Pfahlert**, Marie Dorothee Caroline (in Barterode, *25.10.1833 in Barterode) V: Christoph Friedrich (Zimmermeister) M: Marie Charlotte, geb. Sturm künftiger Wohnort: Barterode

17.07. Güntersen	**Behrens,** Johann Andreas Christian (*07.09.1807 in Sieboldshausen, Dienstknecht in Bovenden, Ww.) V: Johann Andreas (Schuhmacher) M: Johanne Hedwig, geb. Oppermann	**Hillebrecht,** Dorothee Sophie Rosine Louise (In Güntersen, *06.01.1816 in Güntersen) V: Heinrich Christian Ludwig (Handarbeiter) M: Dorothee Charlotte, geb. Heim künftiger Wohnort: Güntersen
24.07.	**Filthuth** Heinrich Christian Ludwig (Handarbeiter in Güntersen, *23.03.1826 in Güntersen, richtiger 30.11.1817) V: Ernst Heinrich (Handarbeiter) M: Engel Rosine, geb. Müller	**Vogt,** Henriette Dorothee Christine (in Barterode, *11.05.1831 in Barterode) V: Ernst Christoph (Handarbeiter) M: Dorothee Sophie Wilhelmine, geb. Knüppel künftiger Wohnort: Güntersen
14.08.	**Röver,** auch **Röber,** Christian Heinrich (Bürger, Gastwirt und Weggeld-Erheber in Uslar, *03.10.1823 in Uslar) V: Georg (Gastwirt) M: Wilhelmine, geb. Lessmann	**Bäre,** Dorothee Magdalene Amalie (in Barterode, vorher in Göttingen, *05.05.1839 in Barterode) V: Wilhelm (Ackermann) M: Louise, geb. Ohm künftiger Wohnort: Uslar
P. 07.08. 11.08.	**Grünewald,** Georg Justus Ludwig (Kellner in Bremerhaven, *08.09.1829 in Eberhausen) V: Georg (Müller) M: Caroline, geb. Gehrke	**Hoitger,** genannt **Rickmeyer,** Wilhelmine Charlotte Hanne Caroline Friederike (in Bremerhaven, *26.01.1827 in Aerzen) V: Friedrich Rickmeyer M: Wilhelmine Hoitger (unverehelicht) künftiger Wohnort: Bremerhaven
30.08.	**Beuermann,** Carl Ludwig (Gastwirt in Güntersen, *06.03.1830 in Niederscheden, Ww. der 1858 verst. Marie Dorothee Louise, geb. Ahlborn) V: Christoph (Gastwirt) M: Rosine Louise Charlotte, geb. Kleinhans	**Leunig,** Caroline Louise Charlotte (in Barterode, *28.02.1838 in Barterode) V: Christian Friedrich (Bauermeister) M: Ernestine, geb. Schomburg künftiger Wohnort: Güntersen
06.10.	**Schlieper,** Heinrich Ernst Friedrich (Leineweber in Barterode, *19.03.1836 in Barterode) V: Wilhelm (Ackermann) M: Johanne Dorothee Friederike, geb. Hampe	**Sohnrey,** Rosine Sophie Wilhelmine Dorothee (in Barterode, *07.01.1840 in Knutbühren) V: Johann Ernst Friedrich Georg (Ackermann) M: Dorothee Wilhelmine, geb. Pape künftiger Wohnort: Barterode
11.10. Güntersen	**Harries,** Justus Ernst August Philipp (Rector in Dransfeld, *22.09.1818 in Salzgitter) V: Jobst Ernst (Pastor) M: Johanne Dorothee Henriette, geb. Teichmann	**Sprenger,** Johanne Caroline Regine (in Güntersen, *15.09.1837 in Einbeck) V: Otto (Bürger und Conductor) M: Charlotte, geb. Schönhütte künftiger Wohnort: Dransfeld

06.11. **Breckerbaum,** Johann Christian
Friedrich August (*12.12.1822 in
Barterode, Maurer in Barterode, Ww.
der 1858 verst. Marie Dorothee Amalie,
geb. Witthuhn)
V: Johann Christian Ludwig (Maurer)
M: Johanne Dorothee Friederike, geb.
Fündling

Frees, Wilhelmine Henriette (in Barterode,
*06.03.1835 in Barterode)
V: Friedrich Wilhelm (Ackermann)
M: Marie Sophie, geb. Busemann
künftiger Wohnort: Barterode

20.11. **Hille,** Georg Friedrich (Schmied in
Güntersen Güntersen, *17.08.1833 in Güntersen)
V: Friedrich (Schmied)
M: Louise, geb. Bäre

Filthuth, Hanne Marie Dorothee Henriette (in
Güntersen, *12.12.1835 in Güntersen)
V: Ernst Friedrich (Ackermann)
M: Dorothee Charlotte, geb. Ahlborn
künftiger Wohnort: Güntersen

11.12. **Knüppel,** Heinrich Friedrich Wilhelm
(Dragoner der zweiten Schwadrons-
Regiments Companie, Dragoner in
Barterode, *16.06.1833 in Barterode)
V: Christian Friedrich (Ackermann)
M: Wilhelmine Sophie Magdalene, geb.
Wierth

Knüppel, Ernestine Wilhelmine Louise (in
Barterode, *07.03.1836 in Barterode)
V: Wilhelm (Ackermann)
M: Sophie Dorothee Christine, geb. Filthuth
künftiger Wohnort: Barterode

P. **Schodder,** Christian Friedrich
11.12. (Leineweber in Barterode, *10.03.1811
18.12. in Barterode)
V: Heinrich Ernst (Leineweber)
M: Maria Charlotte, geb. Sprenger

Bornemann, Henriette Friederike (in Grone,
*02.03.1825 in Grone)
V: Johann Daniel Ludwig (Ackermann)
M: Sophie Charlotte, geb. Schrader
künftiger Wohnort: Barterode

1860

04.03. **Filthuth,** Georg Friedrich Heinrich
Güntersen (Leineweber in Güntersen, *14.12.1831
in Güntersen)
V: Ernst Friedrich (Ackermann)
Dorothea Charlotte, geb. Ahlborn

Westermann, Maria Magdalene Louise (in
Güntersen, *22.01.1833 in Güntersen)
V: Friedrich (Ackermann)
M: Dorothee geb. Bornemann
künftiger Wohnort: Güntersen

P. **Ahlbrecht,** Georg Friedrich Wilhelm
11.03 (Dienstknecht in Güntersen,
18.03. *24.08.1824 in Knutbühren)
V: Johann Heinrich (Tagelöhner)
M: Marie Dorothee Caroline, geb.
Förding Anmerkung: Familienname
irrtümlich zuerst Ahlborn.

Siegmann, Wilhelmine Charlotte Elisabeth
(in Grone, *09.03.1828 in Grone)
V: Johann Daniel (Tagelöhner)
M: Marie Charlotte, geb. Hampe
künftiger Wohnort: Knutbühren

09.04. **Schuchtrupp,** Georg Heinrich Friedrich
(Dienstknecht in Imbsen, *17.06.1834
in Imbsen)
V: Georg Wilhelm (Handarbeiter)
M: Sophie Caroline, geb. Huch

Knüppel, Dorothee Ernestine Louise (in
Barterode, *29.01.1833 in Barterode)
V: Wilhelm (Maurer)
M: Dorothee Marie Charlotte, geb.
Kückmann
künftiger Wohnort: Imbsen

01.05. Güntersen	**Hartwig,** Johann Wilhelm Louis (Oeconom in Güntersen, *31.12.1828 in Harste) V: Heinrich Carl Justus (Ackermann) M: Dorothee Charlotte, geb. Kurre	**Witthuhn,** Marie Magdalene Dorothee (in Güntersen, *25.02.1841 in Güntersen) V: Heinrich (Brauereibesitzer) M: Dorothee, geb. Filthuth künftiger Wohnort: Harste
22.05.	**Zierenberg,** Justus Friedrich Wilhelm (Ackermann in Eberhausen, *23.10.1829 in Eberhausen) V: Christian (Ackermann) M: Caroline, geb. Meyer	**Teuteberg,** Ernestine Dorothee Charlotte (in Barterode, *09.01.1843 in Barterode) V: Heinrich Justus (Ackermann) M: Dorothee Wilhelmine Magdalene, geb. Leunig künftiger Wohnort: Eberhausen
29.05. Eberhsn.	**Schuhmacher,** Johann Wilhelm (Leineweber in Eberhausen, *07.11.1824 in Eberhausen) V: Friedrich (Papiermachergeselle) M: Christine, geb. Bastian	**Goedecke,** Christine Rosine Magdalen (in Eberhausen, *19.03.1837 in Eberhausen) V: Heinrich (Ackermann) M: Rosine, geb. Gebert künftiger Wohnort: Eberhausen
P. 27.05. 03.06.	**Filthuth,** Ernst Friedrich Wilhelm (Ackermann in Barterode, *21.03.1833 in Barterode) V: Heinrich Christoph (Ackermann) M: Sophie Caroline geb. Schelp	**Bretheuer,** Margarethe Elisabeth (in Escherode, *11.03.1838 in Escherode) V: Johann Heinrich (Ackermann) M: Catharine Elisabeth, geb. Groling künftiger Wohnort: Barterode
17.06. Eberhsn.	**Finsel,** genannt **Kaiser,** Georg Ludwig (Schneidermeister in Eberhausen, *21.06.1829 in Eberhausen) V: Heinrich Kaiser (Förster in Eberhausen) M: Rosine Finsel (unverehelicht)	**Ramberg,** Sophie Caroline Charlotte (in Eberhausen, *22.12.1835 in Eberhausen) V: Friedrich Wilhelm (Leineweber) M: Anna Sophie Friederike, geb. Thiele künftiger Wohnort: Eberhausen
29.07. Güntersen	**Brunahl,** Carl Friedrich (Leineweber in Güntersen, Ww. der 1859 verst. Rosine Louise Elisabeth, geb. Güllenbeck, *30.04.1822 in Wolbrechtshausen) V: Heinrich (Leineweber) Caroline, geb. Dorinwahl	**Vaupel,** Dorothee Louise Caroline Charlotte (in Güntersen, *08.10.1821 in Güntersen) V: Heinrich (Tagelöhner) M: Louise Marie Sophie, geb. Kellner künftiger Wohnort: Güntersen
19.08. Eberhsn.	**Zierenberg,** Georg Friedrich Carl (Ackermann in Löwenhagen, *23.08.1835 in Löwenhagen) V: Johann Heinrich (Ackermann) M: Christine Rosine Louise, geb. Werner	**Freter,** Magdalene Louise Charlotte (in Eberhausen, * 25.09.1840 in Eberhausen) V: Christian (Ackermann) M: Louise, geb. Stünkel künftiger Wohnort: Eberhausen

P. 19.08. 26.08.	**Hichert,** Friedrich Christoph Conrad (Eisenbahnwärter in Hetjershausen, *28.08.1828 in Hetjershausen) V: Carl Wilhelm Heinrich (Ackermann) M: Marie Sophie Wilhelmine, geb. Klöppner	**Sonnenberg,** geb. **Breckerbaum,** Marie Dorothee Charlotte (*19.08.1832 in Barterode, Wwe. 1859 verst. Carl Friedrich Ludwig Ferdinand Sonnenberg (Nagelschmied) in Barterode) V: Johann Christian Ludwig (Maurermeister) M: Johanne Dorothee Friederike, geb. Fündling künftiger Wohnort: Hetjershausen
28.10.	**Filthuth,** Ernst Wilhelm (Ackermann in Barterode, *20.09.1833 in Barterode) V: Georg Christian (Ackermann) M: Dorothee Sophie geb. Tolle	**Wellhausen,** Dorothee Caroline Christine (in Barterode, + 23.07.1840 in Barterode) V: Georg Heinrich (Ackermann) M: Dorothee Magdalene, geb. Schodder künftiger Wohnort: Barterode
25.11. Ossenfeld	**Sauerland,** Ernst Conrad Justus (Handarbeiter in Ossenfeld, *07.11.1851 in Ossenfeld) V: Friedrich Wilhelm M: Johanne Friederike Rebecca, geb. Sohnrey	**Willig,** genannt **Fürst,** Charlotte Magdalene Henriette (in Ossenfeld, *26.02.1838 in Barterode) V: Eduard Fürst (Chorsinger aus der ? bei Münden) M: Caroline Amalie Willig (unverehelicht in Fürstenhagen) künftiger Wohnort: Ossenfeld
27.11.	**Drücke,** Friedrich Carl Ludwig Wilhelm (Ackermann in Barterode, *07.05.1834 in Volkmarshausen) V: Heinrich Ludwig (Ackermann) M: Sophie Eleonore Friederike, geb. Gerke	**Filthuth,** Amalie Catharine Wilhelmine (in Barterode, *24.03.1838 in Barterode) V: Georg Christian (Ackermann) M: Dorothee Sophie, geb. Tolle künftiger Wohnort: Barterode
20.12.	**Schaefer,** Georg Heinrich Christoph (Ackermann in Barterode, *28.12.1834 in Barterode) V: Georg (Ackermann) M: Dorothee Sophie Caroline, geb. Otte	**Scholle,** Rosine Louise Henriette (in Barterode, *02.09.1840 in Güntersen) V: Georg (Ackermann) M: Dorothee, geb. Schaefer künftiger Wohnort: Barterode

1861

P. 03.02. 10.02.	**Küster,** Wilhelm Heinrich (Maurer zu Herberhausen, * 30.08.1831 zu Herberhausen (Der Bräutigam ist der Bruder des verstorbenen Ehemanns der Braut)) V: Christoph Ludwig (Tagelöhner) M: Catharine Margarethe, geb. Ahrens	**Küster,** geb. **Witthuhn,** Christine Wilhelmine Caroline (*19.02.1823 zu Barterode, Wwe. des 1857 verst. Ernst Heinrich Küster (Gastwirt zu Barterode) V: Christian Friedrich (Ackermann) M: Christine Louise, geb. Friedrichs künftiger Wohnort: Herberhausen

03.03. Güntersen	**Müller,** Georg Friedrich (Handarbeiter in Güntersen, *08.03.1831 in Güntersen) V: Ernst (Handarbeiter) M: Louise, geb. Westermann	**Hildebrand,** Dorothee Marie Eleonore (in Niederscheden, *29.05.1832 in Niederscheden) V: Mathias Christoph (Brenner) M: Henriette Charlotte, geb. Beuermann künftiger Wohnort: Güntersen
07.07. (Procla-mation schon im März)	**Grube,** Johann Ernst Wilhelm (Ackerknecht in Barterode, *09.09.1822 in Asche) V: Heinrich Christian (Tagelöhner) M: Marie Catherine Charlotte, geb. Grünewald	**Diefholz,** Hanna Justine Friederike Charlotte (in Barterode, *22.10.1823 in Lödingsen) V: Heinrich Wilhelm (Tagelöhner) M: Dorothee Henriette, geb. Rittberg künftiger Wohnort: Asche
10.03.	**Wahmke,** Georg Friedrich Wilhelm (Schäfer in Barterode, * 25.08.1837 in Offensen) V: Wilhelm (Schäfer) M: Charlotte, geb. Meseke	**Müller,** Marie Dorothee Caroline (in Barterode, *24.11.1837in Barterode) V: Christian Friedrich (Schafmeister) M: Charlotte, geb. Knüppel künftiger Wohnort: Barterode
24.03. Ossenfeld	**Oberdiek,** Christian Justus (in Osterholz, Grenzaufseher auf dem Heidenkamp bei Osterholz, *07.01.1822 in Holtensen, Ww. der 1859 verst. Dorette Louise Caroline, geb. Vahlbusch) V: Christian Friedrich (Ackermann) M: Christine Louise Charlotte, geb. Windel	**Sauerland,** Doris Sophie Charlotte (in Ossenfeld, *06.05.1839 in Ossenfeld) V: Johann Christian Ludwig (Gastwirt) M: Wilhelmine, geb. Fülling künftiger Wohnort: Osterholz
23.06. Eberhsn.	**Meyer,** Christian Gottfried Georg (Ackermann in Eberhausen, *14.12.1824 in Eberhausen) V: Christian (Ackermann) M: Charlotte, geb. Zierenberg	**Krumsieck,** Sophie Elise Caroline (in Eberhausen, *24.04.1842 in Eberhausen) V: Friedrich (Ackermann) M: Dorothee, geb. Zierenberg künftiger Wohnort: Eberhausen
16.06. Güntersen	**Dieterich,** Christian Friedrich Wilhelm (Ackerknecht in Güntersen, *06.11.1824 in Asche) V: Andreas (Leineweber) M: Hanna, geb. Eggers	**Beuermann,** Louise Friederike Amalie (Dienstmagd in Güntersen, *28.01.1829 in Niederscheden) V: Johann Ludwig (Ackermann) M: Anna Louise, geb. Hartig künftiger Wohnort: Asche
P. 09.06. 16.06.	**Schrader,** Carl Christian August (Schuhlehrer in Ossenfeld, *12.11.1836 in Hettensen) V: Carl Adolf (Schullehrer) M: Anna Friederike, geb. Klages	**Albrecht,** Dorothee Rosine Wilhelmine (in Varlosen, *08.05.1835 in Varlosen) V: Heinrich Wilhelm (Ackermann) M: Dorothee Sophie Juliane, geb. Kienhard künftiger Wohnort: Ossenfeld
23.06. Eberhsn.	**Grünewald,** Georg Friedrich August (Handarbeiter in Eberhausen, *13.11.1826 in Eberhausen) V: Georg (Müller) M: Caroline, geb. Gehrke	**Steinbicker,** Louise Magdalene Christine (in Eberhausen, *30.05.1840 in Eberhausen) V: Carl (Handarbeiter) M: Justine, geb. Clages künftiger Wohnort: Eberhausen

07.07.	**Sauerland,** Heinrich Ernst Justus (Leineweber in Barterode, *27.03.1836 in Barterode) V: Georg Heinrich (Leineweber) M: Caroline, geb. Knüppel
14.07.	**Lambrecht** (Klages Nachfolger), Friedrich Eduard (Gastwirt in Lütgenrode, *07.05.1830 in Lütgenrode) V: Ernst (Leineweber) M: Louise, geb. Nagel
07.07.	**Gottsmann,** Heinrich Christian Ludwig (Ackermann in Barterode, 26.05.1831 in Barterode) V: Georg Christian (Schuhmacher) M: Marie Christine, geb. Rinke
01.08.	**Günther,** Georg Friedrich August (Ackermann in Lichtenborn, *05.07.1831 in Lichtenborn) V: Carl Georg (Ackermann) M: Sophie Louise, geb. Busek
P. 25.08. 01.09.	**Hillebrecht,** Christian Heinrich Wilhelm (Handarbeiter in Groha (Grone), *26.01.1838 in Eberhausen) V: Christian Friedrich (Handarbeiter) M: Caroline Friederike, geb. Knocke
03.09. Eberhsn.	**Temme,** Ernst Friedrich (Ackermann in Lödingsen, 04.04.1832 in Löwenhagen) V: Johann Heinrich Wilhelm (Ackermann) M: Marie Dorothee Louise, geb. Spieß
22.09. Eberhsn.	**Meyer,** Heinrich Wilhelm (Ackermann in Eberhausen, *21.03.1818 in Eberhausen) V: Christian Heinrich (Gastwirt und Ackermann) M: Caroline Charlotte, geb. Schloeper
P. 08.09. 15.09.	**Rinne,** Friedrich Christian August Kaufmann in Osterode, *17.10.1835 in Osterode) V: Friedrich Wilhelm (Kaufmann) M: Louise Albertine, geb. Kempf

Pfahlert, Friederike Charlotte Magdalene (in Harste, *30.12.1833 in Barterode)
V: Christoph Wilhelm (Tischler)
M: Marie Ernestine, geb. Brosenne
künftiger Wohnort: Barterode

Klages, Hanna Wilhelmine Christine (in der oberen Ausschnippemühle bei Barterode, *10.02.1840 in Sohlingen)
V: Heinrich (Müllermeister)
M: Friederike, geb. Sakel
künftiger Wohnort: Lütgenrode

Filthuth, Dorothee Louise Caroline (in Barterode, *23.09.1838 in Güntersen)
V: Ernst Filthuth (Ackermann in Güntersen)
M: Dorothee Basch, jetzt verehelichte Brosenne
künftiger Wohnort: Barterode

Riemenschneider, Caroline Ernestine Wilhelmine (in Barterode, *08.10.1836 in Barterode)
V: Georg Christoph (Ackermann)
M: Justine Magdalene, geb. Witthuhn
künftiger Wohnort: Lichtenborn

Horstmann, Catharina (in Groha, *13.10.1834 in Groha)
V: Berend (Häusling)
M: Meta, geb. Morisse
künftiger Wohnort: Groha

Schaefer, Melusine Friederike Charlotte (in Eberhausen, *19.03.1840 in Eberhausen)
V: Christian Friedrich (Handarbeiter)
M: Dorothee Charlotte, geb. Schlieper
künftiger Wohnort: Löwenhagen

Meyer, Hanna Dorothee Caroline Augustine (in Eberhausen, *28.02.1828 in Eberhausen)
V: Christian (Ackermann)
M: Charlotte, geb. Zierenberg
künftiger Wohnort: Eberhausen

Füllgrabe, Rosine Amalie Charlotte (in Barterode, *10.06.1840 in Barterode)
V: Johann Christian (Ackermann)
M: Sophie Rosine, geb. Wedemeyer
künftiger Wohnort: Osterode

22.10.
Güntersen

Thöne, Georg Heinrich Christian (Tagelöhner in Güntersen, *25.03.1829 in Güntersen)
V: Gustav Christian
M: Sophie Christine, geb. Heyne

Stange, Dorothea Christine Wilhelmine (in Güntersen, *11.01.1841 in Güntersen)
V: Heinrich (Tagelöhner)
M: Marie Sophie, geb. Schelp
künftiger Wohnort: Güntersen

10.11.
Güntersen

Jordan, Heinrich Friedrich Wilhelm (Ackermann in Eberhausen, *11.02.1840 in Eberhausen)
V: Christian Friedrich (Ackermann und Kirchenvorsteher)
M: Marie Louise, geb. Freter

Meyer, Dorothee Magdalene Louise (in Güntersen, *28.12.1839 in Güntersen)
V: Christoph Friedrich (Ackermann)
M: Elisabeth, geb. Grünewald
künftiger Wohnort: Eberhausen

24.11.
Güntersen

Schaefer, Georg Christian Ernst (Steinhauer in Güntersen, *30.10.1830 in Güntersen)
V: Christian (Tagelöhner)
M: Marie Justine, geb. Wapel

Sohnrey, Marie Dorothee Louise Caroline (in Güntersen, *09.09.1835 in Güntersen)
V: Justus (Tagelöhner)
M: Marie Justine, geb. Allrutz
künftiger Wohnort: Güntersen

24.11.
Güntersen

Franz, Friedrich Ludwig (Ackerknecht in Hilwartshausen, *08.12.1831 in Oberscheden)
V: Ernst Heinrich Christoph (Tagelöhner)
M: Sophie Wilhelmine, geb. Beuermann

Meyer, Marie Dorothee Louise Charlotte (in Güntersen, *25.02.1833 in Offensen)
V: Georg (Ackermann)
M: Charlotte, geb. Zierenberg
künftiger Wohnort: Oberscheden

08.12.
Güntersen

Güllenbeck, Heinrich Christian Carl (Schneidermeister in Güntersen, *07.02.1832 in Güntersen)
V: Johann Justus Wilhelm (Böttcher)
M: Marie de Amoral

Bauer, Dorothee Justine Louise Juliane (in Güntersen, *17.06.1834 in Imbsen)
V: Johann Georg Wilhelm Ludwig (Schuhmachermeister, Kirchen- und Schulvorstand)
M: Friederike Charlotte, geb. Arend
künftiger Wohnort: Güntersen

15.12.

Schlieper, Ernst Christoph Friedrich (Maurer in Barterode, *02.11.1828 in Barterode)
V: Christian Friedrich (Bauermeister)
M: Ernestine Eleonore Charlotte, geb. Riemenschneider

Schaefer, Dorothee Caroline Christiane (in Barterode, *31.08.1837 in Barterode)
V: Johann Friedrich (Tagelöhner)
M: Christine, geb. Schoppe
künftiger Wohnort: Barterode

1862

06.02.
Eberhsn.

Tolle, Ernst, Friedrich Conrad (Ackermann in Ossenfeld, *02.04.1829 in Ossenfeld)
V: Andreas Friedrich Ernst (Ackermann)
M: Marie Dorothee Caroline, geb. Wellhausen

Meyer, Dorothee Caroline Louise (in Eberhausen, *14.01.1835 in Eberhausen)
V: Christian (Ackermann)
M: Charlotte, geb. Zierenberg
künftiger Wohnort: Ossenfeld

18.02.	**Schmidt,** Georg Christian Friedrich Ludwig (Ackermann in Eberhausen, *15.11.1832 in Eberhausen) V: Friedrich (Ackermann) M: Charlotte, geb. Busch	**Nienstedt,** Caroline Wilhelmine Louise (in Barterode, *17.01.1836 in Barterode) V: Ernst (Gastwirt und Ackermann) M: Caroline Henriette, geb. Schaefer künftiger Wohnort: Eberhausen (Ein Einwand wurde vorgebracht, später aber wieder zurückgezogen)
P. 02.03. 09.03.	**Sohnrey,** Justus Wilhelm Ludwig (Brennknecht in Güntersen, *16.11.1836 in Güntersen) V: Heinrich (Ackermann) M: Dorothee, geb. Dörges	**Lüdecke,** Justine Rosine Charlotte (in Jühnde, *21.12.1835 in Jühnde) V: Georg Friedrich (Tagelöhner) M: Sophie Elisabeth, geb. Hagelstange künftiger Wohnort: Güntersen
23.03.	**Israel,** Johann Philipp Christian (*25.08.1821 in Barterode, Mühlenbauer in Barterode, Ww. der 1861 verst. Sophie Elisabeth, geb. Apel) V: Philipp (Mühlenbauer) M: Marie Dorothee, geb. Pfahlert	**Hesse,** Marie Justine Louise Christiane Caroline (in Barterode, *09.12.1819 in Barterode) V: Justus Wilhelm (Gastwirt) M: Marie Dorothee Wilhelmine, geb. Büermann („Im Kirchenbuch ist die Mutter als eine geb. Brosenne angegeben, die Tochter behauptet aber, daß ihre Mutter eine geborene Büermann und der rechte Ehemann ihrer Mutter ein Brosenne und sind also nur eine verwittwete Brosenne sei") künftiger Wohnort: Barterode
21.04. <small>Güntersen</small>	**Kauffold,** August (Tagelöhner in Wickenrode, *11.03.1837 in Wickenrode) V: Engelhardt (Schuhmacher) M: Anna Elisabeth, geb. Horn	**Meyer,** Marie Dorothee Louise (in Güntersen, *15.05.1835 in Güntersen) V: Georg Wilhelm (Ackermann) M: Charlotte, geb. Zierenberg künftiger Wohnort: Wickenrode
21.04. <small>Güntersen</small>	**Bäre,** Heinrich Friedrich Wilhelm (Ackermann in Güntersen, *15.02.1835 in Güntersen) V: Christoph (Ackermann) M: Henriette, geb. Tolle	**Busch,** Dorothee Magdalene Juliane (in Güntersen, *22.06.1841 in Güntersen) V: Heinrich (Ackermann) M: Dorothee, geb. Schaefer künftiger Wohnort: Güntersen
11.05. <small>Güntersen</small>	**Rode,** Friedrich Wilhelm (Bürger und Tabaksfabrikant in Münder, *29.06.1830 in Münder) V: Georg Wilhelm (Bürger und Bauer) M: Dorothee Caroline, geb. Sölcke	**Füllgrabe,** Caroline Magdalene Henriette Charlotte (in Barterode, *05.02.1838 in Barterode) V: Johann Christian (Ackermann) M: Sophie Rosine, geb. Wedemeier künftiger Wohnort: Münder
P. 18.05. 25.05.	**Klages,** Heinrich Ernst Wilhelm (Mühlenbesitzer zur oberen Auschnippe Mühle bei Barterode, *19.04.1833 in Sohlingen) V: Heinrich (Mühlenbesitzer) M: Friederike, geb. Sakel	**Wasmuth,** Marie Dorothee Rosine Caroline Juliane (in Ellershausen, *15.04.1828 in Ellershausen) V: Georg (Ackermann) M: Sophie Caroline, geb. Lösekrug künftiger Wohnort Barterode

05.06.	**Freter,** Georg Wilhelm (Ackermann in Eberhausen, *20.01.1813 in Eberhausen, Ww. der 1861 verst. Marie Dorothee Charlotte, geb. Stünkel) V: Georg Friedrich (Ackermann) M: Sophie Caroline, geb. Mesecke
12.06. Ossenfeld	**Hartmann,** Georg Wilhelm Ludwig (Weißbinder in Bühren, *06.07.1833 in Bühren) V: Bernhard (Tagelöhner) M: Magdalene, geb. Lösekrug
P. 09.07. 15.07.	**Hübener,** Johann Heinrich Gottfried August (Dienstknecht in Dransfeld, *22.12.1830 in Settmarshausen) V: Johann Ernst Christian (Ackermann) M: Marie Rosine Charlotte, geb. Gerelt
01.07.	**Kahle,** Christoph Friedrich (*27.01.1830 in Eddigehausen, Musikus in Bovenden, Ww. der 1861 verst. Wilhelmine Caroline, geb. Fessel) V: Martin (Schneidermeister) M: Regine, geb. Rhien
P. 06.07. 13.07.	**Mohr,** Ernst Adolf Robert (Gutspächter in Breselenz, *01.09.1833 in Klein Freden) V: Friedrich Wilhelm (Cantor) Henriette Wilhelmine, geb. Neukampf
P. 27.07.0 03.08.	**Storm,** auch **Sturm,** Christian Friedrich (Ackermann in Eberhausen, *23.08.1824 in Eberhausen, Ww. der 1861 verst. Friederike Caroline Louise Charlotte, geb. Meier) V: Christian Gottfried (Ackermann) M: Caroline, geb. Zierenberg
14.09. Güntersen	**Hartje,** Christian Friedrich (Handarbeiter in Güntersen, *21.11.1820 in Güntersen) V: Friedrich (Schneider) M: Charlotte, geb. Clages
05.10. Güntersen	**Banse,** Ernst Christian Wilhelm (Hammerschmied in Uslar, *04.11.1830 in Uslar) V: Heinrich (Fourier) M: Juliane, geb. Wachsmuth

Schmidt, Dorothee Louise Henriette (in Güntersen, *11.12.1836 in Güntersen)
V: Justus (Ackermann)
M: Dorothee, geb. Reuter
künftiger Wohnort: Eberhausen

Sauerland, Dorothee Caroline Friederike (in Ossenfeld, *02.10.1834 in Ossenfeld)
V: Wilhelm (Leineweber)
M: Henriette Catharine, geb. Appel
künftiger Wohnort: Bühren

Witthuhn, Caroline Charlotte Henriette (in Güntersen, *09.11.1839 in Güntersen)
V: Georg Friedrich (Tagelöhner)
M: Christine, geb. Sturm
künftiger Wohnort: Settmarshausen

Bäre, Dorothee Caroline Louise (in Barterode, *05.05.1839 in Barterode)
V: Wilhelm (Ackermann)
M: Louise, geb. Ohm
künftiger Wohnort: Bovenden

Zuckschwerdt, Agnes Mathilde Elise (in Naensen, *02.01.1840 in Naensen)
V: Gotthilf Adolf (Pastor)
M: Henriette Caroline, geb. Zuckschwerdt
künftiger Wohnort: Breselenz

Meier, geb. **Jacob,** Henriette Sophie Charlotte (*30.03.1823 in Erbsen, Wwe. des 1861 verst. Christian Wilhelm Carl Meier)
V: Johann Heinrich (Ackermann)
M: Justine Friederike, geb. Westermann
künftiger Wohnort: Erbsen

Rettberg, Henriette Sophie Christine (in Güntersen, *14.01.1820 in Wibbecke)
V: Johann Heinrich Christian (Tagelöhner)
M: Hanna Rosine, geb. Friedrich
künftiger Wohnort: Güntersen

Brandt, Dorothee Louise Magdalene (in Barterode, *22.11.1834 in Barterode)
V: Justus (Gastwirt)
M: Marie Sophie Christine, geb. Grube
künftiger Wohnort: Uslar

P.
28.09.
05.10.
Holst, Joachim Christian (Fabrikarbeiter in Altkloster, *01.03.1837 in Altkloster)
V: Heinrich Joachim Christoph (Einwohner)
M: Anna Engel, geb. Jobmann

Rappe, Caroline Wilhelmine (in Ossenfeld, *23.06.1836 in Ossenfeld)
V: Daniel (Tagelöhner)
M: Marie Ernestine Louise, geb. Stecken
künftiger Wohnort: Altkloster

02.11.
Borchert, August Friedrich Wilhelm (Leineweber in Barterode, *23.01.1838 in Barterode)
V: Friedrich (Handarbeiter)
M: Caroline, geb. Ebeling

Goebel, Johanne Sophie Magdalene (in Barterode, *29.04.1838 in Barterode)
V: Friedrich Wilhelm (Böttcher)
M: Marie Sophie Caroline, geb. Giebel
künftiger Wohnort: Barterode

16.11.
Deppe, genannt **Behrens**, Georg Friedrich (Handarbeiter in Güntersen, *20.11.1832 in Göttingen)
V: Heinrich Behrens (Maurergeselle zu Geismar geboren)
M: Sophie Deppe (unverehelicht)

Hartig, Rosine Wilhelmine Justine (in Güntersen, *31.07.1828 in Güntersen)
V: Wilhelm (Leineweber)
M: Marie Wilhelmine, geb. Riemenschneider
künftiger Wohnort: Güntersen

1863

05.02.
Korte, Heinrich Christoph (Maurer in Barterode, *21.12.1833 in Barterode)
V: Christoph (Maurer)
M: Marie Sophie Charlotte, geb. Paatz

Pfahlert, Ernestine Wilhelmine Charlotte (in Barterode, *07.07.1836 in Barterode)
V: Christoph Wilhelm (Tischler)
M: Marie Ernestine, geb. Brosenne
künftiger Wohnort: Barterode

P.
01.03.
08.03.
Vogt, Friedrich Wilhelm (*20.06.1825 in Bovenden, Ackermann in Bovenden, Ww. der 1861 verst. Marie Dorothee Louise, geb. Busch)
V: Friedrich Wilhelm (Ackermann)
M: Justine, geb. Peter

Brosenne, geb. **Busch**, Marie Dorothee Louise (*05.01.1818 in Güntersen, Wwe. des 1859 verst. Heinrich Wilhelm Brosenne (Ackermann in Barterode))
V: Christoph Busch (Ackermann)
M: Marie Christine, geb. Altmann
künftiger Wohnort: Bovenden

05.07.
Wiegand, Ernst Heinrich (Handarbeiter in Barterode, *14.12.1834 in Barterode)
V: Friedrich (Handarbeiter)
M: Dorothee, geb. Altmann

Hoffmann, Johanne Charlotte Louise (in Schlarpe, *29.11.1838 in Schlarpe)
V: Christian (Hirte)
M: Louise, geb. Güldenbeck
künftiger Wohnort: Barterode

26.07.
Güntersen
Meyer, August Heinrich Friedrich (Ackermann in Güntersen, *10.01.1831 in Güntersen)
V: Friedrich (Ackermann)
M: Louise, geb. Filthuth

Grimme, Dorothe Henriette Wilhelmine (in Güntersen, *15.04.1840 in Güntersen)
V: Georg (Tischlermeister)
M: Charlotte, geb. Queer
künftiger Wohnort: Güntersen

26.07.
Tolle, Heinrich Ernst August (Ackermann in Barterode, *01.12.1834 in Barterode)
V: Friederich (Ackermann)
M: Dorothee Caroline, geb. Filthuth

Leunig, Amalie Juliane Magdalene (in Barterode, *06.05.1840 in Barterode)
V: Christian Friedrich (Ackermann)
M: Ernestine, geb. Schomburg
künftiger Wohnort: Barterode

02.08. **Filthut,** auch **Filthuth,** Heinrich Christian (Ackermann in Güntersen, *08.07.1808 in Güntersen)
V: Georg (Ackermann)
M: Marie Sophie, geb. Mülder

Bick, Sophie Louise Charlotte (in Güntersen, *29.03.1839 in Güntersen)
V: Christian (Ackermann)
M: Sophie, geb. Weitemeyer
künftiger Wohnort: Güntersen

23.08. **Sturm,** auch **Storm,** Georg Christian Friedrich (Ackermann in Eberhausen, *25.01.1834 in Eberhausen)
V: Christian Gottfried (Ackermann und Kirchen-Vorsteher)
M: Caroline, geb. Zierenberg

Schuhmacher, Louise Friederike Johanne (in Eberhausen, *04.03.1844 in Eberhausen)
V: N.N.
M: Marie Caroline Charlotte Schuhmacher (unverehelicht)
künftiger Wohnort: Eberhausen

01.11. **Krücke,** August Friedrich Wilhelm (Schuhmacher in Varlosen, *01.04.1822 in Varlosen)
Güntersen
V: Heinrich Friedrich Wilhelm (Ackermann)
M: Sophie Catharine, geb. Günther

Fischer, geb. **Kühne,** Rosine Louise (*09.06.1826 in Hemeln, Wwe. des 1861 verst. Georg Heinrich Wilhelm Fischer (Schuhmacher in Güntersen)
V: Heinrich Friedrich (Zimmermeister)
M: Dorothee, geb. Oppermann
künftiger Wohnort: Güntersen

23.08. **Schaefer,** Ernst Heinrich Ludwig (Tischler in Güntersen, *27.12.1841 in Güntersen)
Güntersen
V: Ernst (Tischler)
M: Rosine, geb. Thiele

Harbarth, Wilhelmine Magdalene (in Güntersen, *21.06.1833 in Wibbecke)
V: Heinrich Johann (Ackermann)
M: Marie Sophie, geb. Schaper
künftiger Wohnort: Güntersen

04.10. **Holscher,** Heinrich Friedrich Wilhelm (Handarbeiter in Barterode, *19.06.1831 in Barterode)
V: Friedrich (Handarbeiter)
M: Dorothee, geb. Witthuhn

Goebel, Henriette Louise Friederike (in Barterode, *14.03.1841 in Barterode)
V: Friedrich Wilhelm (Böttcher)
M: Marie Sophie Caroline, geb. Giebel
künftiger Wohnort: Barterode

04.10. **Grote,** Georg Christoph Friedrich (Ackerknecht in Güntersen, *11.12.1833 in Güntersen)
Güntersen
V: Heinrich (Dielenschneider)
M: Charlotte, geb. Wienecke

Meyer, Wilhelmine Louise Henriette (in Güntersen, *15.02.1836 in Güntersen)
V: Justus (Handarbeiter)
M: Marie Justine, geb. Stange
künftiger Wohnort: Güntersen

27.11. **Breuker,** Christian Heinrich Carl (Handarbeiter in Eberhausen, *14.06.1837 in Eberhausen)
Eberhsn.
V: Wilhelm (Schweinehirt)
M: Rosine, geb. Schmidt

Nörtemann, Dorothee Caroline Henriette (in Eberhausen, *17.03.1837 in Eberhausen)
V: Friedrich (Handarbeiter)
M: Justine, geb. Bode
künftiger Wohnort: Eberhausen

1864

19.01. **Franke,** Heinrich Wilhelm (Tischler in Dankelshausen, *26.06.1836 in Dankelshausen)
Ossenfeld
V: Georg Friedrich (Förster)
M: Wilhelmine, geb. Schucht

Reckel, Josephine Ernestine Rosette Amalie (in Ossenfeld, *17.02.1845 in Ossenfeld)
V: Christian (Ackermann)
M: Sophie Caroline, geb. Sahlbach
künftiger Wohnort: Dankelshausen

14.02. **Brandt,** Ernst Heinrich Christian (Ackermann in Barterode, *17.09.1837 in Barterode)
V: Heinrich Christoph (Ackermann)
M: Caroline Charlotte, geb. Schodder

06.03. **Schaefer,** Heinrich Christian Friedrich (Steinhauer in Güntersen, *25.09.1834 in Güntersen)
Güntersen
V: Christian (Tagelöhner)
M: Marie Justine, geb. Wapel

28.03. **Klöppner,** Heinrich Ludwig (Ackerknecht in Barterode, *15.05.1834 in Grone)
V: Carl (Tagelöhner)
M: Justine Louise, geb. Rappe

31.03. **Schodder,** Heinrich Christian (Ackermann in Barterode, *05.02.1832 in Barterode)
V: Ernst (Leineweber)
M: Ernestine Charlotte, geb. Harm

08.05. **Thöne,** Georg Heinrich (Steinhauer in Güntersen, *18.08.1826 in Güntersen)
Güntersen
V: Gustav Christian
M: Sophie Christine geb. Heyne auch Heine

12.06. **Brandt,** Heinrich Wilhelm Ludwig (Ackermann in Barterode, *18.04.1840 in Barterode)
V: Johann Justus (Gastwirt)
M: Marie Sophie Christine, geb. Grube

12.07. **Niendorff,** Carl Ernst Ludwig (Glasermeister und Bürger in Sarstedt, *09.09.1836 in Stavenhagen, in Mecklenburg-Schwerin)
V: Christian (Schneidermeister)
M: Henriette, geb. Sköllin

24.07. **Grote,** Heinrich Christian Adolf (Ackerknecht in Güntersen, *22.01.1836 in Güntersen)
Güntersen
V: Heinrich (Dielenschneider)
M: Charlotte, geb. Wienecke

Filthuth, Ernestine, Caroline Henriette (in Barterode, *16.09.1835 in Barterode)
V: Georg Christian (Ackermann)
M: Dorothee Sophie, geb. Tolle
künftiger Wohnort: Barterode

Pfahlert, Dorothee Rosine Henriette (in Güntersen, *01.05.1841 in Güntersen)
V: Friedrich (Zimmermann)
M: Magdalene, geb. Witthuhn
künftiger Wohnort: Güntersen

Hake, Caroline Wilhelmine Charlotte (in Barterode, *28.08.1843 in Barterode)
V: Carl August (Leineweber)
M: Christine Wilhelmine Henriette, geb. Schlieper
künftiger Wohnort: Grone

Siebert, Elisabeth Charlotte (in Fürstenhagen, *22.02.1826 in Fürstenhagen)
V: Heinrich Christoph (Holzarbeiter)
M: Louise, geb. Liesing
künftiger Wohnort: Barterode

Grote, Marie Justine Louise (in Güntersen, *21.12.1838 in Güntersen)
V: Heinrich (Dielenschneider)
M: Charlotte, geb. Wienecke
künftiger Wohnort: Güntersen

Teuteberg, Dorothe Henriette Caroline (in Barterode, *16.05.1845 in Barterode)
V: Heinrich Justus (Ackermann)
M: Dorothee Wilhelmine Magdalene, geb. Leunig
künftiger Wohnort: Barterode

Meyer, Amalie Wilhelmine Dorothee (in Barterode, *19.09.1840 in Offensen)
V: Heinrich (Müller)
M: Caroline, geb. Hesse
künftiger Wohnort: Sarstedt

Ostwald, Hanna Caroline Friederike Wilhelmine (in Güntersen, *30.10.1842 in Parensen)
V: Heinrich Justus (Leineweber)
M: Christine Caroline, geb. Ropeter
künftiger Wohnort: Güntersen

P.
17.07.
24.07.
Schmidt, Heinrich Wilhelm Adolf (Ackermann in Fürstenhagen, *05.07.1838 in Eberhausen)
V: Friedrich (Ackermann)
M: Charlotte, geb. Busch

Meier, Dorothee Justine Albertine (in Fürstenhagen, *01.09.1845 in Fürstenhagen
V: Heinrich Justus (Ackermann)
M: Caroline, geb. Rohr
künftiger Wohnort: Fürstenhagen

P.
28.08.
04.09.
Meyer, Georg Friedrich Wilhelm August (Schneidermeister und Bürger in Verden, *13.05.1834 in Offensen)
V: Heinrich (Müller)
M: Caroline, geb. Hesse

Tobeck, geb. **Möriken.** Catharina Maria Charlotte (*19.08.1828 in Braunschweig, Wwe. des 1863 zu Verden verst. Carl Friedrich Wilhelm Diedrich Sobeck (Schneidermeister in Verden)
V: Jacob Möriken
M: Rosine, geb. Valentin
künftiger Wohnort: Verden

P.
04.09.
11.09.
Jungbluth, Ernst Christian Heinrich (Leineweber in Barterode, *12.03.1825 in Barterode)
V: Gustav Heinrich
M: Charlotte, geb. Appel

Schlieper, Caroline Louise (in Göttingen, *27.11.1827 in Barterode)
V: Georg (Musikus)
M: Friderike, geb. Windwehe
künftiger Wohnort: Barterode

P.
02.10.
09.10.
Filthuth, Christian Ludwig (Ackermann in Güntersen, *23.03.1826 in Güntersen)
V: Ernst Heinrich (Ackermann)
M: Engel Rosine, geb. Müller

Mündemann, geb. **Ebert,** Dorothee Wilhelmine Charlotte (*21.04.1831 in Löwenhagen, Wwe. des verst. Friedrich Mündermann (Ackermann in Löwenhagen)
V: Georg Wilhelm Ebert
M: Marie Rosine Juliane, geb. Tewes
künftiger Wohnort: Löwenhagen

06.11.
Wellhausen, Heinrich Friedrich Ludwig (Ackermann in Lödingsen, *18.11.1836 in Lödingsen)
V: Heinrich (Ackermann)
M: Caroline, geb. Helmbrecht

Schmidt, Ernestine Caroline Charlotte (in Barterode, *18.12.1840 in Barterode)
V: Ernst (Ackermann)
M: Juliane, geb. Helmbrecht
(Anmerkung: die Brautleute sind miteinander verwandt)
künftiger Wohnort: Lödingsen

P.
04.12.
11.12.
Tolle, Georg Friedrich Wilhelm (Schneider in Barterode, *11.02.1840 in Barterode)
V: Christoph (Hirt)
M: Caroline Charlotte, geb. Rümenapp

Kück, Anna (in Borchshöhe, *06.10.1838 in Borchshöhe)
V: Dierk (Anbauer)
M: Beta, geb. Lankenau
künftiger Wohnort: Borchshöhe

1865

12.02.
Otte, Ernst Carl (Böttcher in Schoningen, *17.06.1837 in Schoningen)
V: Georg (Böttcher)
M: Juliane, geb. Fischer

Kiene, Rosine Justine Friederike Louise (in Barterode, *15.12.1841 in Niedernjesa)
V: Heinrich (Schmied)
M: Sophie, geb. Bielefeld
künftiger Wohnort: Schoningen

P.
05.02.
12.02.
Tolle, Heinrich Ernst August
(*01.12.1837 in Barterode, Ackermann
in Barterode, Ww. der 1864 verst.
Amalie Juliane Magdalene, geb.
Leunig)
V: Friedrich (Ackermann)
M: Dorothee Caroline, geb. Filthuth

Beurmann, Dorothee Louise Magdalene (in
Dankelshausen, *09.04.1840 in
Dankelshausen)
V: Heinrich Christoph (Ackermann)
M: Marie Caroline, geb. Potthast
künftiger Wohnort: Barterode

26.02.
Güntersen
Hentze, Heinrich Christian Friedrich
(Maurer in Güntersen, *05.03.1839 in
Barterode)
V: Ernst (Maurer und Weißbinder)
M: Louise, geb. Höfert

Allrutz, Johanne Dorothea Wilhelmine (in
Güntersen, *22.07.1842 in Güntersen)
V: Heinrich (Ackermann)
M: Louise, geb. Schreiber
künftiger Wohnort: Güntersen

02.03.
Strube, Ernst Heinrich Ludwig
(Ackermann in Barterode, *08.11.1836
in Barterode)
V: Christian Wilhelm (Ackermann)
M: Louise Caroline, geb. Potthast

Fusch, Caroline Ernestine Dorothea (in
Barterode, *31.10.1847 in Barterode)
V: Heinrich Carl (Leineweber)
M: Amalie, geb. Knüppel
künftiger Wohnort: Barterode

19.03.
Sauerland, Heinrich Christian Friedrich
(Leineweber in Barterode, *21.07.1842
in Barterode)
V: Ernst Heinrich (Tagelöhner)
M: Christine Wilhelmine Elisabeth, geb.
Bruns

Döring, Auguste Charlotte Amalie (in
Barterode, *30.06.1837 in Barterode)
V: Georg (Tagelöhner)
M: Caroline, geb. Wilhelm
künftiger Wohnort: Barterode

23.04.
Frees, Heinrich Friedrich Wilhelm
(Schneider in Barterode, *23.07.1829 in
Barterode)
V: Heinrich (Leineweber)
M: Marie Hedewig, geb. Ebeling

Büte, geb. **Kramer**, Hanna Marie Juliane,
geb. Kramer (Wwe. des 1864 verst. Ernst
Christian Friedrich Büte (Tagelöhner in
Barterode))
V: Anton Kramer (Tagelöhner)
M: Charlotte, geb. Denecke
künftiger Wohnort: Barterode

20.04.
Eberhsn.
Meyer, Christian Heinrich Wilhelm
Georg Friedrich (Ackermann in
Eberhausen, *22.11.1826 in
Eberhausen)
V: Christian (Ackermann)
M: Charlotte, geb. Zierenberg

Schaefer, Dorothea Louise Friederike (in
Eberhausen, *04.10.1837 in Eberhausen)
V: Friedrich (Ackermann)
M: Dorothea, geb. Schlieper
künftiger Wohnort: Eberhausen

27.04.
Eberhsn.
Grünewald, Friedrich Ludwig
(Ackermann in Dransfeld, *23.04.1832
in Dransfeld)
V: Wilhelm (Ackermann)
M: Louise, geb. Meyer

Meyer, Caroline Albertine Wilhelmine (in
Eberhausen, *10.04.1839 in Eberhausen)
V: Christian (Ackermann)
M: Charlotte, geb. Zierenberg
künftiger Wohnort: Dransfeld

11.06.
Güntersen
Förstemann, Georg Friedrich Heinrich
(*18.02.1821 in Güntersen, Leineweber
in Güntersen, Ww. der 1865 verst.
Hanna Christine Wilhelmine, geb. Hille)
V: Heinrich Ludwig (Leineweber)
M: Marie Dorothea, geb. Wellhausen

Thöne, Dorothea Justine Henriette (in
Güntersen, *10.10.1833 in Güntersen)
V: Gustav Christian
M: Sophie, geb. Heyner
künftiger Wohnort: Güntersen

P. 18.06 25.06.	**Sohnrey,** Georg Friedrich Wilhelm Ludwig (Ackermann in Barterode, *08.03.1835 in Knutbühren) V: Johann Ernst Friedrich Georg Wilhelm (Leibzüchter) M: Dorothea Wilhelmine, geb. Pape	**Hampe,** Marie Louise Caroline Dorette, (in Parensen, *08.05.1841 in Parensen) V: Johann Heinrich (Ackermann) M: Christine Henriette, geb. von Roden künftiger Wohnort: Parensen
25.06.	**Neise,** auch **Neuse,** August Christian Wilhelm (Handarbeiter in Barterode, *07.02.1840 in Barterode) V: Heinrich Christoph (Tischler) M: Charlotte, geb. Hesse	**Keller,** Friederike Ernestine Sophie (in Barterode, *29.11.1839 in Schlarpe) V: Johann Heinrich (Köthner) M: Sophie Elisabeth, geb. Plenge künftiger Wohnort: Barterode
P. 02.07. 09.07.	**Schlieper,** Christoph Friedrich August (Schuhmacher in Grohn, *06.02.1835 in Barterode) V: Christian Friedrich (Ackermann) M: Dorothea Charlotte, geb. Riemenschneider	**Grote,** Mella Tobeta (in Grohn, *02.01.1839 in Grohn) V: Heinrich (Zimmermann) M: Mella Tabeta, geb. Scheldon künftiger Wohnort: Grohn
23.07.	**Döring,** Ernst Georg August (Tagelöhner in Barterode, *24.03.1841 in Barterode) V: Georg Friedrich (Tagelöhner) M: Johanne Caroline, geb. Wilhelm	**Schaper,** Hanna Christine Caroline (in Barterode, * 19.07.1843 in Offensen) V: Wilhelm (Ackermann) M: Dorothee, geb. Brosenne künftiger Wohnort: Barterode
20.08. Güntersen	**Schaefer,** Georg Heinrich Friedrich (Ackerknecht in Barterode, *30.10.1836 in Barterode) V: Georg (Ackermann) M: Caroline, geb. Otte	**Wille,** Johanne Wilhelmine Helene (in Güntersen, *12.10.1840 in Güntersen) V: Christian (Tagelöhner) M: Wilhelmine, geb. Meyer künftiger Wohnort: Güntersen
20.08. Eberhsn.	**Meyer,** Heinrich Friedrich Wilhelm (Ackermann in Eberhausen, *09.01.1831 in Eberhausen) V: Christian (Ackermann) M: Charlotte, geb. Zierenberg	**Tiepel,** Conradine Caroline Charlotte (in Fürstenhagen, *16.12.1841 in Fürstenhagen) V: Georg (Georg) M: Dorothee, geb. Vollmer künftiger Wohnort: Eberhausen
30.08.	**Haberland,** Carl Heinrich Wilhelm Reinhard (Amts-Gerichts-Assessor in Weener, *15.04.1934 in Adelebsen) V: Johann Georg Carl (Dr. juris) M. Dorothee Charlotte Wilhelmine Friederike, geb. Nöhden	**Kreitz,** Marie Louise Charlotte Dorothea (in Barterode, *21.02.1838 in Adelebsen) V: Franz (Gutserntemeister) M: Friederike, geb. Bunnemann künftiger Wohnort: Weener
P. 19.11. 26.11.	**Deppe,** genannt **Behrens,** Georg Friedrich (Handarbeiter in Güntersen. *20.11.1832 in Göttingen, Ww. der 1863 verst. Rosine Wilhelmine Justine, geb. Hartig) V: Heinrich Behrens (Maurergesell zu Geismar) M: Sophie Deppe (unverehelicht)	**Ritter,** Dorothea Friederike Louise (in Löwenhagen, *10.08.1835 in Löwenhagen) V: Johann Georg Friedrich (Leineweber) M: Sophie Rosine Charlotte, geb. Grabeeker künftiger Wohnort: Löwenhagen

P.
26.11.
03.12.
Bäre, Georg Friedrich August
(Ackerknecht in Güntersen,
*03.03.1836 in Güntersen)
V: Christoph (Ackermann)
M: Henriette, geb. Tolle

Wulf, Marie Sophie Melusine Charlotte (in
Lödingsen, *30.10.1842 in Lödingsen)
V: Heinrich (Ackermann)
M: Charlotte, geb. Schnake
künftiger Wohnort: Güntersen

P.
03.12.
10.12.
Geese, Carl Friedrich August Christian
(Rademacher in Barterode, *11.11.1834
im Amelungsborn)
V: Carl Heinrich Christian (Gärtner)
M: Johanne Justine Wilhelmine
Henriette, geb. Sieghahn

Dreyer, geb. **Winter,** Wilhelmine Dorette
Elisabeth (*19.06.1831 in Wibbecke, Wwe.
des vor 6 Jahren verst. Heinrich Dreyer
(Ackermann zu Wachenhausen)
V: Wilhelm Winter (Ackermann)
M: Caroline, geb. Korten
künftiger Wohnort: Wachenhausen

P.
10.12.
17.12.
Vogt, Georg (Kutscher in Kassel,
*25.12.1834 in Felsberg in Kurhessen)
V: Heinrich (Ackermann)
M: Marie Catharine, geb. Griesel

Westermann, genannt **Busch,** Marie
Dorothea Louise (in Güntersen, *20.01.1844
in Güntersen)
V: August Busch (Ackerknecht in Güntersen)
M: Louise Westermann (jetzt in Dransfeld
verehelichte Ludewig)
künftiger Wohnort: Felsberg

26.12.
Stange, Georg Justus Wilhelm
(Handarbeiter in Güntersen,
*05.05.1838 in Güntersen)
V: Heinrich Christian (Arbeitsmann)
M: Marie Sophie, geb. Schelp

Romey, Dorothea Louise Charlotte (in
Barterode, *10.04.1837 in Barterode)
V: Heiner (Schuhmacher)
M: Wilhelmine, geb. Beinhorn
künftiger Wohnort: Güntersen

1866

P.
07.01.
14.01.
Hesse, Carl Wilhelm (Ackermann in
Barterode, *31.12.1834 in Barterode)
V: August (Ackermann)
M: Christine, geb. Mesecke

Klinge, Johanne Friederike Wilhelmine (in
Offensen, *21.11.1836 in Offensen)
V: Wilhelm (Ackermann)
M: Dorothea, geb. Zierenberg
künftiger Wohnort: Barterode

25.01.
Eberhsn.
Pfahlert, Wilhelm August (*15.11.1828
in Barterode, Zimmermann in
Barterode, Ww. der 1864 verst. Johanne
Sophie Elisabeth, geb. Hofmeister)
V: Christoph (Zimmermeister)
M: Marie Charlotte, geb. Sturm

Breuker, Louise Wilhelmine Charlotte (in
Eberhausen, *06.09.1834 in Eberhausen)
V: Wilhelm (Schneidermeister)
M: Rosine, geb. Schmidt
künftiger Wohnort: Barterode

28.01.
Güntersen
Schaefer, Adolf (Schuhmacher in
Güntersen, *31.07.1833 in Güntersen)
V: Georg (Schuhmacher)
M: Louise, geb. Jeep

Meyer, Charlotte Caroline Henriette (in
Güntersen, *12.05.1849 in Güntersen)
V: Johann Justus Heinrich (Handarbeiter)
M: Justine Marie, geb. Stange
künftiger Wohnort: Güntersen

28.01.
Krumsieck, Heinrich Friedrich
Wilhelm (Handarbeiter in Eberhausen,
*06.08.1839 in Eberhausen)
V: Friedrich (Ackermann)
M: Dorothea, geb. Zierenberg

Korte, Ernestine Henriette (in Barterode,
*16.01.1839 in Barterode)
V: Christiane (Handarbeiter)
M: Sophie Caroline, geb. Ackerhannes
künftiger Wohnort: Eberhausen

18.01. Güntersen	**Fischer,** Heinrich Wilhelm Ludwig (Handarbeiter in Güntersen, *29.09.1832 in Güntersen) V: Justus Christian (Leineweber) M: Louise, geb. Meyer	**Schaefer,** Caroline Louise Magdalene (in Güntersen, *18.01.1843 in Güntersen) V: August (Schuhmacher) M: Marie Dorothee Henriette, geb. Helmbrecht künftiger Wohnort: Güntersen
18.03. Eberhsn.	**Goedecke,** Georg Heinrich Christian (Tischler in Eberhausen, *11.04.1839 in Eberhausen) V: Heinrich (Ackermann) M: Melusine, geb. Gebert	**Tolle,** Caroline Louise Charlotte (in Eberhausen, *11.01.1843 in Eberhausen) V: Heinrich (Ackermann) M: Johanne Sophie Caroline, geb. Ilck künftiger Wohnort: Eberhausen
15.04.	**Pfahlert,** Georg Heinrich Wilhelm (Leineweber in Barterode, *13.05.1840 in Barterode) V: Georg (Tagelöhner) M: Marie Dorothee Ernestine, geb. Nörtemann	**Schlieper,** Dorothee Charlotte Magdalene (in Barterode, *23.02.1840 in Barterode) V: Christian Friedrich (Bauermeister) M: Dorothee Charlotte, geb. Riemenschneider künftiger Wohnort: Barterode
26.04.	**Flebbe,** August Ferdinand Christian (Bildhauer in Sarstedt, *08.12.1834 in Sarstedt) V: Friedrich (Ackerbürger) M: Dorothee, geb. Schwaneke	**Fildhuth,** Justine Albertine Henriette Louise (in Barterode, *13.03.1839 in Barterode) V: Christian (Ackermann) M: Albertine, geb. Nörtemann künftiger Wohnort: Sarstedt
22.04.	**Schaefer,** Heinrich Christian Fridrich (Tagelöhner in Barterode, *10.02.1840 in Barterode) V: Johann Friedrich (Tagelöhner) M: Christine, geb. Schoppe	**Mesecke,** Rosine Albertone Dorette (in Eberhausen, *23.12.1841 in Eberhausen) V: Georg (Holzhauer) M: Caroline, geb. Grünewald künftiger Wohnort: Barterode
P. 22.04. 29.04.	**Neumann,** Christoph Ludwig (Tagelöhner in Güntersen, *22.01.1824 in Güntersen) V: Friedrich (Tagelöhner) M: Caroline, geb. Gehrke	**Broll,** Marie Elisabeth (in Kirchbauna in Kurhessen, *09.12.1815 in Kirchbauna in Kurhessen) V: Johann Heinrich (Tagelöhner) M: Martha Elisabeth, geb. Niessel künftiger Wohnort: Güntersen
P. 10.06. 17.06.	**Schwedhelm,** Ernst Justus Ludwig (Zimmermann in Ossenfeld, *10.02.1841 in Ossenfeld) V: Heinrich Friedrich August (Zimmermann) M: Caroline, geb. Beinhorn	**Mechmershausen,** Dorothee Juliane Louise Sophie Charlotte Caroline (in Ellershausen, *20.04.1841 in Ellershausen) V: Heinrich Christoph (Schafmeister) M: Marie Louise, geb. Gerke künftiger Wohnort: Ossenfeld
26.08. Güntersen	**Stange,** Georg Heinrich (Handarbeiter in Güntersen, *14.11.1835 in Güntersen) V: Heinrich (Handarbeiter) M: Marie Sophie, geb. Schelp	**Grimme,** Louise Elise Friederike (in Güntersen, *24.05.1841 in Güntersen) V: Wilhelm (Zimmermann) M: Christine, geb. Kellner künftiger Wohnort: Güntersen

16.09. Güntersen	**Schmidt,** Heinrich Christian (Tischler in Güntersen, *29.03.1839 in Güntersen) V: Justus Schmidt (Ackermann) M: Dorothee, geb. Reuter

Queer, Dorothee Charlotte Auguste (in Güntersen, *10.06.1841 in Güntersen)
V: Georg (Leineweber)
M: Magdalene, geb. Tolle
künftiger Wohnort: Güntersen

09.10. **Drücke,** Heinrich Justus Ludwig (Garde-Cürassier in Barterode, *10.03.1839 Volkmarshausen)
V: Heinrich Ludwig (Ackermann)
M: Sophie Eleonore Friederike, geb. Gerke

Hesse, Ernestine Caroline (in Barterode, *12.07.1843 in Barterode)
V: August (Ackermann)
M: Christine, geb. Mesecke
künftiger Wohnort: Barterode

14.10. **Schmidt,** Heinrich Christian Wilhelm (Handarbeiter in Barterode, *29.03.1840 in Barterode)
V: Wilhelm (Handarbeiter)
M: Marie Christine Caroline, geb. Wiegand

Ronzier, Sophie Caroline Amalie (in Dahlenrode, *06.03.1842 in Dahlenrode)
V: Friedrich (Ackermann)
M: Elisabeth, geb. Luze
künftiger Wohnort: Barterode

23.10. Ossenfeld	**Brüggemann,** Georg Friedrich August (Mühlenmeister in Bühren, *11.02.1837 in Bühren) V: Christoph Heinrich (Müller) M: Ernestine Regine Magdalene, geb. Hartig

Ahlborn, Marie Caroline Albertine Magdalene (in Ossenfeld, *26.10.1840 in Ossenfeld)
V: Christian (Ackermann)
M: Marie Dorothee, geb. Schimmler
künftiger Wohnort: Bühren

01.11. **Leunig,** Heinrich Friedrich August (Ackermann in Barterode, *29.06.1842 in Barterode)
V: Christian Friedrich (Ackermann)
M: Ernestine, geb. Schomburg

Ebbecke, Caroline Dorothee Emilie (von der mittleren Auschnippe-Mühle bei Barterode, *30.09.1847 in der mittleren Auschnippe-Mühle bei Barterode)
V: August Friedrich Ernst Ludwig (Mühlenmeister)
M: Ernestine, geb. Grefing
künftiger Wohnort: Barterode

11.11. **Schaefer,** Johann Christoph Christian August (Handarbeiter in Barterode, *25.12.1838 in Barterode)
V: Georg (Ackermann)
M: Dorothee Sophie Caroline, geb. Otte

Vogt, Wilhelmine Christine Charlotte (in Barterode, *23.11.1839 in Barterode)
V: Ernst (Leineweber)
M: Dorothee Sophie Wilhelmine, geb. Knüppel
künftiger Wohnort: Barterode

P.
18.11.
25.11. **Gottsmann,** Ernst August Heinrich (Ackermann in Barterode, *27.04.1939 in Barterode)
V: Georg Christian (Ackermann)
M: Marie Christine, geb. Reineck

Glasewald, Louise Charlotte (in Fürstenhagen, *25.12.1840 in Fürstenhagen)
V: Friedrich (Ackermann)
M: Charlotte, geb. Hildebrand
künftiger Wohnort: Barterode

P.
25.11.
02.12. **Grünewald,** Christian Friedrich Wilhelm (Handarbeiter in Eberhausen, *29.11.1832 in Eberhausen)
V: Georg (Mäkler)
M: Caroline, geb. Gehrke

Kramer, Hanne Christine Caroline (in Verliehausen, *03.03.1829 in Verliehausen)
V: Anton (Handarbeiter)
M: Charlotte, geb. Deucke
künftiger Wohnort: Eberhausen

26.12.	**Mohrhoff,** Heinrich Justus (Leineweber in Barterode, *02.03.1840 in Barterode) V: Heinrich (Leineweber) M: Wilhelmine, geb. Schmidt	**Gottsmann,** Caroline Charlotte Christine (in Barterode, *12.02.1837 in Barterode) V: Georg Christian (Ackermann) M: Marie Christine, geb. Rinck künftiger Wohnort: Barterode

1867

20.01.	**Goebel,** Johann Christoph Friedrich Wilhelm (Zimmermann in Barterode, *07.08.1834 in Barterode) V: Friedrich Wilhelm (Böttcher) M: Marie Sophie Caroline, geb. Giebel	**Buermann,** auch **Beuermann,** Rosine Caroline (in Barterode, *26.09.1838 in Barterode) V: Friedrich Daniel (Musikus) M: Dorothee Louise, geb. Schrappe künftiger Wohnort: Barterode
03.02.	**Friedrichs,** Ernst Friedrich Wilhelm (Leineweber in Esebeck, *01.08.1832 in Esebeck) V: Johann Heinrich Christian (Tagelöhner) M: Ernestine Wilhelmine Henriette, geb. Rackebrandt	**Beinhorn,** genannt **Wellhausen,** Marie Christine Caroline (in Barterode, *26.10.1831 in Ossenfeld) V: Ernst Wellhausen (Krüger in Barterode) M: Wilhelmine Beinhorn (unverehelicht, jetzt verehelichte Romey) künftiger Wohnort: Esebeck
P. 24.02. 03.03.	**Frees,** Carl Ernst Wilhelm (Ackermann in Barterode, *05.12.1841 in Barterode) V: Friedrich Wilhelm (Ackermann) M: Marie Sophie Christine, geb. Busemann	**Klinge,** Sophie Caroline Friederike (in Offensen, *07.05.1838 in Offensen) V: Wilhelm (Ackermann) M: Dorothee, geb. Zierenberg künftiger Wohnort: Barterode
P. 24.02. 03.03.	**Rappe,** Heinrich Friedrich Victor (Handarbeiter in Ossenfeld, *06.01.1826 in Ossenfeld) V: Daniel Andreas (Handarbeiter) M: Marie Ernestine Louise, geb. Stecken	**Voigt,** Dorothee Elisabeth (in Hebenshausen, *14.08.1839 in Hebenshausen) V: Andreas Wilhelm (Handarbeiter) M: Elisabeth, geb. Wienesen künftiger Wohnort: Ossenfeld
31.03. Güntersen	**Dörges,** Heinrich Friedrich Christian (Ackermann in Eberhausen, *30.03.1838 in Eberhausen) V: Friedrich Wilhelm (Ackermann) M: Magdalene Charlotte, geb. Schlieper	**Schaefer,** Henriette Louise, genannt Sophie (in Güntersen, *21.12.1844 in Güntersen) V: Christian Friedrich Ludwig (Ackermann) M: Johanne Friederike Wilhelmine Caroline Henriette, geb. von Rhoden künftiger Wohnort: Güntersen
31.03. Güntersen	**Koch,** Heinrich Friedrich Ludwig (*19.02.1831 in Bühren, Bergmann in Dransfeld, Ww. der 1866 verst. Dorothee Rosine, geb. Tolle) V: Friedrich (Zimmergeselle und Totengräber) V: Sophie Rosine, geb. Brüggemann	**Gehrke,** Dorothee Magdalene Elise (in Güntersen, *02.09.1832 in Güntersen) V: Georg (Tagelöhner) M: Christine, geb. Westermann künftiger Wohnort: Dransfeld

22.04.
Güntersen

Ahlborn, August Friedrich Ferdinand (Ackermann in Ossenfeld, *28.01.1835 in Ossenfeld)
V: Heinrich Christian Daniel (Ackermann)
M: Marie Dorothee, geb. Schimmler

Busch, Dorothee Friederike Louise (in Güntersen, *21.08.1838 in Güntersen)
V: Heinrich (Ackermann)
M: Dorothee, geb. Schaefer
künftiger Wohnort: Ossenfeld

P.
14.04.
21.04.

Thiele, genannt **Sebo**, Heinrich Wilhelm Ludwig (*20.07.1828 in Ellershausen, Bahnwärter in Ellershausen, Ww. der 1866 verst. Marie Louise, geb. Bode)
V: N.N.
M: Hanne Wilhelmine Thiele (unverehelicht)

Müller, Marie Friederike Christine Charlotte (in Güntersen, *21.01.1840 in Adelebsen)
V: Johann Heinrich August (Tagelöhner)
M: Friederike, geb. Koch
künftiger Wohnort: Ellershausen

28.04.

Finsel, Johann Christian Ludwig (Ackerknecht in der unteren Auschnippe-Mühle bei Barterode, *24.10.1832 in Eberhausen)
V: Conrad (Ackermann)
M: Friederike, geb. Finsel

Schlieper, Dorothee Charlotte Caroline Magdalene (in Barterode, *30.12.1834 in Barterode)
V: Wilhelm (Ackermann)
M: Johanne Dorothee Friederike. geb. Hampe
künftiger Wohnort: Eberhausen

05.05.

Sauerland, genannt **Stutz**, Heinrich Wilhelm (Ackerknecht in Barterode, *21.03.1833 in Göttingen)
V: N.N. Strutz (Feldhüter in Güntersen)
M: Caroline Sauerland (unverehelicht)

Dumhauer, genannt **Becker**, Hanna Christine Dorothee (in Barterode, 09.09.1833 in Lichtenborn)
V: Wilhelm Becker (Handarbeiter zu Wibbecke)
M: Charlotte Dumhauer (unverehelicht, jetzt verehelichte Leßner

12.05.

Nordmann, Friedrich Carl August (Ackerknecht in Barterode, *22.01.1836 in Barterode)
V: Hans Heinrich (Tagelöhner)
M: Marie Charlotte, geb. Gottsmann

Wellhausen, Caroline Henriette Friederike Amalie (in Barterode, *23.02.1846 in Löwenhagen)
V: Wilhelm (Ackerknecht)
M: Sophie, geb. Brosenne
künftiger Wohnort: Barterode

21.05.

Brandt, Ernst August Christian (Ackermann in Barterode, *19.09.1844 in Barterode)
V: Justus Wilhelm (Ackermann)
M: Ernestine Charlotte, geb. Vogt

Bäre, Johanne Caroline Dorothee Louise (in Barterode, *05.05.1844 in Barterode)
V: Wilhelm (Ackermann)
M: Louise, geb. Ohm
künftiger Wohnort: Barterode

10.06.
Güntersen

Müller, Justus Friedrich Heinrich (Maurer in Güntersen, *09.09.1837 in Güntersen)
V: Georg (Tagelöhner)
M: Wilhelmine, geb. Scholle

Ernst, Sophie Magdalene Charlotte (in Adelebsen, *10.09.1843 in Adelebsen)
V: Friedrich (Tagelöhner)
M: Charlotte, geb. Hartmann
künftiger Wohnort: Güntersen

P.
26.05.
02.06.
Riemenschneider, genannt **Dräger,**
Heinrich Ludwig (Ackerknecht in
Güntersen, *24.09.1835 in Güntersen)
V: Christian (Ackermann)
M: Sophie Christine, geb. Dörges

Güllenbeck, Hanne Caroline Sophie
Charlotte (in Schlarpe, *24.02.1839 in
Lichtenborn)
V: Christian (Ackermann)
M: Caroline, geb. Busch
künftiger Wohnort: Güntersen

23.06.
Eberhsn.
Filthuth, Heinrich Ernst Justus
(Dienstknecht in Güntersen,
*03.08.1838 in Güntersen)
V: Ludwig (Schuhmacher)
M: Dorothee Henriette, geb. Helwig

Ilch, Sophie Rosine Henriette (in Eberhausen,
*28.05.1835 in Eberhausen)
V: Carl (Tagelöhner)
M: Magdalene, geb. Dolle
künftiger Wohnort: Güntersen

P.
21.07.
28.07.
Trebing, Heinrich Christoph
(Ackerknecht in Wibbecke dienend und
wohnberechtigt, *13.06.1837 in
Hermannrode)
V: Johann Christian (Ackerknecht)
M: Elisabeth, geb. Ahrend

Ilse, Marie Louise (in Mollenfelde,
*15.10.1841 in Mollenfelde)
V: Heinrich (Tagelöhner)
M: Marie, geb. Teichler
künftiger Wohnort: Hermannrode

25.08.
Spangenberg, Georg Heinrich Ludwig
Carl (Ackermann in Klein Wiershausen,
*29.10.1845 in Klein Wiershausen)
V: Georg Friedrich Wilhelm
(Ackermann)
M: Dorothee Charlotte Christiane, geb.
Vogt

Brandt, Dorothee Henriette Charlotte
Caroline (in Barterode, *26.06.1845 in
Barterode)
V: Justus Wilhelm (Ackermann)
M: Ernestine Christiane Charlotte, geb. Vogt
künftiger Wohnort: Klein Wiershausen

01.09.
Fredershausen, Gustav Wilhelm
Friedrich (Drellmacher in Barterode,
*25.12.1834 in Barterode)
V: Christian Ludwig (Drellmacher)
M: Justine Magdalene, geb. Wachsmuth

Hentze, Louise Charlotte Lisette (in
Barterode, *19.08.1842 in Barterode)
V: Friedrich (Forstaufseher)
M: Amalie Friederike, geb. Hachfeld
künftiger Wohnort: Barterode

10.10.
Riemenschneider, Ernst Wilhelm
Christian (Ackermann in Barterode,
*05.11.1840 in Barterode)
V: Christophe (Ackermann)
M: Justine Magdalene, geb. Witthuhn

Filthuth, Christiane Magdalene Charlotte) in
Barterode, *23.08.1841 in Barterode)
V: Georg Christian (Ackermann)
M: Dorothee Sophie, geb. Tolle
künftiger Wohnort: Barterode

24.09.
Ossenfeld
Ludewig, Heinrich Friedrich
(*04.02.1823 in Dransfeld,
Schneidermeister in Dransfeld, Ww. der
1864 verst. Dorothee Rosine Charlotte,
geb. Klippel)
V: Justus Wilhelm (Schneidermeister)
M: Dorothee Rosine, geb. Ströver

Oberdiek, Dorothee Wilhelmine (in
Ossenfeld, *17.11.1824 in Holtensen)
V: Christian Friedrich (Ackermann)
M: Christine Louie Charlotte, geb. Windel
künftiger Wohnort: Dransfeld

P.
27.10.
03.11.
Rüngeling, Heinrich Ludwig
(Rademacher in Oberscheden.
*12.01.1839 in Oberscheden)
V: Carl Ludwig (Rademacher)
M: Louise, geb. Sauer

Schimmler, Dorothee Caroline Rosette (in
Ossenfeld, *09.06.1842 in Ossenfeld)
V: Otto Wilhelm (Ackermann)
M: Marie Sophie geb. Thormann
künftiger Wohnort: Oberscheden

P.
17.11.
24.11.
Güntersen

Meyer, Heinrich Ludwig August (Schmied in Bollensen, *28.02.1843 in Güntersen)
V: Ludwig (Ackermann)
M: Caroline, geb. Dörger

Rien, Sophie Charlotte (in Trögen, *21.05.1842 in Trögen)
V: Heinrich Christian Ludwig (Vollköthner)
M: Dorothee Christine, geb. Kassau (in Trögen)
künftiger Wohnort: Bollensen

1868

07.01.
Eberhsn.
(steht unter 1867)

Grote, Christian Friedrich (*19.01.1804 in Fürstenhagen, Schuhmacher in Eberhausen, Ww. der 1860 verst. Johanne Dorothee Eleonore, geb. Freise)
V: Jobst Heinrich (Schuhmacher)
M: Sophie Juliane, geb. Jordan

Nölke, Hanne Dorothee Sophie Charlotte (in Eberhausen, *10.05.1822 in Eberhausen)
V: Friedrich (Ackermann)
M: Caroline, geb. Zierenberg
künftiger Wohnort: Eberhausen

P.
05.01.
12.01.

Schaefer, Heinrich Christian Friedrich (*02.09.1834 in Güntersen, Steinhauer in Güntersen, Ww. der 1867 verst. Dorothee Rosine Henriette, geb. Pfahlert)
V: Christian (Tagelöhner)
M: Marie Justine, geb. Wapel

Mußmann, Hanna Louise Charlotte (in Adelebsen, *19.03.1842 in Adelebsen)
V: Ernst (Tagelöhner)
M: Hanne, geb. Fischer
künftiger Wohnort: Adelebsen

19.01.
Güntersen

Grimme, Georg Heirnrich Friedrich (Zimmermann in Güntersen, *26.12.1843 in Güntersen)
V: Wilhelm (Zimmermann)
M: Christine, geb. Kellner

Meyer, Dorothee Wilhelmine Melusine (in Güntersen, *08.12.1844 in Güntersen)
V: Ludwig (Ackermann)
M: Caroline, geb. Dörger
künftiger Wohnort: Güntersen

02.02.

Tolle, Georg Christoph Friedrich (Ackermann in Barterode, *08.11.1833 in Ossenfeld)
V: Andreas Friedrich (Ackermann)
M: Sophie Caroline, geb. Wellhausen

Witthuhn, Auguste Wilhelmine Henriette (in Barterode, *31.07.1845 in Barterode)
V: Heinrich (Tagelöhner)
M: Christine, geb. Witthuhn
künftiger Wohnort: Barterode

21.05.
Güntersen

Rettberg, Carl Friedrich Justus (*19.12.1823 in Wibbecke, Tagelöhner in Wibbecke, Ww. der 1864 verst. Hanne Charlotte Friederike, geb. Gördes)
V: Johann Heinrich Christian
M: Hanne Rosine, geb. Friedrich

Hillebrecht, Louise Marie Elisabeth (in Güntersen, *01.09.1826 in Güntersen)
V: Heinrich Ludwig (Tagelöhner)
M: Dorothee Charlotte, geb. Heyne
künftiger Wohnort: Wibbecke

P.
15.03.
22.03.

Zierenberg, Heinrich Christian Friedrich August (Schäferknecht in Veckerhagen, *18.08.1821 in Güntersen)
V: Friedrich (Tagelöhner)
M: Elisabeth, geb. Fürchtenicht

Paul, Christiane (in Veckerhagen, *18.03.1833 in Veckerhagen)
V: Johann Christoph (Tagelöhner)
M: Marie Elisabeth, geb. Hauck
künftiger Wohnort: Veckerhagen

22.03. **Böger,** Heinrich Ludwig (Ackerknecht in Barterode, *15.09.1841 in Lenglern)
V: Heinrich Christoph Friedrich (Zimmergesell)
M: Sophie Dorothee Justine, geb. Diefholz

Mohrhoff, Charlotte Dorette Rosette (in Barterode, *23.10.1845 in Barterode)
V: Heinrich (Leineweber)
M: Wilhelmine, geb. Schmidt
künftiger Wohnort: Lenglern

24.03.
Ossenfeld **Schaefer,** Gustav Carl Christian (Tischlermeister in Adelebsen, *08.01.1843 in Barterode)
V: Georg (Ackermann)
M: Dorothee Sophie Caroline, geb. Otte

Sauerland, Wilhelmine Caroline Louise, genannt Auguste (in Ossenfeld, *12.06.1849 in Ossenfeld)
V: Ludwig (Gastwirt)
M: Wilhelmine, geb. Fülling
künftiger Wohnort: Adelebsen

26.04.
Güntersen **Grote,** Christoph Justus Heinrich (Ackerknecht in Güntersen, *13.08.1838 in Güntersen)
V: Friedrich (Tagelöhner)
M: Caroline, geb. Wellhausen

Dunker, Caroline Charlotte (in Güntersen, *03.02.1834 in Barterode)
V: Jacob Ilse (Arbeitsmann zu Unterscheden im Hessischen)
M: Marie Sophie Dorothee Caroline Dunker
künftiger Wohnort: Güntersen

17.05. **Voelker,** Heinrich Friedrich Wilhelm (Ackermann in Arenborn, *19.01.1841 in Arenborn)
V: Johannes (Schneider)
M: Sophie Dorothee Justine, geb. Elges

Brandt, Dorothee Henriette Magdalene (in Barterode, *16.01.1840 in Barterode)
V: Heinrich Christoph (Ackermann)
M: Caroline Charlotte, geb. Schodder
künftiger Wohnort: Arenborn

31.05. **Teuteberg,** Georg Friedrich Wilhelm (Holzhändler in Wibbecke, *30.09.1836 in Güntersen)
V: Wilhelm (Ackermann)
Friederike, geb. Grote (nachmalige Ehefrau)

Koch, genannt, **Eberlein,** Louise Rosine Henriette (in Güntersen, *08.10.1839 in Güntersen)
V: Carl Eberlein (Garde du corps aus Lödingsen)
M: Dorothee Koch (in Güntersen)
künftiger Wohnort: Wibbecke

P.
17.08.
34.05. **Fängewisch,** Conrad Friedrich Julius (Tagelöhner in Meppen bei Altenhundem)
V: Georg Heinrich Friedrich (Tagelöhner)
M: Dorothee Friederike, geb. Beckmann

Riemenschneider, Wilhelmine Caroline Henriette (in Güntersen, *05.05.1838 in Güntersen)
V: Georg Heinrich Wilhelm (Tagelöhner)
M: Henriette, geb. Müller
künftiger Wohnort: Meppen bei Altenhundem

01.06.
Güntersen **Nörtemann,** Johann Friedrich Ernst (Ackerknecht in Güntersen, *23.07.1833 in Barterode)
V: Johann Friedrich Ernst (Ackermann)
M: Sophie Christine Magdalene, geb. Witthuhn

Ilck, Dorothee Rosine Justine (in Güntersen, *14.08.1839 in Eberhausen)
V: Carl (Tagelöhner)
M: Magdalene, geb. Dolle
künftiger Wohnort: Wibbecke

02.06.
Eberhsn. **Breuker,** Christian Friedrich Ludwig (Tagelöhner in Eberhausen, *01.07.1847 in Eberhausen)
V: Wilhelm (Schweinehirt)
M: Rosine, geb. Schmidt

Zierenberg, Dorothee Louise Magdalene (in Eberhausen, *18.02.1846 in Eberhausen)
V: Friedrich (Schäfer)
M: Magdalene, geb. Schlieper
künftiger Wohnort: Eberhausen

08.06.
Eberhsn.
Graf, Carl Wilhelm (Unteroffizier und Hilfs-Hauswart im 7ten Westpfählischen Infanterie Regimente Nummer 56. in Göttingen, *05.09.1843 in Georgswalde in Böhmen)
V: Carl Wilhelm (Schauspieler)
M: Mathilde, geb. Adler

Thiele, Caroline Johanne Sophie (in der Papier-Mühle bei Eberhausen, *29.01.1849 in der Papier-Mühle bei Eberhausen)
V: Johann Heinrich Wilhelm (Papiermeister)
M: Henriette Christiane Augustine Louise, geb. Lovis
künftiger Wohnort: Göttingen

12.07.
Güntersen
Riemenschneider, Ernst Christoph Gustav (Ackermann in Barterode, *29.04.1845 in Barterode)
V: Christoph (Ackermann)
M: Justine Wilhelmine, geb. Witthuhn

Busch, Dorothee Wilhelmine Caroline (in Güntersen, *24.12.1848 in Güntersen)
V: Christian Friedrich (Ackermann)
M: Dorothee Rosine, geb. Busch
künftiger Wohnort: Güntersen

25.08.
Hartmann, Johann Heinrich Friedrich (Mahlmüller in Hebenshausen, *15.06.1833 in Alten-Gandersheim)
V: Johann Friedrich (Mahlmüller)
M: Elisabeth, geb. Oelze

Meyer, Christiane Therese Julia Caroline Elise (in Barterode, *24.07.1844 in Offensen)
V: Conrad Heinrich Friedrich August (Mahlmüller)
M: Caroline, geb. Hesse
künftiger Wohnort: Hebenshausen

P.
30.08.
06.09.
Goetz, Hermann Gustav (Organist zu Winterthur in der Schweiz, *07.12.1840 in Königsberg)
V: Friedrich Leopold (Particüliar)
M: Marieanne Louise, geb. Storch

Wirth, Laura Maria Sophie Margarethe (in Winterthur in der Schweiz, *20.06.1845 in der unteren Mühle bei Barterode)
V: Heinrich Samuel (Kunst- und Handels-Gärtner)
M: Emilie, geb. Jäggli
künftiger Wohnort: Winterthur in der Schweiz

22.10.
Ossenfeld
Sohnrey, Georg Heinrich Christoph Wilhelm (Handarbeiter in Ossenfeld, *10.11.1842 in Knutbühren)
V: Johann Heinrich Ludwig (Schneider)
M: Marie Georgine Wilhelmine, geb. Eikenberg

Kelterborn, Christine Charlotte Rosette (in Ossenfeld, *13.11.1836 in Ossenfeld)
V: Georg Friedrich (Handarbeiter)
M: Marie Christin, geb. Beinhorn
künftiger Wohnort: Ossenfeld

15.11.
Güntersen
Wellhausen, Friedrich Ernst August (Ackermann in Lödingsen, *17.04.1839 in Lödingsen)
V: Heinrich (Ackermann)
M: Caroline, geb. Helmbrecht

Witthuhn, Magdalene Dorothee Louise (in Güntersen, *16.01.1845 in Güntersen)
V: Justus (Ackermann)
M: Magdalene, geb. Busch
künftiger Wohnort: Lödingsen

P.
13.12.
20.12.
Knuth, Heinrich Friedrich Wilhelm (Ackerknecht in Imbsen, *25.12.1837 in Mollenfelde)
V: Christoph Ludwig (Handarbeiter)
M: Louise, geb. Wolf

Schönefeld, Marie Louise Christiane (in Güntersen, *15.04.1837 in Imbsen)
V: Georg Heinrich (Handarbeiter)
M: Sophie Charlotte, geb. Küster
künftiger Wohnort: Imbsen

27.12.
Müller, August Friedrich Ludwig (Ackerknecht in Imbsen, *13.03.1843 in Güntersen)
V: Johann Georg Ludwig (Handarbeiter)
M: Wilhelmine, geb. Scholle

Wiegand, Dorothee Christiane Caroline (in Barterode, *17.02.1840 in Barterode)
V: Friedrich (Handarbeiter)
M: Dorothee, geb. Altmann
künftiger Wohnort: Imbsen

27.12. Ossenfeld	**Schweethelm,** Christian Heinrich Carl (Zimmergesell in Ossenfeld, *08.05.1845 in Ossenfeld) V: Heinrich (Zimmermann) M: Caroline, geb. Beinhorn	**Nörtemann,** Charlotte Caroline Louise (in Ossenfeld, *22.07.1843 in Eberhausen) V: Friedrich (Handarbeiter) M: Justine, geb. Bode künftiger Wohnort: Ossenfeld
P. 27.12. 03.01. 1869	**Warnecke,** Georg Wilhelm August (Ackerknecht in Barterode, *28.02.1842 in Settmarshausen) V: Carl (Hirt) M: Dorothee, geb. Jaep	**Wapel,** Johanne Melusine Dorothee (in Imbsen, *25.05.1841 in Güntersen) V: Christian Friedrich (Handarbeiter) M: Caroline, geb. Tolle künftiger Wohnort: Settmarshausen

1869

01.01. Eberhsn. *steht unter 1868*	**Döring,** Ernst Justus Friedrich (Handarbeiter in Eberhausen, *23.02.1837 in Barterode) V: Wilhelm (Handarbeiter) M: Friederike, geb. Herrmann	**Diefholz,** Dorothee Wilhelmine Henriette (in Eberhausen, *08.12.1825 in Lödingsen) V: Heinrich Wilhelm (Handarbeiter) M: Sophie Henriette, geb. Rettberg künftiger Wohnort: Eberhausen
P. 03.01. 10.01.	**Schodder,** Christian Justus Friedrich (Weißbinder in Elliehausen, *08.05.1841 in Elliehausen) V: Johann Heinrich Christoph (Handarbeiter) M: Justine Louise Friederike, geb. Rühling	**Wedekind,** Friederike Wilhelmine Louise Marianne (in Barterode, *04.08.1843 in Dahlenrode) V: Friedrich (Handarbeiter) M: Elisabeth, geb. Becker künftiger Wohnort: Elliehausen
24.01.	**Henkel,** Heinrich Christian Ludwig (Dienstknecht in Güntersen, *03.04.1842 in Adelebsen) V: Heinrich Friedrich (Dienstknecht) V: Dorothee, geb. Jahn	**Hartmann,** genannt **Engel,** Dorothee Louise Amalie (zu Güntersen, *18.05.1841 in Güntersen) V: Heinrich Ludwig Engel (Ackerknecht in Varlosen) M: Louise Hartmann (unverehelicht) künftiger Wohnort: Güntersen
P. 24.01. 31.01.	**Riemenschneider,** Georg Christian Wilhelm (Schriftsetzer in Meerane Königreich Sachsen, *04.11.1841 in Barterode) V: Christian (Schuhmacher) M: Wilhelmine, geb. Franke	**Prater,** Anna Marie (in Meerane im Königreich Sachsen, *23.08.1846 in Meerane im Königreich Sachsen) V: Carl Friedrich (Bürger und Handelsgeschäftsinhaber) M: Christiane Friederike, geb. Binder künftiger Wohnort: Meerane
29.03.	**Goebel,** Heinrich Friderich August (Zimmermann in Barterode, *10.10.1831 in Barterode) V: Friedrich Wilhelm (Böttcher) M: Marie Sophie Caroline, geb. Giebel	**Ebeling,** genannt **Borchert,** Ernestine Caroline Charlotte (in Barterode, *18.10.1835 in Barterode) V: Friedrich Borchert (Handarbeiter in Barterode) M: Caroline Ebeling (unverehelicht in Barterode) künftiger Wohnort: Barterode

P.
11.04.
18.04.
Grote, Heinrich Christian (Dienstknecht in Imbsen, *26.08.1841 in Güntersen)
V: Friedrich (Sägeschneider)
M: Caroline, geb. Wellhausen

Körber, Sophie Augustine Friederike (in Harste, *06.02.1848 in Harste)
V: Heinrich Christian (Tagelöhner)
M: Christine Charlotte, geb. Teipel
künftiger Wohnort: Imbsen

P.
11.08.
18.08.
Scholle, Heinrich Christian Friedrich (Kuhhirt in Güntersen, *26.11.1840 in Güntersen)
V: Georg (Schneider)
M: Dorothee, geb. Vaupel

Bauer, Dorothee Charlotte (in Imbsen, *27.08.1844 in Imbsen)
V: Georg Wilhelm (Schuhmacher)
M: Charlotte, geb. Arend
künftiger Wohnort: Güntersen

06.05.
Güntersen
Grimme, Heinrich Ernst August (Ackermann in Güntersen, *04.07.1845 in Güntersen)
V: Heinrich Friedrich Ludwig (Bauermeister)
M: Henriette Louise, geb. Schaefer

Kesten, Ida Caroline Wilhelmine Dorothee Ernestine (in Güntersen, *13.10.1849 in Güntersen)
V: Heinrich (Schullehrer)
M: Wilhelmine, geb. Grefing
künftiger Wohnort: Güntersen

P.
06.06.
13.06.
Hoffmeister, Carl Friedrich Ludwig Heinrich (Schmiedemeister in Barterode, *13.11.1835 in Niedernjesa)
V: Heinrich (Handarbeiter)
Sophie Wilhelmine, geb. Schlote

Schlue, Henriette Wilhelmine Louise (in Klein- Rhüden, *20.09.1845 in Klein-Rhüden)
V: Johann Philipp Ludwig (Zimmermann)
M: Johanne Sophie Friederike, geb. Müller
künftiger Wohnort: Barterode

08.08.
Brandfaß, Christoph Friedrich Cornelius Christian (Leineweber in Heisebeck, *09.01.1844 in Heisebeck)
V: Johann Christoph Wilhelm (Leineweber)
M: Caroline Louise Dorothee, geb. Hadtheff

Riemenschneider, Louise Christiane Charlotte (in Barterode, *25.06.1843 in Barterode)
V: Georg (Leineweber)
M: Marie Justine, geb. Zierenberg
künftiger Wohnort: Heisebeck

29.08.
Güntersen
Busch, Georg Heinrich Justus (Ackermann in Güntersen, *28.08.1835 in Güntersen)
V: Heinrich (Ackermann)
M: Dorothee, geb. Schaefer

Witthuhn, Marie Dorothee Louise (in Güntersen)
V: Justus (Ackermann)
M: Magdalene, geb. Busch
künftiger Wohnort: Güntersen
(die Brautleute sind miteinander verwandt...)

09.09.
Schaper, Georg Friedrich Wilhelm (Ackermann in Offensen, *19.02.1844 in Offensen)
V: Georg Wilhelm (Ackermann)
M: Caroline, geb. Regente

Bäre, Caroline Henriette (in Barterode, *03.01.1842 in Barterode)
V: Wilhelm (Ackermann)
M: Louise, geb. Ohm
künftiger Wohnort: Offensen

26.09.
Breckerbaum, Ernst August Heinrich (Ackermann in Barterode, *28.04.1847 in Barterode)
V: Johann Christian Friedrich August (Maurer)
M: Marie Dorothee Amalie, geb. Witthuhn

Ahlborn, Charlotte Henriette Ernestine Dorette (in Barterode, *23.06.1850 in Barterode)
V: Johann Heinrich (Drellmacher)
M: Ernestine Henriette, geb. Witthuhn
künftiger Wohnort: Barterode

26.10.
Eberhsn.

Kerl, Heinrich Ernst (Ackermann in Eberhausen, *27.08.1834 in Offensen)
V: Christian (Tagelöhner)
M: Charlotte, geb. Haaphoff

Zierenberg, geb. **Freter**, Magdalene Louise Charlotte (*25.09.1840 in Eberhausen, Wwe. des 1864 verst. Georg Friedrich Carl Zierenberg (Ackermann in Eberhausen)
V: Christian Freter (Ackermann)
M: Louise, geb. Stünkel
künftiger Wohnort: Eberhausen

17.10.
Güntersen

Grube, Johann Heinrich Ernst (Arbeitsmann in Hannover, *09.11.1841 in Wibbecke)
V: Johann Friedrich (Ackerknecht)
M: Henriette, geb. Klinge (spätere Ehefrau)

Runge, Caroline Wilhelmine (in Hannover, *17.09.1845 in Güntersen)
V: Georg Runge (Mühlenmeister aus Veckerhagen, Ww.)
M: Dorothee Filthuth (unverehelicht)
V künftiger Wohnort: Hannover

04.11.
Eberhsn.

Dörges, Johann Christian Friedrich Ernst (Ackermann in Eberhausen, *07.11.1846 in Eberhausen)
V: Friedrich Wilhelm (Ackermann)
M: Rosine Magdalene Charlotte, geb. Schlieper

Meyer, Dorothee Caroline Charlotte (in Eberhausen, *08.01.1842 in Eberhausen)
V: Christian (Ackermann)
M: Charlotte, geb. Zierenberg
künftiger Wohnort: Eberhausen

19.12.
Eberhsn.

Kapelle, Georg August Heinrich Friedrich (Jäger in Eberhausen, *20.11.1844 in Lichtenhagen)
V: August (Unterförster)
M: Dorothee, geb. Angermann

Wolter, Wilhelmine Justine Charlotte (in Eberhausen, *22.07.1849 in Eberhausen)
V: Christoph (Ackermann)
M: Christine Philippine, geb. Robrecht
künftiger Wohnort: Eberhausen

P.
19.12.
26.12.

Rühling, Georg Heinrich Justus (Rademacher in Güntersen, *14.07.1839 in Güntersen)
V: Georg Friedrich (Leineweber)
M: Dorothee, geb. Queer

Beuermann, Dorothee Magdalene Melusine (in Güntersen, *08.05.1844 in güntersen)
V: Justus Wilhelm (Ackermann)
M: Marie Justine, geb. Schaefer
künftiger Wohnort: Güntersen

P.
19.12.
26.12.

Stange, Georg Justus Wilhelm (*05.05.1838 in Güntersen, Steinhauer in Güntersen, Ww. der 1869 verst. Dorothee Louise Charlotte, geb. Romey)
V: Heinrich Christian (Tagelöhner)
M: Sophie, geb. Schelp

Laspe, Dorothee Louise Caroline (in Offensen, *20.03.1849 in Offensen)
V: Heinrich (Schneider)
M: Caroline, geb. Ilse
künftiger Wohnort: Güntersen

1870

11.01.

Zierenberg, Justus Friedrich Wilhelm (*23.10.1829 in Eberhausen, Ackermann in Eberhausen, Ww. der 1868 verst. Ernestine Dorothee Charlotte, geb. Teuteberg)
V: Christian (Ackermann)
M: Caroline, geb. Meyer

Schaefer, Rosine Wilhelmine Caroline (in der unteren Mühle bei Barterode, *28.03.1845 in der unteren Mühle bei Barterode)
V: Heinrich Ernst Christian (Müllermeister)
M: Caroline Amalie, geb. Hesse
künftiger Wohnort: Eberhausen

22.02. Eberhsn.	**Leßner,** Friedrich Wilhelm (*07.11.1816 in Offensen, Dielenschneider in Offensen, Ww. der1860 verst. Christine Louise, geb. Kuhlmann und der 1869 verst. Marie Christine Louise, geb. Helwig) V: Christian Ludwig (Ackermann) M: Charlotte, geb. Soest	**Breuker,** Dorothee Rosine Justine Charlotte (in Eberhausen, *25.10.1828 in Eberhausen) V: Georg (Tagelöhner) M: Caroline Charlotte, geb. Weddig künftiger Wohnort: Eberhausen
20.03.	**Müller,** Heinrich Ludwig Christoph (Musikus in Güntersen, *30.08.1828 in Güntersen) V: Ernst (Handarbeiter) M: Louise, geb. Westermann	**Pfahlert,** geb. **Schlieper,** Dorothee Charlotte Magdalene (*23.02.1840 in Barterode, Wwe. des 1866 verst. Georg Heinrich Wilhelm Pfahlert (Leineweber in Barterode) V: Christian Friedrich Schlieper (Bauermeister) M: Dorothee Charlotte, geb. Riemenschneider künftiger Wohnort: Barterode
07.04.	**Jeep,** August Friedrich (Ackermann in Knutbühren, *21.08.1832 in Knutbühren) V: Johann Justus (Ackermann) M: Sophie Wilhelmine, geb. Herwig	**Brandt,** geb. **Filthuth,** Ernestine Caroline Henriette (*16.09.1835 in Barterode, Wwe. des 1868 verst. Ernst Heinrich Christian Brandt in Barterode) V: Georg Christian Filthuth (Ackermann) M: Dorothee Sophie, geb. Tolle künftiger Wohnort: Barterode
P. 03.04. 10.04.	**Giesecke,** Ernst Heinrich August (Lehrer in Ballenhausen, *22.02.1841 in Equord) V: Dietrich (Lehrer) M: Sophie, geb. Böcker	**Holle,** Elise Christiane Amalie Bertha (in Göttingen, *27.07.1843 in Weende) V: Carl Wilhelm Conrad (Kaufmann) M: Bertha, geb. Pietsch künftiger Wohnort: Ballenhausen
P. 10.04. 18.04.	**Rorig,** Heinrich Ernst Friedrich (Schäfer in Güntersen, *29.04.1842 in Gladebeck) V: Johann Heinrich Christian (Schäfer) M: Dorothee Caroline Wilhelmine, geb. Wigand	**Rohrbach,** geb. **Sebexen,** Sophie Christine Louise (*02.10.1836 in Hettensen, Wwe. des 1869 verst. Heinrich Rohrbach (Schuster in Gladebeck) V: Heinrich (Häusling) M: Magdalene, geb. Denecke künftiger Wohnort: Gladebeck
01.05.	**Wellhausen,** Carl Heinrich Friedrich Ludwig (Weißbinder in Barterode, *21.08.1843 in Adelebsen) V: Wilhelm (Ackerknecht) M: Sophie, geb. Brosenne	**Kraatz,** Dorothee Magdalene Rosine Berthina (in Barterode, *24.10.1849 in Barterode) V: August (Tagelöhner) M: Henriette, geb. Pfahlert künftiger Wohnort: Barterode
P. 08.05. 15.05.	**Mesecke,** Heinrich Friedrich Wilhelm (*03.02.1825 in Güntersen, Brennknecht in Güntersen, Ww. der 1869 verst. Christine Rosine Henriette, geb. Kellner) V: Christian Friedrich (Handarbeiter) M: Marie Charlotte, geb. Jeep	**Teuteberg,** Dorothee Wilhelmine Albertine Henriette (in Wibbecke, *10.11.1835 in Wibbecke) V: Johann Heinrich Ernst (Ackermann) M: Christine Magdalene Elisabeth, geb. Teuteberg künftiger Wohnort: Güntersen

P. **Fürchtenicht,** Heinrich Friedrich
12.06. Wilhelm (Dienstknecht in Eberhausen,
19.06. *05.05.1846 in Wollbrechtshausen)
V: Johann Heinrich (Schuhmacher)
M: Hanne Marie Dorothee Caroline,
geb. Hinze

Nörtemann, Dorothee Ernestine Henriette
(Dienstmagd in Eberhausen, *30.03.1846 in
Lödingsen)
V: August (Leineweber)
M: Hanne, geb. Wolkenhauer
künftiger Wohnort: Güntersen

P. **Meyer,** Franz Friedrich Christian
10.07. (Schullehrer in Ossenfeld, *22.06.1846
17.07. in Northeim)
V: Christian (Chausseegeld-Erheber)
M: Eleonore, geb. Tigges

Lockte, Caroline Wilhelmine Christine (in
Levedagsen, *07.08.1847 in Levedagsen)
V: Conrad (Köthner)
M: Caroline, geb. Meier
künftiger Wohnort: Ossenfeld

1871

29.01. **Gans,** Ernst August Ludwig Heinrich
Christoph (Ackerknecht in
Mielenhausen, *21.12.1849 in
Barterode)
V: Ernst Friedrich Ludwig Wilhelm
(Schneider)
M: Dorothee Magdalene Caroline
Henriette, geb. Fündling

Meier, Rosine Christine Charlotte (in Bühren,
Dienstmagd in Mielenhausen, *10.02.1845 in
Bühren)
V: N.N.
M: Juliane Meier (unverehelicht)

27.07. **Nienstedt,** auch **Nienstaedt,** Ernst
Heinrich Christian (*04.10.1831 in
Barterode, Ackermann und Gastwirt in
Barterode, Ww. der 1870 verst. Sophie
Christine Wilhelmine Louise, geb.
Henze)
V: Ernst (Ackermann und Gastwirt)
M: Caroline Henriette, geb. Schaefer

Filthuth, Caroline Louise Rosine (in
Barterode, *13.03.1848 in Barterode)
V: Christian (Ackermann)
M: Albertine, geb. Nörtemann
künftiger Wohnort: Barterode

08.08. **Gerke,** Georg Heinrich Friedrich
Eberhsn. Wilhelm Ludwig (Ackermann in
Ellershausen, *06.02.1842 in
Ellershausen, Ww. der 1870 verst.
Wilhelmine Dorothee Charlotte Juliane,
geb. Mechmershausen)
V: Friedrich Wilhelm (Ackermann)
M: Marie Dorothee Charlotte, geb.
Hasselmann

Finsel, genannt **Rinke,** Dorothee Elise
Juliane (in Eberhausen, *23.11.1846 in
Eberhausen)
V: Heinrich Rinke (Ackermann in Bühren)
M: Marie Justine Catharine Juliane
(unverehelicht, jetzt verehelichte Mesecke)
künftiger Wohnort: Ellershausen

17.08. **Filthuth,** Ernst Friedrich Carl
(Ackermann in Barterode, *14.08.1845
in Barterode)
V: Christian (Ackermann)
M: Albertine, geb. Nörtemann

Teuteberg, Johanne Henriette Louise (in
Barterode, *19.10.1850 in Barterode)
V: Heinrich Justus (Ackermann)
M: Sophie Louise Caroline Charlotte, geb.
Ahlbrecht
künftiger Wohnort: Barterode

15.10. **Schaper,** Friedrich Christian August (Ackermann in Barterode, *28.02.1842 in Offensen)
V: Justus (Leineweber)
M: Christine, geb. Nolte

Heise, geb. **Klemme,** Hanne Wilhelmine Caroline (*11.11.1832 in Verliehausen, Wwe. des 1869 verst. Georg Heinrich Heise (Ackermann in Barterode)
V: Heinrich Klemme (Schuhmacher)
M: Louise, geb. Nolte
künftiger Wohnort: Barterode

19.11. **Pflüger,** Heinrich August Friedrich Carl
Ossenfeld (Eisenbahnwärter in Ossenfeld, *03.03.1843 in Münden)
V: Heinrich Wilhelm Ernst (Schuhmacher)
M: Dorothee Christine Eleonore, geb. Bauer

Behr, Charlotte Friederike Caroline (in Münden, *11.11.1844 in Grone)
V: Gustav Heinrich
M: Friederike, geb. Hildebrand
künftiger Wohnort: Ossenfeld

26.11. **Hille,** Georg Friedrich Ludwig (Dienstknecht in Barterode, *06.01.1838 in Gladebeck)
V: Georg (Leineweber und Schlächter)
M: Caroline, geb. Gehrke

Pfahlert, Caroline Wilhelmine Emilie (in Barterode, *28.07.1840 in Barterode)
V: Christoph Wilhelm (Tischler)
M: Ernestine, geb. Brosenne
künftiger Wohnort: Barterode

26.11. **Schaefer,** Georg Friedrich Heinrich
Güntersen (*15.02.1845 in Güntersen, Ackermann in Güntersen, Ww.)
V: Georg (Ackermann)
M: Henriette, geb. Buermann

Grimme, Juliane Wilhelmine Henriette (in Güntersen, *02.08.1848 in Güntersen)
V: Ludwig (Bauermeister und Ackermann)
M: Louise, geb. Schaefer
künftiger Wohnort: Güntersen

P. **Bäre,** Heinrich Christoph Wilhelm
19.11. (Omnibusfahrer in Bremen,
26.11. *15.10.1843 in Güntersen)
V: Georg Friedrich (Ackermann)
M: Friederike, geb. Lesemann

Meyerdierks, Dorothee Catharine Elisabeth (in Lilienthal, *12.07.1832 in Lilienthal)
V: Heinrich (Köthner und Glaser)
M: Margarethe, geb. Röderburg
künftiger Wohnort: Lilienthal

14.12. **Fiege,** Carl Heinrich August
Eberhsn. (Ackermann in Oedelsheim, *13.12.1837 in Odelsheim)
V: Johann Justus (Tischlermeister)
M: Christiane Charlotte, geb. Wessel

Schumacher, geb. **Goedecke,** Christine Rosine Magdalene (*19.03.1837 in Eberhausen, Wwe. des 1870 verst. Johann Wilhelm Schumacher (Leineweber in Eberhausen))
V: Heinrich Goedecke (Ackermann)
M: Rosine, geb. Gebert
künftiger Wohnort: Oedelsheim

26.12. **Pfahlert,** Georg Heinrich Ernst (Schuhmacher in Barterode, *21.12.1843 in Barterode)
V: Georg Heinrich (Handarbeiter)
M: Marie Dorothee Ernestine, geb. Nörtemann

Seeger, Christine Louise Caroline Amalie Lotte (in Barterode, *25.11.1852 in Barterode)
V: Heinrich (Ackermann)
M: Dorothee, geb. Tolle

1872

P. 11.02. 18.02.	**Brandt,** Heinrich Christian Ludwig (Schuhmacher in Barterode, *09.07.1845 in Barterode) V: Johann Justus (Gastwirt) M: Marie Sophie Christiane, geb. Grube	**Wenzel,** Friederike Wilhelmine Christine (in Uslar, *12.08.1850 in Delliehausen) V: Wilhelm Heinrich (Schuhmachermeister) M: Johanne Friederike Charlotte, geb. Tohler künftiger Wohnort: Uslar
P. 01.04. 07.04.	**Alrutz,** Johann Heinrich Friedrich (*27.07.1825 in Hetjershausen, Ackermann in Hetjershausen, Ww. der 1869 verst. Johanne Friederike Christine, geb. Hartmann) V: Johann Friedrich (Ackermann) Regine Catharine Louise, geb. Grube	**Breckerbaum,** geb. **Frees,** Wilhelmine Henriette (*06.03.1835 in Barterode, Wwe. des 1867 verst. Johann Christian Friedrich August Breckerbaum (Maurer in Barterode) V: Friedrich Wilhelm Frees (Ackermann) M: Marie Sophie, geb. Busemann künftiger Wohnort: Hetjershausen
28.04.	**Wachsmuth,** Christoph Ludwig August (Leineweber in Barterode, *17.10.1845 in Barterode) V: Ernst (Leineweber) M: Christiane Eleonore, geb. Friedrichs	**Fischer,** Henriette Louise Charlotte (in Fürstenhagen, *27.01.1849 in Fürstenhagen) V: Christian (Handelsmann) M: Charlotte, geb. Görges künftiger Wohnort: Barterode
20.05.	**Karras,** Heinrich Friedrich Wilhelm (Weißbinder und Maler in Adelebsen, *05.01.1842 in Adelebsen) V: Carl Ludwig Wilhelm (Weißbinder) M: Christine, geb. Helmbrecht	**Schaefer,** Dorothee Louise Magdalene (in Barterode, *28.10.1845 in Barterode) V: Georg (Ackermann) M: Dorothee Sophie Caroline, geb. Otte künftiger Wohnort: Adelebsen
23.06. Eberhsn.	**Ahlborn,** Heinrich Friedrich August (Sattler in Lenglern, *13.12.1846 in Lenglern) V: Georg Heinrich (pensionierter Weichensteller) M: Marie Catherine Justine, geb. Risting	**Zierenberg,** Caroline Dorothee Charlotte (in Göttingen, *05.01.1849 in Eberhausen) V: Heinrich (Ackermann und Gastwirt) M: Friederike, geb. Grimme künftiger Wohnort: Lenglern
21.07.	**Schaefer,** Heinrich Christian Friedrich (Handarbeiter in Barterode, *10.02.1840 in Barterode, Ww. der 1872 verst. Rosine Albertine Dorette, geb. Mesecke) V: Johann Friedrich (Handarbeiter) M: Christine, geb. Schoppe	**Hellwig,** Hanne Sophie Charlotte (in Offensen, *16.05.1844 in Offensen) V: Johann Christian Friedrich (Handarbeiter) M: Henriette Sophie Charlotte, geb. Bode künftiger Wohnort: Barterode
01.09.	**Pfahlert,** Heinrich Ernst Christian (Tischler in Barterode, *26.10.1845 in Barterode) V: Wilhelm (Tischler) M: Marie Ernestine, geb. Brosenne	**Kraatz,** Dorothee Caroline Christiane Louise (in Barterode, *22.09.1852 in Barterode) V: Heinrich Christian August Ludwig (Handarbeiter) M: Sophie Dorothee Henriette, geb. Pfahlert künftiger Wohnort: Barterode *(die Brautleute sind miteinander verwandt)*
08.09.	**Meyer,** Heinrich August Justus (Mühlenbauer in Güntersen, *12.12.1842 in Güntersen) V: Christian (Leineweber) M: Dorothee, geb. Engelbrecht	**Mesecke,** Christiane Louise Henriette (in Güntersen, *22.02.1847 in Güntersen) V: Heinrich (Leineweber) M: Magdalene, geb. Filthuth künftiger Wohnort: Güntersen

29.09.
Güntersen

Fürchtenicht, Heinrich Friedrich Wilhelm (Handarbeiter in Güntersen, *05.05.1846 in Wolbrechtshausen, Ww.)
V: Johann Heinrich (Schuhmacher)
M: Hanne Marie Dorothee Caroline, geb. Klinge

Benstemm, genannt **Carlberg,** Wilhelmine Dorothee Friederike (in Adelebsen, *14.03.1847 in Adelebsen)
V: N.N.
M: Charlotte, geb. Benstemm (Wwe. des Heinrich Ernst Appel (Tagelöhner))
künftiger Wohnort: Güntersen

10.10.

Hildebrand, Georg Friedrich Wilhelm (Ackermann in Imbsen, *14.01.1849 in Imbsen)
V: Johann Friedrich (Bauermeister)
M: Sophie Rosine Louise Charlotte, geb. Alrutz

Bick, Rosine Wilhelmine Magdalene (in Güntersen, *20.11.1845 in Güntersen)
V: Christian (Ackermann)
M: Catherine Sophie, geb. Weitemeyer
künftiger Wohnort: Imbsen

24.10.

Buermann, auch **Beuermann,** Heinrich Friedrich August (Wärter in der Irrenanstalt zu Göttingen, *15.10.1836 in Barterode)
V: Friedrich Daniel (Musikus)
M: Dorothee Friederike, geb. Schrappe

Buermann, auch **Beuermann,** Ernestine Christiane Charlotte (in Barterode, *18.06.1838 in Barterode)
V: Georg (Ackermann)
M: Marie Justine, geb. Knüppel
künftiger Wohnort: Barterode

10.11.
Güntersen

Thiele, Ludwig Carl (Schneider in Güntersen, *19.05.1847 in Dransfeld)
V: Johann Christian Heinrich (Müller)
M: Dorothee Wilhelmine Charlotte, geb. Staub

Schaefer, Louise Wilhelmine Amalie (in Güntersen, *28.03.1847 in Güntersen)
V: Ernst (Tischler)
M: Juliane, geb. Thiele
künftiger Wohnort: Güntersen

26.12.

Knüppel, Heinrich Christian Friedrich Wilhelm August (Bremser in Göttingen, *21.10.1846 in Lödingsen)
V: Christian Friedrich (Schuhmacher)
M: Marie Charlotte Henriette, geb. Vogt

Witthuhn, Auguste Henriette Juliane (in Barterode, *29.05.1848 in Barterode)
V: Heinrich (Leibzüchter)
M: Christine Justine Caroline, geb. Witthuhn
künftiger Wohnort: Grone

1873

11.02.
Güntersen

Vaupel, Christian Friedrich August (Steinhauer in Güntersen, *21.01.1849 in Güntersen)
V: Heinrich (Leineweber)
M: Ernestine, geb. Pfahlert

Bielefeld, Sophie Louise Henriette Elisabeth (in Güntersen, 24.01.1847 in Klein Schneen)
V: Andreas Heinrich Lorenz (Handarbeiter)
M: Sophie Louise, geb. Engel
künftiger Wohnort: Güntersen

P.
02.02.
09.02.

Klages, Ernst Friedrich Christoph (Müllergesell in der oberen Auschnippe-Mühle bei Barterode, *20.01.1828 in Sohlingen)
V: Heinrich (Müllermeister)
M: Friederike, geb. Sakel

Laspe, Hanna Caroline Louise (in Offensen, *20.04.1851 in Offensen)
V: Heinrich (Schneider)
M: Caroline, geb. Ilse
 künftiger Wohnort: Barterode

16.02.	**Schnake,** Christian Friedrich (Leineweber in Wibbecke, *23.04.1825 in Wibbecke) V: Friedrich (Leineweber) M: Christiane Henriette, geb. Becker	**Sohnrey,** geb. **Westermann,** Dorothee Louise (*31.12.1828 in Güntersen, Wwe. des 1668 verst. Christian Friedrich August Sohnrey (Tagelöhner in Güntersen)) V: Friedrich Westermann (Leibzüchter) M: Dorothee, geb. Borchert künftiger Wohnort: Güntersen
P. 02.03. 09.03.	**Witthuhn,** Georg Justus August (Oeconom in Dransfeld, *14.02.1849 in Güntersen) V: Heinrich (Brennereibesitzer) M: Louise, geb. Wedekind	**Kahle,** Johanne Dorothee Eleonore (in Ebstorf, *14.04.1855 in Ebstorf) V: Johann Peter (Schmiedemeister und Tierarzt) M: Marie Elisabeth, geb. Suhr künftiger Wohnort: Dransfeld
27.03.	**Breckerbaum,** Georg August Wilhelm (Steinbruchsaufseher in Barterode, *21.01.1845 in Barterode) V: Johann Christian Friedrich (Maurer) M: Marie Dorothee Amalie, geb. Witthuhn	**Jeep,** Dorothee Henriette Louise (in Barterode, *07.12.1850 in Barterode) V: Heinrich Christian Friedrich (Ackermann) M: Dorothee Henriette Louise, geb. Filthuth künftiger Wohnort: Barterode
14.04. Güntersen	**Teuteberg,** Heinrich Friedrich Wilhelm (*26.01.1825 in Wibbecke, Maurer in Wibbecke, Ww. der 1870 verst. Dorothee Henriette Magdalene, geb. Rittberger) V: Friedrich (Handarbeiter) M: Dorothee, geb. Gruben	**Behrens,** Rosine Sophie Louise (in Güntersen, *14.11.1845 in Güntersen) V: Christian (Handarbeiter) M: Dorothee, geb. Hillebrecht künftiger Wohnort: Wibbecke
17.04. Eberhsn.	**Stromburg,** Heinrich Wilhelm Ludwig August (Ackerknecht in Eberhausen, *24.06.1845 in Oberscheden) V: N.N. M: Wilhelmine Stromburg (unverhelicht)	**Wittler,** Johanne Wilhelmine Georgine (Magd in Eberhausen, *03.04.1851 in Delliehausen) V: N.N. M: Wilhelmine, geb. Wittler (Die geschiedene Ehefrau des Handarbeiters Luhacke) künftiger Wohnort: Eberhausen
P. 20.04. 27.04.	**Meyer,** Johann Heinrich Christian (*06.04.1832 in Güntersen, Leineweber und Ackermann in Güntersen, Ww. der 1872 verst. Dorothee Rosine Louise, geb. Bauer) V: Christian Friedrich (Ackermann) M: Wilhelmine, geb. Thiele	**Schröder,** Melusine Caroline Friederike (in Schoningen, *18.03.1844 in Schoningen) V: Georg (Schuhmacher) M: Charlotte, geb. Warnecke künftiger Wohnort: Güntersen
06.05. Ossenfeld	**Sohnrey,** Heinrich Justus Friedrich (Eisenbahnwärter in Ossenfeld, *09.02.18388 in Ossenfeld) V: Johann Christoph (Ackermann) M: Wilhelmine Christine, geb. Thormann	**Reckel,** Dorothee Wilhelmine Auguste (in Ossenfeld, *16.12.1856 in Ossenfeld) V: Christian (Ackermann) M: Caroline, geb. Sahlbach künftiger Wohnort: Ossenfeld

11.05.
Eberhsn.
Grünewald, Georg Heinrich Friedrich (Ackermann in Eberhausen, *13.07.1852 in Eberhausen)
V: Georg Friedrich Wilhelm (Ackermann)
M: Johanne Charlotte Wilhelmine, geb. Brecht

Grimme, Dorothee Caroline Melusine Friederike (in Güntersen, *23.05.1849 in Güntersen)
V: Georg (Tischler)
M: Charlotte, geb. Queer
künftiger Wohnort: Eberhausen

02.06.
Nörtemann, Heinrich Wilhelm Ernst (Pensionär in Barterode, *18.04.1844 in Barterode)
V: Heinrich (Ackermann)
M: Johanne Louise Friederike, geb. Philipp

Fusch, Charlotte Ernestine Caroline (in Barterode, *23.12.1852 in Barterode)
V: Carl Heinrich Christian (Leineweber)
M: Dorothee Caroline Amalie, geb. Knüppel
künftiger Wohnort: Barterode

P.
15.06.
22.06.
Leßner, Carl Friedrich (Gutspächter in Verliehausen, *30.12.1825 in Verliehausen)
V: Johann Heinrich Christian Friedrich (Tagelöhner)
M: Johanne Louise Wilhelmine, geb. Heidmüller

Götze, Hanne Caroline Friederike (in Schoningen, *22.10.1840 in Schoningen)
V: Jürgen (Tagelöhner)
M: Wilhelmine, geb. Beuke
künftiger Wohnort: Schoningen

P.
27.07.
07.08.
Uhde, Ernst August Heinrich (Schlosser in Einbeck, *12.02.1845 in Greene)
V: Heinrich Christian Ludwig (Kleinköthner)
M: Johanne Justine Amalie, geb. Koch

Klockemeyer, Marie Caroline (in Einbeck, *31.03.1850 in Einbeck)
V: Johann Friedrich Philipp (Bürger und Schönfärbermeister)
M: Johanne Friederike, geb. Nordhorn
künftiger Wohnort: Einbeck

07.09.
Güntersen
Grimme, Georg Ludwig Wilhelm (Zimmermann in Güntersen, *12.05.1846 in Güntersen)
V: Wilhelm (Zimmermann)
M: Christine, geb. Kellner

Borchert, Dorothee Magdalene Auguste (in Güntersen, *14.11.1845 in Güntersen)
V: Christian (Schuhmacher)
M: Caroline, geb. Waßmann
künftiger Wohnort: Barterode

16.10.
Schmidt, Heinrich Ernst August (Ackermann in Barterode, *05.07.1846 in Barterode)
V: Ernst (Ackermann)
M: Juliane, geb. Helmbrecht

Breckerbaum, Juliane Jette Wilhelmine Dorothee Lina (in Barterode, *18.07.1854 in Barterode)
V: Johann Christian Friedrich August (Maurer)
M: Marie Dorothee Amalie, geb. Witthuhn
künftiger Wohnort: Barterode

14.10.
Eberhsn.
Schmidt, Heinrich Ludwig (Ackermann in Eberhausen, *08.03.1844 in Güntersen)
V: Christian Wilhelm Justus (Ackermann)
M: Dorothee, geb. Reuter

Freter, Caroline Louise (in Eberhausen, *31.12.1853 in Eberhausen)
V: Georg Wilhelm (Ackermann)
M: Marie Dorothee Charlotte, geb. Stünkel
künftiger Wohnort: Eberhausen

26.12. **Schelp,** Justus Christian (*14.02.1824 in Ossenfeld, Maurer in Wibbecke, Ww. der 1872 verst. Dorothee Christine Amalie, geb. Becker)
V: Johann Justus Friedrich (Ackermann)
M: Catharine Rosine, geb. Buermann

Grote, geb. **Dunker,** Caroline Charlotte (*03.02.1834 in Barterode, Wwe. des 1871 verst. Christoph Justus Heinrich (Dienstknecht in Güntersen))
V: N.N.
M: Marie Sophie Dorothee Caroline Dunker (unverehelicht)
künftiger Wohnort: Wibbecke

27.12. **Karneboge,** Georg Heinrich Justus
Eberhsn. Wilhelm (Pappmacher in Eddigehausen, *14.12.1844 in Adelebsen)
V: Christian (Gemeindehirt)
M: Christine Louise, geb. Schrader

Zierenberg, Dorothee Justine Louise (in Eberhausen, *11.12.1847 in Eberhausen)
V: August (Leineweber)
M: Caroline, geb. Diederich
künftiger Wohnort: Eddigehausen

1874

18.01. **Wienecke,** Christian (Ackerknecht in
Güntersen Güntersen, *03.12.1840 in Veckerhagen)
V: Georg Wilhelm (Leineweber)
M: Christine Marie, geb. Paul (spätere Ehefrau)

Sennel, Christiane Ernestine Louise (in Güntersen, *14.09.1848 in Güntersen)
V: Christian (Handarbeiter)
M: Johanne Regine, geb. Rettberg
künftiger Wohnort: Güntersen

25.01. **Krekeler,** Heinrich Friedrich Ludwig
Güntersen (Rademacher in Güntersen, *03.06.1848 in Bühren)
V: Wilhelm (Ackermann)
M: Dorothee, geb. Engel

Güllenbeek, Caroline Louise Charlotte Magdalene Henriette (in Güntersen, *16.04.1851 in Güntersen)
V: Heinrich (Böttcher)
M: Juliane, geb. Hasselmann
künftiger Wohnort: Güntersen

P. **Döring,** Friedrich Wilhelm
25.01. (*23.09.1809 in Barterode, Handarbeiter
03.02. in Barterode, Ww. der 1873 verst. Friederike Charlotte, geb. Herrmann)
V: Heinrich Christian (Handarbeiter)
M: Sophie Charlotte, geb. Tolle

Köhler, Rosine Sophie Johanne (in Dahlenrode, *18.12.1839 in Dahlenrode)
V: Justus (Tischler)
M: Sophie Catherine, geb. Gerlt
künftiger Wohnort: Dransfeld

22.02. **Grothey,** Carl Ludwig Justus Friedrich
Güntersen (Ackermann in Herberhausen, *18.05.1847 in Grone)
V: Ernst August (Ackermann)
M: Sophie Katharine Louise, geb. Behrens

Dörger, Minna Lina Charlotte (in Güntersen, *13.08.1853 in Güntersen)
V: Christoph Heinrich (Ackermann)
M: Marie Louise Eleonore, geb. Eberhardt
künftiger Wohnort: Güntersen

03.03. **Roltsch,** Carl August Robert (Oeconom
Ossenfeld in Hübenthal, *17.01.1849 in Jena)
V: Carl Friedrich Otto (Bürger, Kauf- und Handelsherr)
M: Henriette Christiane Caroline, geb. Beyer

Vahlbusch, Dina Rosette Albertine Mathilde (in Ossenfeld, *06.02.1847 in Ossenfeld)
V: August (Ackermann)
M: Wilhelmine, geb. Fredershausen
künftiger Wohnort: Ossenfeld

P.
08.03.
15.03. **Jeep,** August Christian Friedrich (Ackermann in Barterode, *21.11.1843 in Barterode)
V: Heinrich Christian Friedrich (Ackermann)
M: Dorothee Louise, geb. Filthuth

Beurmann, Magdalene Dorothee Caroline Louise (in Dankelshausen, *11.12.1851 in Dankelshausen)
V: Christophe Heinrich (Ackermann)
M: Caroline, geb. Potthast
künftiger Wohnort: Barterode

15.03.
Güntersen **Meier,** Georg Friedrich Heinrich (Ackermann in Güntersen, *12.05.1826 in Güntersen)
V: Friedrich Christoph (Ackermann)
M: Marie Dorothee Louise, geb. Filthuth

Schaefer, geb. **Filthuth,** Dorothee Caroline Louise (*21.01.1829 in Güntersen, Wwe. des 1873 verst. Ernst August Schaefer (Ackermann in Güntersen))
V: Johann Ernst Friedrich (Ackermann)
M: Dorothee Charlotte, geb. Ahlborn
künftiger Wohnort: Güntersen

19.03.
Eberhsn. **Peter,** Heinrich Friedrich Otto (*07.01.1831 in Bovenden, Geometer in Bovenden, Ww. der 1873 verst. Dorothee Wilhelmine Justine Charlotte, geb. Tolle)
V: Wilhelm (Conductor)
M: Marie Dorothee Charlotte, geb. Dunker

Schaefer, Rosine Magdalene Charlotte (in Eberhausen, *02.09.1845 in Eberhausen)
V: Friedrich (Ackermann)
M: Dorothee, geb. Schlieper
künftiger Wohnort: Bovenden

P.
06.04.
12.04. **Helmbrecht,** Friedrich Carl Theodor (*08.07.1837 in Adelebsen, Kuhhirt in Adelebsen, Ww. der 1872 verst. Sophie, geb. Schieper)
V: Gottfried Gerhard (Kuhhirt)
M: Sophie Caroline, geb. Wolf

Grimme, Sophie Louise Charlotte (in Güntersen, *08.01.1849 in Güntersen)
V: Wilhelm (Zimmermann)
M: Christine, geb. Kellner
künftiger Wohnort: Adelebsen

14.04.
Eberhsn. **Kipp,** Gustav Friedrich (Lehrer in Eberhausen, *20.09.1844 in Hedemünden)
V: Georg Jacob (Färber)
M: Marie, geb. Jungkanz

Meier, Caroline Louise Magdalene Wilhelmine Hanne Rosine (in Eberhausen, *19.01.1850 in Eberhausen)
V: Friedrich (Bauermeister)
M: Charlotte, geb. Freiboth auch Freibott und Friebott
künftiger Wohnort: Eberhausen

19.04. **Pfahlert,** Heinrich Ernst Christian (*26.10.1845 in Barterode, Tischler in Barterode, Ww. der 1873 verst. Dorothee Caroline Christiane Louise, geb. Kraatz)
V: Wilhelm (Tischler)
M: Marie Ernestine, geb. Brosenne

Knüppel, Dorothee Henriette Caroline (in Barterode, *11.04.1846 in Barterode)
V: Wilhelm (Maurer)
M: Dorothee Marie Charlotte, geb. Küchemann
künftiger Wohnort: Barterode

P.
10.05.
17.05. **Heimrich,** Heinrich August (*06.10.1838 in Landwehrhagen, Zimmermann in Landwehrhagen, Ww.)
V: Johann Heinrich (Zimmermeister)
M: Juliane, geb. Sinn

Mesecke, Henriette Ernestine Wilhelmine unverehelichte in Barterode, *17.02.1841 in Barterode)
V: Georg Wilhelm (Gemeindediener)
M: Ernestine, geb. Knüppel
künftiger Wohnort: Landwehrhagen

23.06. Güntersen	**Bick**, Christian August (Ackermann in Güntersen, *24.08.1841 in Güntersen) V: Heinrich Christian (Ackermann) M: Catharine Sophie, geb. Weitemeyer	**Scholle**, Wilhelmine Dorothee Charlotte (in Güntersen, *14.09.1844 in Güntersen) V: Heinrich (Ackermann) M: Rosette, geb. Becker künftiger Wohnort: Güntersen
P. 05.07. 12.07.	**Uhlendorf**, August Christian Wilhelm (Bahnhofs- und Handarbeiter in Dransfeld, *28.04.1850 in Eberhausen) V: Wilhelm (Handarbeiter) M: Charlotte, geb. Fischer	**Erdmann**, Louise (in Dransfeld, *25.04.1852 in Dransfeld) V: N.N. M: Charlotte Erdmann (unverehelicht) künftiger Wohnort: Barterode
23.08.	**Tolle**, Heinrich Friedrich Ludwig (Ackermann in Eberhausen, *09.10.1841 in Eberhausen) V: Heinrich (Ackermann) M: Hanne Sophie Caroline, geb. Ilck	**Wahmke**, Hanne Louise Charlotte (in Adelebsen, *13.07.1850 in Offensen) V: Ludwig (Ackermann) M: Louise, geb. Göbel künftiger Wohnort: Barterode
20.09.	**Rümenapp**, Ernst Heinrich Christian Friedrich (Handarbeiter in Barterode, *13.12.1852 in Barterode) V: Heinrich Christian Friedrich (Schuhmacher) M: Henriette Charlotte, geb. Büte	**Blumenberg**, genannt **Räckel**, Charlotte Sophie Caroline (in Barterode, *29.12.1848 in Offensen) V: N.N. M: Wilhelmine Henriette Blumenberg (jetzt verehelichte Räckel) künftiger Wohnort: Barterode
P. 20.09. 27.09.	**Kempf**, Georg Friedrich Carl Heinrich (Steinhauer in Lichtenborn, *18.10.1849 in Lichtenborn) V: Ludwig Friedrich (Handarbeiter) M: Johanne Justine, geb. Idahl	**Kleine**, Hanne Wilhelmine Friedricke (in Güntersen, *16.05.1853 in Schlarpe) V: Christian (Schmied) M: Georgine, geb. Klinge künftiger Wohnort: Lichtenborn
17.12. Ossenfeld	**Haverbeck**, Gottlieb Philipp Georg (Locomotivführer in Göttingen, *25.09.1848 in Göttingen) V: Christoph Daniel (Schuhmachermeister) Johanne Dorothee, geb. Rauper	**Sauerland**, Helene Caroline Dorothee Doris (in Ossenfeld, *08.01.1855 in Ossenfeld) V: Johanne Justus Christian Ludwig (Eisenbahnwärter) M: Juliane Dorothee, geb. Rannenberg künftiger Wohnort: Göttingen

1875

21.01.	**Hepp**, Wilhelm Eduard (Schuhmacher in Barterode, *14.06.1847 zu Mettmann Kreis Elberfeld) V: Wilhelm (Wirt und Winkelier) M: Henriette, geb. Baumeister	**Jungblut**, geb. **Muthig**, Ernestine Caroline Christiane (*12.11.1833 in Barterode, Wwe. des 1869 verst. Johann Justus Friedrich Jungblut (Leineweber in Barterode) V: Ignatius Muthig (Leineweber) M: Wilhelmine Charlotte, geb. Giebel künftiger Wohnort: Barterode
07.02.	**Eichmann**, Heinrich Wilhelm (Schäfer in Lemshausen, *05.08.1852 in Göttingen) V: Ludwig (Schäfer) M: Caroline, geb. Kaiser	**Wellhausen**, Christiane Dorothee Caroline (in Barterode, *30.12.1849 in Löwenhagen) V: Wilhelm (Ackerknecht) M: Sophie, geb. Brosenne künftiger Wohnort: Barterode

18.02. **Schmidt,** Christian Friedrich August Carl (Ackermann in Barterode, *07.07.4849 in Barterode)
V: Ernst (Ackermann)
M: Juliane, geb. Helmbrecht

Schaefer, Christiane Ernestine Henriette Caroline Amalie (in der unteren Mühle bei Barterode, *12.05.1851 in der unteren Mühle bei Barterode)
V: Heinrich Ernst Christian (Müllermeister)
M: Caroline Amalie, geb. Hesse
künftiger Wohnort: Barterode

14.03.
Eberhsn. **Grünewald,** Georg Heinrich Friedrich (Handarbeiter in Eberhausen, *24.11.1850 in Eberhausen)
V: Friedrich Wilhelm (Handarbeiter)
M: Friederike Justine Dorothee, geb. Kaiser

Wiegand, Ulrike Bertha (in Eberhausen, *16.05.1853 in Eberhausen)
V: N.N.
M: Hanne Sophie Berthine Wiegand (unverheiratet)
künftiger Wohnort: Eberhausen

16.03. **Borchert,** Ernst Wilhelm (Zimmermann in Barterode, *26.11.1850 in Barterode)
V: Friedrich (Handarbeiter)
M: Caroline, geb. Ebeling

Gobrecht, Hanne Friederike Charlotte (in Barterode, *10.07.1853 in Schoningen)
V: Ernst Heinrich Eduard
M: Caroline, geb. Schulze
künftiger Wohnort: Barterode

02.05. **Henrici,** Christoph Justus Adolf (Ackermann in Heisebeck, *28.10.1849 in Heisebeck)
V: Heinrich (Holzschnitter)
M: Wilhelmine, geb. Brandfaß

Riemenschneider, Juliane Louise Caroline (in Barterode, *24.06.1853 in Barterode)
V: Georg (Ackermann)
M: Marie Justine, geb. Zierenberg
künftiger Wohnort: Heisebeck

02.05. **Hillebrecht,** Carl Ernst August (Schäfer in Barterode, *20.11.1854 in Lödingsen)
V: Ludwig (Schäfer)
M: Hanne, geb. Winter

Finsel, Caroline Wilhelmine Louise (in Barterode, *02.12.1852)
V: Johann Christian Friedrich (Leineweber)
M: Henriette Caroline Magdalene, geb. Voigt
künftiger Wohnort: Barterode

11.05.
Eberhsn. **Krummsieck,** Georg Christian August (Tischler in Adelebsen, *27.12.1844 in Eberhausen)
V: Friedrich (Ackermann)
M: Dorothee, geb. Zierenberg

Funke, geb. **Ramberg,** genannt **Ültz,** Dorothee Sophie Caroline (*06.05.1836 in Eberhausen, Wwe. des 1874 verst. Wilhelm Christoph Hermann Funke (Handarbeiter in Eberhausen)
V: Theodor Ültz (Ladendiener aus Gotha)
M: Justine Ramberg (unverheiratet)
künftiger Wohnort: Adelebsen

17.05. **Theune,** Christian Friedrich (*16.02.1825 in Klein Schneen, Schäfer in Barterode, Ww. der 1873 verst. Sophie Louise Caroline, geb. Herwig)
V: Johann Christian (Köthner)
M: Maie Elisabeth, geb. Voß

Zerbst, Johanne Sophie Justine Wilhelmine, (in Lenglern *30.07.1822 in Lenglern)
V: Christian Wilhelm (Tischler)
M: Johanne Marie Juliane, geb. Friedrichs
künftiger Wohnort: Barterode

23.05. **Sauerland,** Justus Christian Heinrich (Wärter in der Irrenanstalt zu Göttingen, *02.05.1845 in Barterode)
V: Heinrich (Handarbeiter)
M: Marie Sophie, geb. Schmidt (nachherige Ehefrau)

Schmidt, Marie Sophie Wilhelmine Caroline Amalie (in Deiderode, *28.08.1852 in Deiderode)
V: Andreas Friedrich (Leineweber)
M: Catharine Wilhelmine, geb. Hartung
künftiger Wohnort: Barterode

03.06. Ossenfeld	**Vahlbusch**, Georg Heinrich Christian Ludwig Friedrich (Ackermann in Varmissen, *26.10.1845 in Varmissen) V: Heinrich Justus (Bauermeister) M: Christine Wilhelmine Rosine, geb. Hepe	**Reckel,** Josephine Dorothee (in Ossenfeld, *10.12.1852 in Ossenfeld) V: Christian (Ackermann) M: Caroline, geb. Sahlbach künftiger Wohnort: Varmissen
P. …. 13.06.	**Tolle,** Heinrich Friedrich Ludwig (Ackermann in Güntersen, *05.11.1840 in Güntersen) V: Christian Friedrich (Ackermann) M: Melusine, geb. Scheidemann	**Brede,** Josephine Hermine Louise (in Oberscheden, *10.04.1853 in Eberhausen) V: Friedrich August Hermann (Lehrer) M: Marie Charlotte, geb. Storm künftiger Wohnort: Güntersen
15.06. Eberhsn.	**Nienstedt**, Ernst Heinrich Christian (*04.10.1831 in Barterode, Ackermann in Barterode, Ww. der 1870 verst. Sophie Christine Wilhelmine Louise, geb. Henze und der 1872 verst. Caroline Louise Rosine, geb. Filthuth) V: Ernst (Ackermann) M: Caroline Henriette, geb. Schaefer	**Schaefer,** Caroline Wilhelmine Dorothee (in Eberhausen, *08.05.1851 in Eberhausen) V: Christian Friedrich (Ackermann) M: Charlotte, geb. Schlieper künftiger Wohnort: Barterode
13.07. Ossenfeld	**Trube**, Heinrich Wilhelm (Maler in Luttermberge, *12.10.1853 in Luttermberge) V: Johann Heinrich (Tagelöhner) M: Louise, geb. Fesel	**Baumgarten,** Johann Charlotte Louise (in Ossenfeld, *19.06.1848 in Göttingen) V: Johann Christoph Friderich (Schäfer) M: Catharine Elisabeth, geb. Eigel künftiger Wohnort: Luttermberge
03.08. Eberhsn.	**Wolter,** Heinrich Georg Johann August (Ackermann in Eberhausen, *20.08.1851 in Eberhausen) V: Johann Christoph (Ackermann) M: Christine Philippine, geb. Robrecht	**Albrecht,** Louise Caroline Magdalene Henriette (in Eberhausen, *01.12.1856 in Eberhausen) V: Ernst Christian (Ackermann) M: Caroline Charlotte, geb. Hillebrecht künftiger Wohnort: Eberhausen
P. 25.07. 01.08.	**Tolle,** Heinrich Christian Wilhelm (Ackermann in Barterode, *14.04.1849 in Barterode) V: Friedrich (Ackermann) M: Dorothee Caroline, geb. Filthuth	**Bick,** Sophie Henriette Bertha (in Erbsen, *23.01.1853 in Erbsen) V: Johann Heinrich (Ackermann) M: Sophie Louise, geb. Rakebrandt künftiger Wohnort: Erbsen
19.08. Eberhsn.	**Groppe,** Christian Justus Wilhelm Ludwig (Ackermann in Eberhausen, *20.11.1853 in Eberhausen) V: August (Ackermann) M: Justine, geb. Finsel	**Gerland,** Louise Regine Emilie (in Eberhausen, *18.02.1854 in Heisebeck) V: Friedrich (Leineweber) M: Charlotte, geb. Hellwig künftiger Wohnort: Eberhausen
29.08. Güntersen	**Grünewald,** Wilhelm Ludwig Carl (Handarbeiter in Eberhausen, *04.01.1849 in Erbsen) V: Friedrich Wilhelm (Handarbeiter) Friederike Justine Dorothee, geb. Kaiser	**Tolle,** Dorothee Henriette Louise Augustine (in Güntersen, *12.02.1855 in Güntersen) V: Johann Christian Friedrich (Ackermann) M: Dorothee Henriette Caroline, geb. Scholle künftiger Wohnort: Eberhausen

16.09. Eberhsn.	**Albrecht,** Heinrich Christian Friedrich (Ackermann in Eberhausen, *08.12.1844 in Eberhausen) V: Ernst Christian (Ackermann) M: Caroline Charlotte, geb. Hillebrecht	**Zierenberg**, geb. **Schaefer**, Rosine Wilhelmine Caroline (*28.03.1846 in der unteren Mühle bei Barterode, Wwe. des 1874 verst. Justus Friedrich Wilhelm Zierenberg (Ackermann in Eberhausen) V: …. Ernst Christian (Müllermeister) M: Caroline Amalie, geb. Hesse künftiger Wohnort: Eberhausen
30.09.	**Fusch,** Ernst Carl Heinrich (Schmied in Barterode, *30.08.1848 in Barterode) V: Georg Heinrich August (Schmiedemeister) M: Sophie Wilhelmine Christine, geb. von Rhoden	**Kiel,** Emilie Marie Adolphine (in Barterode, *27.09.1852 in Barterode) V: Gustav Adolph (Lehrer) M: Sophie Dorothee Georgine, geb. Schimmler künftiger Wohnort: Barterode
03.10. Güntersen	**Brosenne,** Heinrich Friedrich (Kutscher in Güntersen, *22.09.1849 in Adelebsen) V: Christian (Ackerknecht) M: Marie, geb. Schönefeld	**Reuter,** Louise Rosine Elise (in Güntersen, *05.03.1852 in Güntersen) V: Heinrich Ludwig (Schuhmacher) M: Marie Magdalene Friederike Caroline, geb. Helmbrecht künftiger Wohnort: Güntersen
17.10.	**Schaefer,** Georg Heinrich August (Handarbeiter in Barterode, *15.08.1848 in Barterode) V: Friedrich (Handarbeiter) M: Christiane, geb. Schoppe	**Appel,** Ernestine Caroline Henriette Christiane (in Barterode, *21.09.1851 in Barterode) V: Johann Ernst August (Kuhhirt) M: Caroline Henriette, geb. Hartje künftiger Wohnort: Barterode
02.11. Eberhsn.	**Kramer,** Friedrich Quintus (Handarbeiter in Eberhausen, *18.12.1831 in Verliehausen) V: Anton (Handarbeiter) M: Charlotte, geb. Deneke	**Leßner,** geb. **Breuker,** Dorothee Rosine Justine Charlotte (*25.10.1828 in Eberhausen, Wwe. des 1874 verst. Friedrich Wilhelm Leßner (Dielenschneider in Eberhausen) V: Georg Breuker (Handarbeiter) M: Caroline, geb. Weddig künftiger Wohnort: Eberhausen
31.10.	**Riemenschneider,** Christian Friedrich Ernst Heinrich (Ackermann in Barterode, 30.11.1848 in Barterode) V: Christoph (Ackermann) M: Justine Magdalene, geb. Witthuhn	**Nörtemann,** Louise Henriette Ernestine Amalie, (in Barterode, *23.07.1851 in Barterode) V: Heinrich (Ackermann) M: Louise Friederike, geb. Philipp künftiger Wohnort: Barterode
07.11.	**Meier,** Carl Heinrich Friedrich Wilhelm August (Tischler in Ellershausen, *08.12.1851 in Ellershausen) V: August (Tischler) M: Justine, geb. Feilke	**Goebel,** Justine Wilhelmine Caroline (in Barterode, *07.07.1852 in Barterode) V: Johann Heinrich August (Leineweber) M: Christiane Wilhelmine Sophie Elisabeth, geb. Teuteberg künftiger Wohnort: Ellershausen

P.
19.12.
16.12.
Allrutz, Georg Heinrich Carl August Ludwig (Ackermann in Güntersen, *14.12.1853 in Güntersen)
V: Georg Friedrich Heinrich (Ackermann)
M: Louise Justine geb. Schreiber

Duntemann, Hanna Wilhelmine Melusine (in Verliehausen, *19.11.1853 in Verliehausen)
V: Friedrich (Köthner)
M: Sophie Charlotte, geb. Hennies
künftiger Wohnort: Güntersen

1876

01.02.
Ossenfeld

Standes-
amtlich
01.02.
Ossenfeld
Schweethelm, Ernst Justus Ludwig (*10.02.1841 in Ossenfeld) Zimmermann in Ossenfeld, Ww. der 1875 verst. Dorothee Juliane Louise Sophie Charlotte Caroline, geb. Mechmershausen)
V: Heinrich Friedrich August (Zimmermann)
M: Caroline, geb. Beinhorn

Strube, Christiane Wilhelmine Friederike Caroline (in Knutbühren, *19.08.1852 in Grone)
V: Heinrich Christian Friedrich (Tagelöhner)
M: Charlotte Catharine Elisabeth, geb. Kraft
künftiger Wohnort: Ossenfeld

06.02.
Güntersen

Standes-
amtlich
06.02.
Güntersen
Götze, Ernst Wilhelm August (Eisenbahnwärter in Ossenfeld, *27.03.1843 in Ossenfeld)
V: Ernst (Schuhmacher)
M: Caroline, geb. Hesse

Schaefer, Berthine Marie Justine (in Güntersen, *13.12.1852 in Güntersen)
V: August (Schuhmacher)
M: Friederike, geb. Schnake
künftiger Wohnort: Ossenfeld

06.02.
Güntersen

Standes-
amtlich
06.02.
Güntersen
Schaefer, Georg Heinrich Christian Wilhelm Ludwig (Schuhmacher in Güntersen, *24.09.1849 in Güntersen)
V: August (Schuhmacher)
M: Friederike, geb. Schnake

Mascher, Wilhelmine Berthine Auguste Mathilde (in Güntersen, *13.10.1853 in Vernawahlshausen)
V: Johann Heinrich Wilhelm (Handarbeiter)
M: Johanne Sophie, geb. Brand
künftiger Wohnort: Güntersen

27.02.

Standes-
amtlich
27.02.
Barterode
Riemenschneider, Heinrich Christoph (Ackermann in Barterode, *28.08.1834 in Barterode)
V: Georg Christian (Ackermann)
M: Marie Justine Magdalene, geb. Witthuhn

Wachsmuth, Johanne Louise Auguste (in Barterode, *28.2.1848 in Barterode)
V: Ernst (Leineweber)
M: Johanne Christiane Eleonore, geb. Friedrichs
künftiger Wohnort: Barterode

16.03.

Standes-
amtlich
16.03.
Barterode
Schodder, Ernst Heinrich Christian (Handarbeiter in Barterode, *04.11.1842 in Barterode)
V: Ernst (Handarbeiter)
M: Charlotte, geb. Harm

Borchert, Johanne Wilhelmine Louise Charlotte (in Barterode, *12.09.1839 in Schlarpe)
V: Heinrich (Handarbeiter)
M: Hanne Charlotte, geb. Nolte
künftiger Wohnort: Barterode

P.
17.04.
23.04.
Sieken, Johann Heinrich August (Ackermann in Heisebeck, *10.08.1843 in Ahrenborn)
V: Gerhard (Lehrer)
M: Sophie Wilhelmine, geb. Becker

P., Dorothee Caroline Ernestine (in Barterode, *16.06.1843 in Barterode)
V: Carl Ludwig Justus (Handarbeiter)
M: Johanne Rosine, geb. Jünemann
künftiger Wohnort: Heisebeck

16.05.
Ossenfeld

Standes-
amtlich
16.05.
Ossenfeld

Winter, Heinrich Friedrich August (Eisenbahnwärter in Ossenfeld, *04.04.1849 in Ossenfeld)
V: Johann Heinrich Wilhelm (Maurer)
M: Lisette Justine, geb. Schlieper

Hemert, Elise Marie (in Adelebsen, *03.05.1834 in Adelebsen)
V: Heinrich (Tagelöhner)
M: Friederike, geb. Thiele
künftiger Wohnort: Ossenfeld

18.06.
Ossenfeld

Standes-
amtlich
18.06.
Ossenfeld

Werder, Heinrich Friedrich Wilhelm (Ackermann in Dransfeld, *03.03.1849 in Dransfeld)
V: Johann Friedrich Christoph (Ackermann)
M: Dorothee Rosine Charlotte Friederike, geb. Ludewig

Reckel, Caroline Christine Helene (in Ossenfeld, *27.09.1848 in Ossenfeld)
V: Christian (Ackermann)
M: Caroline, geb. Sahlbach
künftiger Wohnort: Dransfeld

22.06.
Eberhsn.

Standes-
amtlich
22.06.
Eberhsn.

Elias, Heinrich Wilhelm (Dienstknecht in Eberhausen, *23.04.1853 in Heisebeck)
V: Wilhelm (Leineweber)
M: Dorothee Charlotte, geb. Quentin

Tolle, Caroline Louise Henriette (in Eberhausen, *19.02.1842 in Eberhausen)
V: Wilhelm (Handarbeiter)
M: Dorothee, geb. Jordan
künftiger Wohnort: Eberhausen

18.07.
Eberhsn.

Standes-
amtlich
18.07.
Eberhsn.

Grünewald, Heinrich Ludwig (Ackermann in Eberhausen, *17.10.1855 in Barterode)
V: Georg Friedrich (Ackermann)
M: Dorothee Wilhelmine Magdalene Caroline, geb. Nienstedt

Meyer, Rosine Berthine Friederike Louise (in Eberhausen, *27.10.1856 in Eberhausen)
V: Friedrich (Ackermann)
M: Charlotte, geb. Freiboth
künftiger Wohnort: Eberhausen

03.08.
Ossenfeld

Standes-
amtlich
03.08.
Ossenfeld

Thormann, Otto Friedrich Ludwig (Eisenbahnarbeiter in Ossenfeld, *26.02.1850 in Ossenfeld)
V: Johann Heinrich Christoph (Ackermann)
M: Hanna Friederike Louise, geb. Ahlbrecht

Tolle, Caroline Wilhelmine Friederike Henriette (in Ossenfeld, *25.09.1853 in Lödingsen)
V: Christian Friedrich Ludwig (Salzhändler)
M: Hanna Christine Sophie, geb. Pflug
künftiger Wohnort: Ossenfeld

20.08.

Standes-
amtlich
20.08.
Barterode

Hillebrecht, Heinrich Christian Ludwig (*07.01.1826 in Hettensen, Schäfer in Barterode, Ww. der 1876 verst. Johanne Dorothee Marie, geb. Winter)
V: Johann Heinrich (Schäfer)
M: Johanne, geb. Kulp

Wachsmuth, Friederike Juliane Louise (in Barterode, *13.02.1843 in Gladebeck)
V: Ernst (Drellmacher)
M: Hanne Christine Eleonore, geb. Friederichs
künftiger Wohnort: Barterode

28.09.
Eberhsn.

Standes-
amtlich
28.09.
Eberhsn.

Schaefer, Justus Friedrich Wilhelm (Tischler in Eberhausen, *04.11.1848 in Eberhausen)
V: Friedrich (Ackermann)
M: Dorothee, geb. Schlieper

Wiegand, Caroline Clara (in Eberhausen, *16.05.1853 in Eberhausen)
V: N.N.
M: Hanne Sophie Berthine Wiegand
künftiger Wohnort: Eberhausen

19.10.
Eberhsn

Standes-
amtlich
19.10.
Eberhsn.

Tolle, Heinrich Friedrich Ludwig
(*09.10.1841 in Eberhausen,
Ackermann in Eberhausen, Ww. der
1875 verst. Hanna Louise Charlotte,
geb. Wahmke)
V: Heinrich (Ackermann)
M: Janne Sophie Caroline, geb. Ilck

Brauns, Caroline Dorette Elise (in
Fürstenhagen; *28.03.1858 in Fürstenhagen)
V: Heinrich Christian (Ackermann)
M: Wilhelmine Louise, geb. Schak
künftiger Wohnort: Eberhausen

1877

11.02.
Güntersen

Standes-
amtlich
11.02.
Güntersen

Tolle, Ludwig Wilhelm Gustav
(Ackermann in Güntersen)

Sennel, Dorothee Louise Friederike Elise
Christine (in Güntersen)

22.02.

Standes-
amtlich
22.02.
Barterode

Engelhard, Christian Heinrich Carl
(Tischler in Adelebsen)

Tolle, Henriette Dorette Caroline Amalie (in
Barterode)

04.03.
Güntersen
Standes-
amtlich
04.03.
Güntersen

Knop, Christian August Heinrich
Wilhelm Louise (Ackermann in
Varlosen)

Beuermann, Marie Louise Henriette (in
Güntersen)

02.04.
Güntersen

Standes-
amtlich
02.04.
Güntersen

Rinne, Heinrich Christoph Friedrich
(Handarbeiter in Rosdorf)

Witthuhn, Ernestine Louise (in Güntersen)

22.04.
Güntersen

Standes-
amtlich
22.04.
Güntersen

Thöne, Georg Heinrich Friedrich
Wilhelm (Handarbeiter in Güntersen)

Vaupel, Dorette Justine Caroline (in
Güntersen)

06.05.
Güntersen

Standes-
amtlich
06.05.
Güntersen

Thiele, Ludwig Carl (Schneider, Ww.
der 1876 verst. Louise Wilhelmine
Amalie, geb. Schaefer in Güntersen)

Thöne, Dorothee Louise Rosine (in
Güntersen)

21.05.

Standes-
amtlich
21.05.
Barterode

Oppel, Heinrich Achim (Handarbeiter
in Langenla.)

Appel, Rosine Louise Sophie Henriette (in
Barterode)

116

30.09.	**Sohnrey,** Heinrich Friedrich Ludwig Carl (Ackermann in Klein-Wiershausen)	**Brandt,** Johanne Caroline Louise Henriette (in Barterode)
Standesamtlich 30.09. Barterode		
25.10.	**Hillebrecht,** Georg Heinrich Carl August (Maurer in Barterode)	**Brosenne,** Dorette Louise Charlotte (in Barterode)
Standesamtlich 25.10. Barterode		
04.11. Güntersen	**Müller,** Georg Ludwig August Wilhelm (Dienstknecht in Güntersen)	**Gerke,** Henriette Friederike Wilhelmine (in Lödingsen)
Standesamtlich 04.11. Güntersen		
23.12. Eberhsn.	**Tolle,** August Carl Heinrich (Schneider in Eberhausen)	**Freibott,** Magdalene Dorothee Charlotte (in Eberhausen)
Standesamtlich 23.12. Eberhsn.		
26.12.	**Wachsmuth,** Christian Ernst Heinrich Albert (Weber in Barterode)	**Hesse,** Johanne Marie Louise (in Barterode)
Standesamtlich 26.12. Barterode		

1878

14.02. Eberhsn.	**Goedecke,** Georg Friedrich Christian (Schuhmacher in Eberhausen)	**Goetze,** Juliane Albertine Caroline (in Imbsen)
Standesamtlich 14.02. Eberhsn.		
24.02. Güntersen	**Riemenschneider,** Heinrich Christian (Handarbeiter in Güntersen)	**Witthuhn,** Dorothee Louise Henriette (in Güntersen)
Standesamtlich 24.02. Güntersen		
17.03. Barterode	**Brosenne,** Georg Heinrich Friedrich (Ackermann in Barterode)	**Busch,** Dorette Lisette Caroline (in Veckerhagen)
Standesamtlich 17.03. Barterode		

117

10.06. Güntersen Standes- amtlich 10.06. Güntersen	**Winter,** Carl Wilhelm (Handarbeiter in Güntersen)	**Neumann,** Caroline Wilhelmine Charlotte Dorothee (in Güntersen)
18.06. Standes- amtlich 18.06. Barterode	**Hartge,** Carl Christoph Friedrich (Bürger, Ww. der 1877 verst. Johanne, geb. Lieberum in Adelebsen)	**Brosenne,** Magdalene Louise Charlotte (verheiratet gewesen mit dem Drcchsler Carl Christian Hartwig in Bovenden, von dem sie durch Erkenntnis des königlichen Obergerichts zu Göttingen den 4.Juli 1877 als unschuldiger Theil geschieden ist in Barterode
28.07. Standes- amtlich 28.07. Barterode	**Oberdieck,** Heinrich Ernst August (Ackermann in Barterode)	**Jeep,** Wilhelmine Caroline Henriette (in Barterode)
08.08. Standes- amtlich 08.08. Barterode	**Eggers,** Robert Christian Gustav (Kaufmann, Ww. der 1876 verst. Auguste geb. Wessel in Rostock)	**Schmidt,** Nanny Philippine Elisa (in Barterode)
26.09. Güntersen Standes- amtlich 26.09. Güntersen	**Kehten,** Heinrich Friedrich August Hermann Louis (angehender Gastwirth in Güntersen)	**Beuermann,** Charlotte Christiane Ernestine Caroline Louise Dorette (in Güntersen)
03.11. Standes- amtlich 03.11. Barterode	**Hinterthür,** Heinrich Christian Friedrich August (Kuhhirt in Ohlenhusen)	**Nörtemann,** Marie Louise Juliane Amalie (in Barterode)
10.11. Standes- amtlich 10.11. Barterode	**Tolle,** Heinrich Ernst August Christian (Maurer in Barterode)	**Hogreve,** Magdalene Henriette Berthine Louise … (in Barterode)
10.11. Standes- amtlich 10.11. Barterode	**Dunker,** Heinrich August (Zimmermann in Barterode)	**Holscher,** Caroline Henriette Wilhelmine (in Barterode)
24.11. Güntersen Standes- amtlich 24.11. Güntersen	**Vaupel,** Christian Friedrich August (Handarbeiter, Ww. der 1877 verst. Sophie Louise Henriette Elisabeth, geb. Bielefeld in Güntersen)	**Borchert,** Ernestine Christiane Charlotte (in Barterode)

1879

12.01. Güntersen Standes- amtlich 12.01. Güntersen	**Lambrecht,** Heinrich Christian August (Handarbeiter in Lauenberg)	**Pfahlert,** Magdalene Caroline Wilhelmine (in Güntersen)
19.01. Güntersen Standes- amtlich 19.01. Güntersen	**Röhlig,** Heinrich Ferdinand August (Polizeisergeant in Münden)	**Witthuhn,** Dorothee Caroline Henriette (in Güntersen)
25.02. Güntersen Standes- amtlich 25.02. Güntersen	**Diedrich,** Christian Friedrich Ludwig (Bäcker und Gastwirt, Ww. der 1878 verst. Dorothee Christine Louise, geb. Käse in Dransfeld)	**Bick,** Louise Regine Albertine (in Güntersen)
06.03. Standes- amtlich 06.03. Barterode	**Brandt,** Georg Ernst Eduard (Tischler in Barterode)	**Hillebrecht,** Dorette Henriette Charlotte Caroline Louise (in Barterode)
04.04. Standes- amtlich 04.04. Barterode	**Retberg,** Johann Christian Carl (Ackerknecht, Ww. der 1877 verst. N.N. in Hevensen)	**Sauerland,** genannt **Schiebert,** Charlotte Magdalene (in Barterode)
04.05. Standes- amtlich 04.05. Barterode	**Büte,** Heinrich Wilhelm Christian Friedrich (Schneider in Barterode)	**Wolfskeil,** Charlotte Juliane Helene (in Barterode)
11.05. Standes- amtlich 10.05. Barterode	**Ilse Brandt,** Georg Ferdinand (Schäfer in Grone)	**Witthuhn,** Rosine Wilhelmine Elise Juliane (in Barterode)
11.05. Standes- amtlich 11.05. Barterode	**Dreyfuß,** Louis Hermann (Bierbrauer in Dransfeld)	**Korte,** Magdalene Charlotte Henriette Louise (in Barterode)
02.06. Standes- amtlich 02.06. Barterode	**Schaefer,** Heinrich Christian Friedrich (Ackermann in Barterode)	**Sohnrey,** Dorothea Justine Josephine (in Barterode)

03.08. Güntersen	**Witthuhn,** Christian Friedrich Ernst Wilhelm (Schneider in Güntersen)	**Meyer,** Hanne Justine Charlotte Dorothee (in Güntersen)
Standes- amtlich 03.08. Güntersen		
24.08. Eberhsn.	**Freter,** Georg Heinrich Wilhelm (Ackermann in Eberhausen)	**Hille,** Dorothee Louise Charlotte Wilhelmine Caroline Helene Friederike (in Güntersen)
Standes- amtlich 24.08. Eberhsn.		
19.10. Güntersen	**Heuer,** Carl Heinrich Wilhelm (Brenner in Hannover)	**Hille,** Hanne Wilhelmine Henriette Caroline Dorette (in Güntersen)
Standes- amtlich 19.10. Güntersen		
23.11. Standes- amtlich 23.11. Barterode	**Kretzer,** Heinrich Christian Friedrich Wilhelm (Eisenbahnwärter in Hetjershausen)	**Wiegand,** Friederike Louise Juliane Christiane (in Barterode)
14.12. Standes- amtlich 14.12. Barterode	**Voß,** Gustav Friedrich Wilhelm (Schriftsetzer in Göttingen)	**Finsel,** Christiane Amalie Dorette (in Barterode)

1880

18.01. Standes- amtlich 18.01. Barterode	**Hogreve,** August Heinrich Ernst Albert (Maurer in Barterode)	**Wienecke,** Minna Berthine Louise (in Barterode)
12.02. Eberhsn. Standes- amtlich 12.02. Eberhsn.	**Söder,** Georg (Handarbeiter in Güntersen)	**Uhlendorf,** Dorothee Auguste Caroline (in Eberhausen)
07.03. Standes- amtlich 07.03. Barterode	**Knauff,** genannt **Schlieper,** Heinrich Carl (Maurer in Barterode)	**Wiegand,** Mathilde Augustine Wilhelmine (in Barterode)

06.04. Güntersen	**Filthuth,** Georg Heinrich August (Leineweber in Güntersen)	**Scholle,** Hanna Dorothee Louise Henriette (in Güntersen)
Standes- amtlich 04.04. Güntersen		
04.05. Ossenfeld	**Günther,** Georg Heinrich Ludwig (Ackermann in Elkershausen)	**Reckel,** Johanne Dorette Albertine (in Ossenfeld)
Standes- amtlich 04.05. Ossenfeld		
25.05. Güntersen	**Filthuth,** Heinrich Wilhelm (Oeconom zur Wellbrügge bei Lödingsen)	**Kehten,** Louise Wilhelmine Henriette Ernestine Albertine Emma (in Güntersen)
Standes- amtlich 25.05. Güntersen		
13.06.	**Tolle,** Ernst Friedrich Wilhelm (Ackermann in Barterode)	**Teuteberg,** Caroline Rosine Louise (in Barterode)
Standes- amtlich 13.06. Barterode		
08.08.	**Mohhoff,** Theodor Ernst August Wilhelm Heinrich (Handarbeiter in Barterode)	**Nordmann,** Henriette Caroline Louise (in Barterode)
Standes- amtlich 08.08. Barterode		
10.10.	**Schaefer,** Ernst Heinrich (Müller in der unteren Mühle bei Barterode)	**Gobrecht,** Friederike Melusine Louise (in Schoningen)
Standes- amtlich 10.10. Barterode		
14.10.	**Rangott,** Carl Hermann (Förster in Birkholz)	**Schaefer,** Ernestine Wilhelmine Charlotte (in Barterode)
Standes- amtlich 14.10. Barterode		
07.11.	**Rümenapp,** Ernst Heinrich Albert Carl Wilhelm (Weißbinder in Barterode)	**Biehl,** Albine Philippine (in Heisebeck)
Standes- amtlich 07.11. Barterode		
11.11. Ossenfeld	**Hennecke,** Carl Friedrich Ludwig (Bahnwärter in Settmarshausen)	**Vahlbusch,** Wilhelmine Caroline Emilie (in Ossenfeld)
Standes- amtlich 11.11. Ossenfeld		

16.11. Ossenfeld Standes- amtlich 16.11. Ossenfeld	**Bäre,** auch **Bähre** und **Bär,** Georg Friedrich August (Dienstknecht in Güntersen)	**Reckel,** Charlotte Dorothee Henriette Pauline Helene (in Ossenfeld)
21.11. Standes- amtlich 21.11. Barterode	**Dunker,** Heinrich Christian Friedrich (Maurer in Barterode)	**Heise,** Augustine Albertine Lotte Caroline Louise Amalie (in Barterode)
21.11. Güntersen Standes- amtlich 21.11. Güntersen	**Claus,** Gustav Martin Heinrich Carl (Ackerknecht in Adelebsen)	**Thöne,** Charlotte Dorette (in Güntersen)

1881

23.01. Güntersen Standes- amtlich 23.01. Güntersen	**Bunnemann,** Friedrich August (Handarbeiter in Adelebsen)	**Rettberg,** Dorothee Elise Caroline Christiane (in Adelebsen)
21.06. Standes- amtlich 21.06. Barterode	**Teuteberg,** Heinrich Christoph Friedrich (Ackermann in Barterode)	**Ebbecke,** Catharine Ernestine Louise Amalie Caroline Lisette (zur mittleren Mühle bei Barterode)
13.09. Standes- amtlich 13.09. Barterode	**Ludewig,** Heinrich Christian Friedrich (Ackerbürger in Dransfeld)	**Jeep,** Louise Magdalene (in Barterode)
09.10. Ossenfeld Standes- amtlich 09.10. Ossenfeld	**Rößling,** Johann Heinrich David Wilhelm (in Ossenfeld)	**Tolle,** Sophie Charlotte Rosine Ernestine Henriette (in Ossenfeld)
27.10. Eberhsn. Standes- amtlich 27.10. Eberhsn.	**Sebode,** Heinrich Christian Friedrich Ludwig (Sergeant im 2ten Dragoner-Regiment Nr16 in Ülzen)	**Wolter,** Magdalene Wilhelmine Betty (in Eberhausen)

20.11.

Standes-
amtlich
19.11.
Barterode

Korte, Carl Friedrich Wilhelm (Maurer in Barterode)

Oppermann, Henriette Dorette Caroline Rosine Wilhelmine, genannt Louise, (in Barterode)

1882

22.01.
Güntersen

Standes-
amtlich
22.01.
Güntersen

Westermann, Georg Friedrich Wilhelm Louis (Ackermann in Güntersen)

Busch, Louise Minna (in Güntersen)

22.06.
Güntersen

Standes-
amtlich
22.06.
Güntersen

Hasselmann, Heinrich August Wilhelm Ludwig (Schuhmacher in Güntersen)

Filthuth, Dorette Louise Helene (in Güntersen)

09.07.

Standes-
amtlich
09.07.
Barterode

Wiegand, August Heinrich Wilhelm (Rademacher in Erbsen)

Winter, Johanne Caroline Louise Minna (in Barterode)

01.10.

Standes-
amtlich
30.09.
Barterode

Hogreve, Heinrich Ernst August Hermann Carl (Schuhmacher in Barterode)

Wahmke, Caroline Auguste Wilhelmine (in Barterode)

29.10.
Güntersen

Standes-
amtlich
29.10.
Güntersen

Sonne, Friedrich Eduard (Ackerknecht in Eberhausen)

Pfahlert, Helene Dorothee Henriette (in Güntersen)

23.11.

Standes-
amtlich
23.11.
Barterode

Teuteberg, Christian Wilhelm Ludwig (Ackermann in Barterode)

Knüppel, Charlotte Dorette Lina (in Barterode)

28.11.
Ossenfeld

Standes-
amtlich
28.11.
Ossenfeld

Sohnrey, August Carl Heinrich Ludwig (Ackermann in Barterode)

Roltsch, geb. **Vahlbusch,** Dora Rosette Albertine Mathilde (Wwe. des 1881 verst. Oeconoms Carl August Robert Roltsch in Ossenfeld)

1883

Datum		
23.01. Standes- amtlich 23.11. Barterode	**Teuteberg,** Justus Christian Friedrich (Ackermann in Barterode)	**Ebbecke,** Dorette Caroline Mathilde (zur mittleren Mühle bei Barterode)
15.03. Güntersen Standes- amtlich 15.03. Güntersen	**Jacobs,** August Hermann (Locomotivführer in Lehrte, Ww. der 1882 verst. Anna Wilhelmine Friederike, geb. Zimmermann)	**Dörges,** Minna Dorette Louise (in Güntersen)
05.04. Standes- amtlich 05.04. Barterode	**Ebbecke,** Ernst Gustav Theodor (Mühlenbesitzer zur mittleren Mühle bei Barterode)	**Bartram,** Marie Wilhelmine Auguste (in Barterode)
08.04. Standes- amtlich 07.04. Barterode	**Heise,** Ernst August Christian (Handarbeiter in Barterode)	**Wienecke,** Louise Hanne Dorothee (in Barterode)
29.04. Standes- amtlich 29.04. Barterode	**Reckel,** Georg Heinrich Ernst Christian (Ackermann in Barterode)	**Sohnrey,** Dorette Louise Henriette Wilhelmine Magdalene Juliane (in Güntersen)
06.05. Eberhsn. Standes- amtlich 06.05. Eberhsn.	**Meyer,** Heinrich August Albert (Ackermann in Eberhausen)	**Zierenberg,** Friederike Louise Ernestine (in Eberhausen)
14.05. Standes- amtlich 14.05. Barterode	**Schmid,** Carl Heinrich August (Schäfer in Ohlenhusen)	**Hillebrecht,** Eleonore Louise Georgine Wilhelmine Rosine (in Barterode)
25.10. Ossenfeld Standes- amtlich 25.10. Ossenfeld	**Zierenberg,** August Friedrich Wilhelm (Schneider in Niederscheden)	**Klinge,** Louise Friederike Caroline (in Ossenfeld)
11.11. Standes- amtlich 11.11. Barterode	**Ebbecke,** Carl Friedrich Louis Wilhelm (Ackermann in Barterode)	**Teuteberg,** Johanne Regine Charlotte (in Barterode)

18.11. Güntersen	**Bernhard**, Ernst Friedrich (Maurer in Dransfeld)	**Filthuth**, Christiane Wilhelmine Dorette (in Güntersen)
Standes- amtlich 18.11. Güntersen		
25.11. Standes- amtlich 24.11. Barterode	**Uhlendorf**, Georg Friedrich Heinrich (Handarbeiter in Ellershausen)	**Heise**, Magdalene Auguste Emilie (in Barterode)
23.12. Eberhsn.	**Heine**, Georg Ernst Wilhelm (Schäfer in Güntersen)	**Hillebrecht**, Dorothee Wilhelmine Caroline Helene (in Eberhausen)
Standes- amtlich 23.12. Eberhsn.		
26.12. Güntersen	**Krull,** Georg Heinrich Wilhelm (Hofmeister in Varmissen)	**Ritter,** Dorothee Charlotte Amalie (in Güntersen)
Standes- amtlich 26.12. Güntersen		

1884

01.01. Güntersen	**Vaupel**, Ernst August Heinrich Wilhelm Ludwig (Steinhauer in Güntersen)	**Brunahl**, Charlotte Louise (in Güntersen)
Standes- amtlich 01.01. Güntersen		
06.01. Standes- amtlich 06.01. Barterode	**Uhlendorf**, Friedrich Christoph (Handarbeiter in Dransfeld)	**Borchert**, genannt **Goebel**, Caroline Ernestine (in Barterode)
11.05. Standes- amtlich 11.05. Barterode	**Güllenbeck**, Carl Heinrich August (Brennereiarbeiter in Güntersen)	**Mohrhoff**, Christiane Caroline Dorette (in Barterode)
13.07. Ossenfeld	**Tolle**, Otto Wilhelm Heinrich Louis (Hilfswärter in Ossenfeld)	**Sauerland**, Josephine Caroline Auguste (in Ossenfeld)
Standes- amtlich 13.07. Ossenfeld		

15.07. Güntersen Standes- amtlich 15.07. Güntersen	**Ebeling,** Heinrich Ludwig Cornelius Carl Gottfried (Landwirt in Güntersen)	**Füllgrabe,** Rosette Louise Bertha (in Güntersen)
20.11. Ossenfeld Standes- amtlich 20.11. Ossenfeld	**Sauerland,** Heinrich Christian August (Eisenbahnwärter in Ossenfeld)	**Bäre,** geb. **Reckel,** Charlotte Dorothee Henriette Pauline Helene (Wwe. des 1884 verst. Georg Friedrich August Bäre in Ossenfeld)
21.12. Eberhsn. Standes- amtlich 21.12. Eberhsn.	**Busch,** Georg August Wilhelm (Handarbeiter in Schoningen)	**Grünewald,** Wilhelmine Caroline Dorothee (in Eberhausen)

1885

15.03. Standes- amtlich 14.03. Barterode	**Mohrhoff,** Georg Heinrich Christian Friedrich (Ackerknecht in Barterode)	**Korte,** Christiane Louise Caroline (in Barterode)
22.03. Standes- amtlich 21.03. Barterode	**Mohrhoff,** Theodor Ernst August Wilhelm Heinrich (Schmied, Ww. der 1883 verst. Henriette Caroline Louise, geb. Nordmann)	**Brandt,** Wilhelmine Dorette Amalie (in Barterode)
19.04. Eberhsn. Standes- amtlich 19.04. Eberhsn.	**Hille,** Heinrich Friedrich August (Schmied in Eberhausen)	**Meyer,** Albertine Dorothee (in Eberhausen)
19.04. Standes- amtlich 19.04. Barterode	**Vollbrecht,** Wilhelm Carl Heinrich (Ackerknecht in Harste)	**Knüppel,** Henriette Dorette Charlotte (in Barterode)
23.04. Ossenfeld Standes- amtlich 23.04. Ossenfeld	**Beurmann,** Friedrich Ludwig (Ackermann in Niederscheden)	**Tolle,** Dorette Charlotte Lina (in Ossenfeld)

10.05. Standes- amtlich 09.05. Barterode	**Schaefer,** Friedrich Ernst (Tischler in Barterode)	**Heise,** Louise Lina Emilie (in Barterode)
17.05. Standes- amtlich 16.05. Barterode	**Quentin,** Carl Heinrich Friedrich (Ackermann in Harste)	**Hichert,** Caroline Wilhelmine Christiane Berthine (in Barterode)

1886

24.01. Güntersen Standes- amtlich 23.01. Güntersen	**Sohnrey,** August Fredrich Wilhelm (Handarbeiter in Güntersen)	**Bornemann,** Henriette Friederike Louise Charlotte (in Grone)
07.02. Standes- amtlich 07.02. Barterode	**Krücke,** Johann Wilhelm August Louis (Ackerknecht in Eberhausen)	**Brandt,** Henriette Charlotte (in Barterode)
01.04. Standes- amtlich 01.04. Barterode	**Dammann,** Otto Heinrich Gottfried (Gehilfsjäger in Adelebsen)	**Schaefer,** Sophie Louise Caroline Henriette (in Barterode)
04.04. Standes- amtlich 04.04. Barterode	**Korte,** Ernst Friedrich Carl (Handarbeiter in Barterode)	**Ahlborn,** Charlotte Wilhelmine Louise (in Barterode)
26.04. Standes- amtlich 26.04. Barterode	**Detering,** Christian Otto (Wagenaufhalter bei der Eisenbahn in Hannover)	**Korte,** Caroline Henriette Christine (in Barterode)
27.04. Ossenfeld Standes- amtlich 27.04. Ossenfeld	**Hinze,** August Friedrich David Wilhelm (Schuhmachermeister in Elbingerode)	**Tolle,** Regine Amalie (in Ossenfeld)
18.05. Ossenfeld Standes- amtlich 17.05. Ossenfeld	**Jeep,** Heinrich Wilhelm Carl (Steinhauer in Mengershausen)	**Sauerland,** Christine Dorette Sophie Magdalene (in Ossenfeld)

20.05. Standes- amtlich 20.05. Barterode	**Weitemeyer,** Heinrich Friedrich August (Ackermann in Meensen)	**Bertram,** Dorothee Johanne Louise (in Barterode)
30.05. Eberhsn. Standes- amtlich 30.05. Eberhsn.	**Reich,** Friedrich Heinrich Carl (Ackermann, Ww. seit 04.11.1884 in Landwehrhagen)	**Thiele,** Sophie Apollonia Anna (in der Papiermühle bei Eberhausen)
15.06. Güntersen Standes- amtlich 15.06. Güntersen	**Hille,** August Wilhelm Louis, genannt Gustav (Schneider in Güntersen)	**Witthuhn,** Minna Louise Henriette (in Güntersen)
04.07. Ossenfeld Standes- amtlich 04.07. Ossenfeld	**Hartwig,** Ernst Heinrich Carl (Bahnwärter in Ossenfeld, Ww. seit 28.03.04.11.1855)	**Sauerland,** Johanne Dorette Henriette (in Ossenfeld)
11.07. Standes- amtlich 11.07. Barterode	**Breuker,** Heinrich Wilhelm (Ackerknecht in Eberhausen)	**Fusch,** Dorette Juliane Wilhelmine (in Barterode)
22.07. Standes- amtlich 22.07. Barterode	**Eggers,** Carl Friedrich Peter (Senator und Doctor juris, Ww. seit 07.01.1842 in Berlin)	**Eggers,** Margarethe Christiane Agnete (in Rostock)
03.08. Standes- amtlich 03.08. Barterode	**Oppermann,** Heinrich August (Maurer in Barterode)	**Tolle,** Doris Louise Caroline (in Barterode)
12.09. Standes- amtlich 12.09. Barterode	**Rackebrandt,** Ernst Heinrich August (Ackerknecht in Barterode)	**Dunker,** Wilhelmine Rosine Caroline (in Barterode)
03.10. Güntersen Standes- amtlich 03.10. Güntersen	**Thöne,** Georg Heinrich (Handarbeiter in Güntersen)	**Thöne,** Caroline Louise (in Güntersen)

17.10. Standes- amtlich 17.10. Barterode	**Nordmann,** Ludwig Eduard Heinrich (Ackerknecht in Barterode)	**Theis,** Dorothee Charlotte Louise Friederike (in Dankelshausen)
02.12. Ossenfeld Standes- amtlich 02.12. Ossenfeld	**Ilse,** Heinrich Wilhelm (Hilfsgärtner in Ossenfeld)	**Schelp,** Caroline Josephine Louise Rosette (in Ossenfeld)
05.12. Standes- amtlich 05.12. Barterode	**Hogreve,** Justus Heinrich Ernst August (Steinschäger in Barterode)	**Korte,** Henriette Caroline (in Barterode)
16.12. Ossenfeld Standes- amtlich 16.12. Ossenfeld	**Schelp,** Ernst Heinrich Wilhelm (Bahnwärter in Ossenfeld)	**Sohnrey,** Caroline Dorothee Charlotte Amalie (in Ossenfeld)

1887

02.01. Ossenfeld Standes- amtlich 02.01. Ossenfeld	**Sohnrey,** Heinrich Fritz August (Ackermann in Ossenfeld)	**Schelp,** Caroline Seraphine Dorothee Charlotte Rosette
23.01. Standes- amtlich 23.01. Barterode	**Traupe,** Heinrich Louis (Bahnhofarbeiter in Wellersen)	**Mohrhoff,** Louise Dorette Henriette (in Barterode)
10.03. Standes- amtlich 09.03. Barterode	**Tolle,** Heinrich Ernst Louise (Ackermann in Barterode)	**Ahm,** auch **Ohm,** Wilhelmine Lina (in Barterode)
11.04. Güntersen Standes- amtlich 11.04. Güntersen	**Löhr,** Conrad Heinrich (Flurschütz, Ww. der 1880 verst. Anna Elisabeth, geb. Fillmeden in Göttingen)	**Güllenbeck,** Dorothee Henriette Charlotte Louise (in Güntersen)

11.04. Standes- amtlich 11.04. Barterode	**Sauerland,** Carl August Ludwig (Zimmermann in Ossenfeld)	**Brandt**, Caroline Magdalene Louise (in Barterode)
24.04. Güntersen Standes- amtlich 24.04. Güntersen	**Thöne,** Georg Heinrich Christian, genannt August, (Steinhauer in Güntersen)	**Hillebrecht,** Louise Constantina Charlotte (in Esebeck)
03.07. Standes- amtlich 03.07. Barterode	**Siebrecht,** Wilhelm Georg August Heinrich (Ackermann in Bodenfelde)	**Wenzel,** Auguste Georgine Louise (in Barterode)
28.07. Standes- amtlich 28.07. Barterode	**Ahlborn,** Ernst August Ludwig (Gastwirt in Barterode)	**Brandt,** Emilie Christine Louise (in Barterode)
18.10. Güntersen Standes- amtlich 18.10. Güntersen	**Schulze,** Robert Heinrich Ferdinand Hermann (Kaufmann in Hildesheim)	**Füllgrabe,** Luise Lisette Henriette Ira (in Güntersen)
27.10. Standes- amtlich 27.10. Barterode	**Hichert,** Heinrich Philipp (Lademeister in Barterode)	**Schaefer,** Rosette Wilhelmine Louise (in Barterode)
31.10. Güntersen Standes- amtlich 30.10. Güntersen	**Wißler,** Christian Justus (Wärter im Physiologischen Institut in Göttingen)	**Hille,** Helene Dorette (in Güntersen)

1888

14.02. Ossenfeld Standes- amtlich 14.02. Ossenfeld	**Jeep,** August Ludwig (Bäckermeister zu Dransfeld)	**Oberdiek,** Christine Luise Auguste (zu Ossenfeld)

04.03. Güntersen	**Pfahlert,** Karl Heinrich Friedrich (Handarbeiter zu Güntersen)	**Witthuhn,** Dorothee Sophie Auguste (zu Güntersen)
Standes- amtlich 04.03. Güntersen		
27.05.	**Schlieper,** Georg Louis Wilhelm (Handarbeiter zu Barterode)	**Rackebrandt,** Rosine Juliane Auguste Christiane (zu Barterode)
Standes- amtlich 27.05. Barterode		
08.07.	**Jacke,** Ludolf Heinrich Konrad (Barbier zu Barterode)	**Brandt,** Caroline Charlotte Rosine Dorothee (zu Barterode)
Standes- amtlich 08.07. Barterode		
29.07.	**Wienecke,** Friedrich Wilhelm Heinrich (Steinbrucharbeiter zu Barterode)	**Friedrichs,** geb. **Henze,** Karoline Maria Dorothee (Wwe. des Hermann Friedrichs (Maurer zu Adelebsen))
Standes- amtlich 28.07. Barterode		
07.08.	**Uhlendorf,** Heinrich Wilhelm Ludwig (Ackermann zu Ellershausen)	**Wienecke,** Luise Dorothee Karoline (zu Barterode)
Standes- amtlich 06.07. Barterode		
19.08.	**Schuck,** Albert Emil Eduard Georg Otto (Fabrikarbeiter zu Grone)	**Borchert,** Henriette Ernestine Luise (zu Barterode)
Standes- amtlich 19.08. Barterode		
28.08. Güntersen	**Wulf,** Hans Heinrich Emil (Schlachter zu Göttingen)	**Bäre,** Dorothee Luise Juliane Henriette (zu Güntersen)
Standes- amtlich 28.08. Güntersen		
16.09. Güntersen	**Winkelbach,** Heinrich Friedrich Hermann (Sattler zu Oberscheden)	**Fischer,** Charlotte Eleonore Henriette (zu Güntersen)
Standes- amtlich 16.09. Güntersen		
18.09. Ossenfeld	**Gruber,** Karl Friedrich Emil (Schneider zu Herda)	**Tolle,** Lina Ernestine Dorette (zu Ossenfeld)
Standes- amtlich 18.09. Ossenfeld		

14.10. Eberhsn.	**Albrecht**, Wilhelm Ernst August (Ackerknecht zu Eberhausen)	**Meyer,** Ernestine Magdalene Charlotte (zu Eberhausen)
Standes- amtlich 14.10. Eberhsn.		
14.10. Güntersen	**Söder**, Georg Friedrich August (Handarbeiter zu Güntersen)	**Eggers,** Johanna Sophie Amalie (zu Weende)
Standes- amtlich 14.10. Güntersen		
21.10. Güntersen	**Gans, genannt Pinne,** Heinrich Friedrich (Ackerknecht zu Güntersen)	**Sohnrey,** Dorothee Sophie Luise (zu Güntersen)
Standes- amtlich 21.10. Güntersen		
26.12. Güntersen	**Witthuhn**, Heinrich Conrad Ludwig (Ackerknecht zu Güntersen)	**Fischer,** Karoline Wilhelmine Charlotte (zu Güntersen)
Standes- amtlich 26.12. Güntersen		

1889

17.03. Güntersen	**Filthuth**, Heinrich Friedrich Ludwig (Haussohn zu Güntersen)	**Borchert, genannt Goebel,** Charlotte Dorothee Henriette (zu Barterode)
Standes- amtlich 17.03. Güntersen		
22.04. Güntersen	**Rostig**, Karl Heinrich (Arbeiter zu Güntersen)	**Müller,** Wilhelmine Helene Christine (zu Güntersen)
Standes- amtlich 22.04. Güntersen		
12.05. Eberhsn.	**Voigt,** Ernst August Christian (Schuhmacher zu Fürstenhagen)	**Freter,** Helene Luise (zu Eberhausen)
Standes- amtlich 12.05. Eberhsn.		
19.05. Ossenfeld	**Siebrecht**, Christian August Karl (Leineweber zu Atzenhausen)	**Habhoff,** Friederike Seraphine Auguste (zu Ossenfeld)
Standes- amtlich 19.05. Ossenfeld		

30.06.

Standes-
amtlich
30.06.
Barterode

Schlieper, Heinrich Karl August
(Ackerknecht zu Barterode)

Schmidt, Christiane Luise Wilhelmine (zu
Barterode)

11.07.
Ossenfeld

Standes-
amtlich
11.07.
Ossenfeld

Sohnrey, Karl Heinrich
(Eisenbahnarbeiter zu Ossenfeld)

Sauerland, Albertine Helene Amalie (zu
Ossenfeld)

08.08.

Standes-
amtlich
08.08.
Barterode

Finke, August Heinrich Christian
(Schneider zu Barterode)

Noelke, Maria (zu Dens) [denselben, also
Barterode?]

25.08.

Standes-
amtlich
25.08.
Barterode

Borchert, genannt **Goebel,** Wilhelm
August (Arbeiter zu Barterode)

Schmidt, Dorette Karoline Ernestine (zu
Offensen)

20.10.

Standes-
amtlich
20.10.
Barterode

Hething, Ernst Wilhelm (Arbeiter zu
Göttingen)

Schlieper, Magdalene Minna (zu Barterode)

20.10.

Standes-
amtlich
20.10.
Barterode

Schlieper, Heinrich Christian August
(Arbeitsmann zu Göttingen)

Pfahlert, Dorette Wilhelmine Luise (zu
Barterode)

15.12.
Güntersen

Standes-
amtlich
15.12.
Güntersen

Pfahlert, Georg Heinrich Wilhelm Ernst
August (Schmiedemeister zu Jühnde)

Grube, Christine Wilhelmine Luise (zu
Rosdorf)

22.12.
Eberhsn.

Standes-
amtlich
22.12.
Eberhsn.

Grünewald, Christian August Wilhelm
(Arbeitsmann zu Ellershausen)

Giesecke, Johanne August Karoline (zu
Ammensen)

27.12.
Eberhsn.

Standes-
amtlich
27.12.
Eberhsn.

Dietrich, Heinrich Ludwig Robert
(Maurer zu Steina)

Goedecke, Dorothee Henriette Magdalene
Luise (zu Eberhausen)

1890

05.01.

Standes-
amtlich
05.01.
Barterode

Drücke, Heinrich Christian Ludwig
(Haussohn zu Barterode)

Teuteberg, Karoline Wilhelmine Henriette
(zu Barterode)

26.01.
Güntersen

Standes-
amtlich
26.01.
Güntersen

Gerke, Friedrich (Schuhmacher zu
Göttingen)

Müller, Wilhelmine Luise Caroline, genannt
Bertha (zu Güntersen)

26.01.

Standes-
amtlich
26.01.
Barterode

Oppermann, Ernst Friedrich Wilhelm
(Schuhmacher zu Barterode)

Fusch, Luise Friederike Caroline Mathilde
(zu Barterode)

04.03.

Standes-
amtlich
04.03.
Barterode

Schodder, Christian August (Schneider
zu Barterode)

Finke, Johanna Karolina Anna Christiane
Wilhelmine (zu Barterode)

23.03.

Standes-
amtlich
23.03.
Barterode

Dunker, Ernst Friedrich August
(Arbeiter zu Barterode)

Nordmann, Elise Luise Wilhelmine (zu
Barterode)

08.04.
Güntersen

Standes-
amtlich
08.04.
Güntersen

Riehn, August Friedrich Ernst
(Politeurarbeiter zu Göttingen)

Schaefer, Wilhelmine Henriette Johanna
Luise (zu Güntersen)

08.05.
Eberhsn.

Standes-
amtlich
08.05.
Eberhsn.

Schulze, Heinrich Friedrich
(Ackermann zu Oberscheden)

Meyer, Luise Dorette (zu Eberhausen)

11.05.
Güntersen

Standes-
amtlich
11.05.
Güntersen

Fusch, Wilhelm Heinrich Ernst
(Schmied zu Barterode)

Dörger, Minna Luise Rosette (zu Güntersen)

26.05.

Standes-
amtlich
26.05.
Barterode

Kolle, Georg Heinrich (Arbeiter zu
Dransfeld)

Neise, Friederike Johanna Wilhelmine (zu
Barterode)

15.06. Güntersen	**Scholle,** Ernst August Ludwig (Ackermann zu Güntersen)	**Berlepsch,** Dorothee Caroline Juliane (zu Güntersen)
Standesamtlich 15.06. Güntersen		
13.06. Güntersen	**Friedrichs,** Wilhelm Ludwig Friedrich (Ackerknecht zu Varmissen)	**Wiegand,** Luise Henriette Helene (zu Güntersen)
Standesamtlich 13.06. Güntersen		
02.10.	**Hillebrecht,** Wilhelm Ludwig (Maurer zu Barterode)	**Jungbluth,** Dorothee Henriette Melusine (zu Barterode)
Standesamtlich 02.10. Barterode		
16.11. Güntersen	**Beyer,** Karl Ernst (Wegarbeiter zu Güntersen)	**Stange,** Dorothee Luise Henriette (zu Güntersen)
Standesamtlich 16.11. Güntersen		
30.11.	**Bähre,** Carl Heinrich Wilhelm (Schäferknecht zu Güntersen)	**Ahlborn,** Rosine Karoline Augustine (zu Barterode)
Standesamtlich 30.11. Barterode		
14.12.	**Becker,** Karl Ernst August Heinrich Friedrich (Steinhauer zu Wibbecke)	**Sohnrey,** Luise Wilhelmine Henriette (zu Barterode)
Standesamtlich 14.12. Barterode		
16.12. Güntersen	**Kaesewieter,** Ferdinand Wilhelm Christian (Restaurateur zu Neustadt-Harzburg)	**Dörger,** Christiane Wilhelmine Luise Caroline (zu Güntersen)
Standesamtlich 16.12. Güntersen		
26.12. Güntersen	**Kulp,** Carl Christian Wilhelm Ludwig Julius (Steinhauer zu Hettensen)	**Grünewald,** Wilhelmine Luise (zu Eberhausen)
Standesamtlich 26.12. Eberhsn.		

1891

04.01.
Güntersen

Burgdorf, Wilhelm Christian (Kutscher zu Göttingen)

Dörger, Caroline Dorette Ida (zu Güntersen)

Standes-
amtlich
04.01.
Güntersen

27.01.

Klinge, Wilhelm Ernst August (Ackerknecht zu Wibbecke)

Leunig, Dorothee Luise Ida Emilie (zu Barterode)

Standes-
amtlich
27.01.
Barterode

08.03.
Güntersen

Pfahlert, Heinrich August (Ackerknecht zu Güntersen)

Schaefer, Wilhelmine Luise (zu Güntersen)

Standes-
amtlich
08.03.
Güntersen

12.03.
Ossenfeld

Beinhorn, August Heinrich Ludwig (Waldarbeiter zu Ossenfeld)

Lambach, Dorette Wilhelmine Elise August (zu Ossenfeld)

Standes-
amtlich
11.03.
Ossenfeld

30.03.

Störmer, Heinrich Friedrich Wilhelm (Arbeiter zu Eberhausen)

Borchert, Emilie Helene Ernestine Dorette (zu Barterode)

Standes-
amtlich
30.03.
Barterode

12.04.

Romey, Georg Heinrich (Ackerknecht zu Bühren)

Nordmann, Caroline Henriette Dorette (zu Barterode)

Standes-
amtlich
12.04.
Barterode

16.04.
Eberhsn.

Giesecke, Georg Karl Hermann (Brucharbeiter zu Eberhausen)

Korte, Dorothee Luise Hanne (zu Eberhausen)

Standes-
amtlich
16.04.
Eberhsn.

31.05.

Steinberg, Heinrich August Friedrich Karl (Maurer zu Sieboldshausen)

Finsel, Luise Dorette Auguste (zu Barterode)

Standes-
amtlich
31.05.
Barterode

12.07.
Güntersen

Berlepsch, Georg Ernst Heinrich Carl (Maurer zu Güntersen)

Stange, Johanna Luise (zu Güntersen)

Standes-
amtlich
12.07.
Güntersen

136

12.07.	**Wenzel,** Carl Ernst Ludwig (Ackermann zu Barterode)	**Nienstedt,** Dorette Henriette Luise (zu Barterode)
Standes-amtlich 12.07. Barterode		
04.10. Güntersen	**Scholle,** Heinrich August Gustav (Tischler zu Güntersen)	**Mesecke,** Henriette Dorette Luise (zu Güntersen)
Standes-amtlich 04.10. Güntersen		
18.10. Güntersen	**Hartmann,** Heinrich Wilhelm (Tagelöhner zu Güntersen)	**Gobrecht,** Justine Wilhelmine Juliane Elise Charlotte (zu Bursfelde)
Standes-amtlich 18.10. Güntersen		
27.12. Ossenfeld	**Schweethelm,** August Louis (Bahnarbeiter zu Ossenfeld)	**Otte,** Minna Emilie Auguste (zu Ossenfeld)
Standes-amtlich 26.12. Ossenfeld		

Ende dieses Kirchenbuches

Barterode (Eberhausen, Güntersen, Ossenfeld)

1851

09.03.
Erbsen

Ilse, Heinrich Daniel (Anbauer auf dem Heidkopp bei Schoningen)
V: + Christian (Anbauer in Schoningen)
M: Luise, geb. Klinge

Meier, Johanne Christine Wilhelmine Friederike (in Fehrlingsen
V: Johann Gottlieb (Ackermann in Fehrlingsen)
M: +Dorothee, geb. Heidelberg

09.03.
Lödingsen

Ahlborn, Christian Friedrich Wilhelm (Ackermann in Lödingsen)
V: Christian Friedrich Ahlborn (Ackermann in Lödingsen)
M: +Caroline, geb. Wellhausen

Witthuhn, Ernestine Friederike Wilhelmine (in Lödingsen)
V: Christian Ludwig (Ackermann in Lödingsen)
M: Ernestine Caroline, geb. Schodder

P.
23.03.
30.03.

Wulf, Christian Friedrich (Ackermann in Lödingsen)
V: Friedrich (Ackermann in Lödingsen)
M: Charlotte, geb. Flinte

Frees, Hanne Justine Charlotte (in Esebeck)
V: +Friedrich Wilhelm (Ackermann in Esebeck)
M: +Marie Luise, geb. Lühmann

10.08.
Lödingsen

Brandvaß, Heinrich Christian Friedrich Ludwig (Ackermann in Lödingsen)
V: Heinrich Ernst (Ackermann in Lödingsen)
M: +Hanne Dorothee Friederike, geb. Pflug

Wulf, Dorothee Henriette (in Lödingsen)
V: Friedrich (Ackermann in Lödingsen)
M: Charlotte, geb. Flinte

24.08.
Wibbecke

Möhle, Adolf Eduard Ferdinand (Ackerknecht in Wibbecke)
V: +Johann Wilhelm (Ackermann in Wibbecke)
M: +Dorothee Luise, geb. Schnake

Henze, Wilhelmine Rosine Friederike (in Erbsen)
V: Friedrich (Leineweber in Erbsen)
M: +Elisabeth, geb. Schnake

24.08.
Erbsen

Bode, Adolf Friedrich (Handarbeiter in Schlarpe)
V: Georg Heinrich (Schullehrer in Schlarpe)
M: Marie Sophie, geb. Klinge

Freibot, Marie Charlotte (in Lödingsen)
V: +Christian (Leineweber in Lödingsen)
M: Dorothee Caroline, geb. Schoor

P.
26.10.
02.11.

Wellhausen, Heinrich Christian Friedrich (Ackermann in Lödingsen)
V: +Heinrich (Ackermann in Lödingsen)
M: Hedwig, geb. Heise

Wische, Dorothee Sophie Caroline (in Ellierode)
V: +Georg Heinrich Ludwig (Ackermann in Ellierode)
M: Caroline, geb. Diefholz

07.12.
Erbsen

Göbel, Johann Heinrich August (Leineweber in Barterode)
V: Friedrich Wilhelm (Leineweber in Barterode)
M: Marie Sophie Caroline, geb. Giebel

Teuteberg, Sophie Christiane Wilhelmine Elisabeth (in Erbsen)
V: Justus (Schuhmacher in Erbsen)
M: Hanne Justine, geb. Degenhard

1852

04.03.
Erbsen

Thielbörger, Heinrich Christian Friedrich (Gastwirt in Lenglern)
V: +Heinrich Christoph Ludwig (Gastwirt zu Lenglern)
M: Johanne Christine Wilhelmine, geb. Ahlborn

Klinge, Justine Caroline Juliane (in Fehrlingsen)
V: Johann Ernst Wilhelm (Ackermann in Fehrlingsen)
M: Caroline Wilhelmine, geb. Schaper

12.04.
Lödingsen

Hillebrecht, Heinrich Christian Ludwig (Schäfer auf dem Gut zu Adelebsen (Anmerkung: *7.1.1826), wohnhaft in Lödingsen)
V: +Heinrich Johann (Schäfer in Lödingsen)
M: Hanne Charlotte, geb. Kulp

Winter, Johanne (in Lödingsen)
V: +Christian (Einwohner in Lödingsen)
M: Marie, geb. Dedoré

02.05.
Wibbecke

Klinge, Johann Heinrich Wilhelm Ludwig (Maurer in Wibbecke)
V: +Georg (Ackermann)
M: Elisabeth, geb. Rennsöhr

Klapprodt, Sophie Luise Friederike (in Wibbecke)
V: +Johann Heinrich Ludwig Christian (Schuhmacher zu Gandersheim)
M: Johanne Ernestine Henriette, geb. Schrader

11.07.
Erbsen

Spörhase, Heinrich Carl (Leineweber zu Settmarshausen)
V: +Heinrich Wilhelm (Rademacher aus Settmarshausen)
M: +Luise, geb. Nolte

Hille, Henriette Christiane Justine Wilhelmine Caroline (zu Erbsen)
V: Friedrich (Tagelöhner in Erbsen)
M: Marie, geb. Lüdeke

P.
05.09.
12.09.

Teuteberg, Johann Friedrich Wilhelm (Tischler in Fehrlingsen)
V: Heinrich (Bauermeister in Fehrlingsen)
M: +Sophie Henriette, geb. Kirchner

Utermöhlen, Sophie Christine Luise (in Volkerode)
V: +Johann Justus (Einwohner in Volkerode)
M: Eleonore, geb. Mathies

03.10.
Lödingsen

Leibeke, Heinrich Georg Ludwig (Tischler in Fürstenhagen)
V: Friedrich (Einwohner in Fürstenhagen)
M: Dorothee Luise, geb. Kobbe

Wulf, Sophie Dorothee Melita (in Lödingsen)
V: Wilhelm (Schneider in Lödingsen)
M: Charlotte, geb. Wulf

P.
14.11.
21.11.

Uhlendorf, Heinrich August (Bäckermeister in Dransfeld)
V: +Johann Christian Ludwig (Gastwirt in Dransfeld)
M: +Marie Justine, geb. Büte

Kirchener, Henriette Caroline Wilhelmine (in Fehrlingsen)
V: +Ernst (Ackermann in Fehrlingsen)
M: Justine, geb. Poppe

140

1853

09.01. Erbsen	**Hacke,** Carl Wilhelm Friedrich (Handarbeiter zu Harste, *25.03.1827 zu Harste) V: Georg Justus Friedrich (Handarbeiter) M: Dorothee Henriette, geb. Burger	**Pflug,** geb. **Teuteberg,** Helene Sophie Charlotte (*30.12.1818 zu Erbsen, Wwe. des 1849 im Hospital zu Hannover verst. Garde Jägers Heinrich Ernst Pflug aus Offensen) V: Johann Heinrich Justus Teuteberg M: Hanne Justine, geb. Degenhard Künftiger Wohnort: Erbsen
13.02. Erbsen	**Warnecke,** Heinrich Wilhelm (Postillon zu Harste, *18.04.1823 zu Harste) V: +Andreas (Tagelöhner) M: Hanne Sophie Christine Wilhelmine, geb. Tegtmeier	**Carlberg,** Sophie Justine Charlotte (zu Erbsen, *31.03.1825 zu Erbsen) V: Herman (Schuhmacher) M: +Charlotte, geb. Witte Künftiger Wohnort: Harste
P. 11.03. 03.04.	**Teuteberg,** Johann Ernst Friedrich (*29.07.1813 zu Fehrlingsen, Ackermann zu Fehrlingsen, Ww. der 1846 verst. Luise, geb. Köneke) V: Heinrich (Ackermann) M: +Sophia Henriette, geb. Kirchener	**Köneke,** Anna Christiane Friederike Amalie (zu Lutterhausen, *27.01.1834 zu Lutterhausen) V: Georg Wilhelm (Halbmeier und Ackermann) M: +Caroline Amalie, geb. Wolter Künftiger Wohnort: Fehrlingsen
P. 10.04. 17.04.	**Hartmann,** Friedrich Wilhelm (Handarbeiter zu Lödingsen, *25.03.1825 zu Lödingsen) V: Friedrich (Schneider) M: Dorothee Charlotte, geb. Buhre	**Wische,** Dorothee Henriette Christine (zu Ellierode, *02.12.1832 zu Ellierode) V: +Georg (Ackermann) M: Caroline, geb. Diefholz Künftiger Wohnort: Lödingsen
24.04. Erbsen	**Friedrichs,** Heinrich Wilhelm August (Drellmacher zu Erbsen, *07.08.1825 zu Gladebeck) V: +Friedrich (Leineweber) M: (verstorbener Ehefrau) Dorothee Sophie Juliane, verwitwete Teipel, geb. Böttcher	**Wische,** Ernestine Luise Josephine (zu Erbsen, *20.12.1826 zu Wibbecke) V: +Friedrich Wilhelm M: Henriette, geb. Nörtemann Künftiger Wohnort: Erbsen
24.04. Lödingsen	**Tolle,** Christian Friedrich Ludwig (Salzhändler zu Lödingsen, *09.12.1829 zu Lödingsen) V: Johann Heinrich (Salzhändler) M: Marie Justine, geb. Fraaz	**Pflug,** Hanne Christine Sophie (zu Offensen, *12.04.1828 zu Offensen) V: +Heinrich (Krugwirt) M: + Sophie Eleonore, geb. Feilke Künftiger Wohnort: Lödingsen
P. 24.04. 01.05.	**Bornträger,** Georg Heinrich Friedrich (Nagelschmied zu Adelebsen, *05.06.1824 zu Adelebsen) V: Georg Friedrich (Handarbeiter) M: Ernestine Claus (unverehelicht)	**Bäre,** Engel Rosine Christine Magdalene (zu Güntersen, *08.01.1820 zu Güntersen) V: +Heinrich (Handarbeiter) M: + Sophie Christine, geb. Dörger Künftiger Wohnort: Adelebsen

08.05.
Lödingsen
Brauns, Johann Heinrich Conrad (Haushofmeister bei Sn. Durchlauchtden Fürsten von Solms Braunfels zu Düsseldorf, *12.07.1813 zu Hülsede)
V: +Johann Conrad Ludwig (Steueraufseher)
M: Ilse Sophie, geb. Meyer

Buhre, Wilhelmine Marie (zu Lödingsen, *07.05.1817 zu Lödingsen)
V: +Johann Friedrich Gerlach (Krugwirt)
M: Hedewig, geb. Buhre
Künftiger Wohnort: Düsseldorf

03.07.
Lödingsen
Freibot, Heinrich Christian Friedrich August (Leineweber zu Lödingsen, *17.01.1828 zu Lödingsen)
V: +Friedrich (Leineweber)
M: Hanne Justine Wilhelmine, geb. Klages

Fricke, Henriette Ernestine Justine Friederike (zu Erbsen, *29.01.1826 zu Erbsen)
V: Wilhelm Cohrs (Ackerknecht)
M: +Caroline Fricke, geb. Hungerland (Wwe.)
Künftiger Wohnort: Lödingsen

03.07.
Wibbecke
Schnake, Christian Friedrich Wilhelm (Leineweber zu Wibbecke, *04.02.1818 zu Wibbecke)
V: Johann Friedrich (Leineweber)
M: +Christine Henriette, geb. Becker

Scheidemann, Dorothea Sophie Wilhelmine (zu Wibbecke, *19.02.1831 zu Wibbecke)
V: Friedrich (Handarbeiter)
M: Wilhelmine, geb. Wellhausen
Künftiger Wohnort: Wibbecke

28.08.
Wibbecke
Ellermeier, Heinrich Wilhelm (Dienstknecht zu Wibbecke, *21.01.1821 zu Wibbecke)
V: Heinrich (Ackerknecht)
M: Dorothea Rettberg (unverheiratet)

Klinge, Marie Caroline Henriette (zu Wibbecke, *12.08.1825 zu Wibbecke)
V: +Georg (Ackermann)
M: + Sophie Christine, geb. Ronnsöhr
Künftiger Wohnort: Wibbecke

P.
21.08.
28.08.
Kaßau, Andreas Friedrich Christian (Handarbeiter zu Emmenhausen, *29.04.1827 zu Lichtenborn)
V: Ludwig (früher Hirte, jetzt Handarbeiter)
M: +Charlotte, geb. Ahrens

Harbarth, Henriette Wilhelmine Charlotte (zu Ellierode, *06.09.1822 zu Lödingsen)
V: Heinrich Harbarth (Ackermann)
M: Henriette Beck (nachmals verehelichte Mascher)
Künftiger Wohnort: Emmenhausen

P.
02.10.
09.10.
Klinge, Heinrich August (Tischler zu Vollpriehausen, *02.05.1826 zu Asche)
V: Christoph (Ackermann)
M: Hedewig, geb. Wellhausen

Ilse, Henriette Christine Magdalene (zu Hardegsen, *12.08.1830 zu Hardegsen)
V: +Ludwig (Sattlermeister)
M: Dorothea, geb. Quentin
Künftiger Wohnort: Vollpriehausen

P.
06.11.
13.11.
Siebenhausen, Heinrich Friedrich Ernst (Schuhmacher in Fehlingsen, *05.05.1828 zu Fehrlingsen)
V: +Georg Ludwig (Schäfer)
M: Friederike, geb. Karnebogen

Krull, Bernhardine Justine Amalie (zu Asche, *08.08.1832 zu Asche)
V: +Friedrich (Ackermann)
M: Luise, geb. Becker
Künftiger Wohnort: Fehrlingsen

P.
06.11.
13.11.
Pape, Johann Christian August (*01.12.1816 zu Parensen, Schmied zu Parensen, Ww.)
V: +Johann Friedrich (Leineweber)
M: Marie Elisabeth, geb. Tofehrn

Sebexen, Hanne Marie Eleonore (zu Hettensen, *05.08.1826 zu Hettensen)
V: Heinrich (Leineweber)
M: Magdalene, geb. Deneke
Künftiger Wohnort: Parensen

1854

02.04.
Lödingsen

Grimme, Heinrich Friedrich Ludwig (Ackermann zu Harste, *21.10.1831 zu Harste)
V: Johann Friedrich Ludwig (Ackermann)
M: +Sophie Caroline, geb. Kirchener

Witte, Ernestine Friederike Wilhelmine (zu Lödingsen, *29.09.1931 zu Lödingsen)
V: Heinrich (Krugwirt)
M: Friederike, geb. Wellhausen
Künftiger Wohnort: Harste

P.
02.03.
09.03.

Lindemann, Johann Christian Carl (Mühlenbauer und Mühlenpächter zu Wibbecke, *23.04.1825 zu Wibbecke)
V: Heinrich Christian Friedrich (Mühlenbauer)
M: Sophie Christiane, geb. Meeden

Schrader, Hanne Sophie Friederike (zu Willershausen, *02.11.1828 zu Willershausen)
V: +Heinrich Wilhelm (Ziegelmeister)
M: Hanne Dorothee Luise, geb. Rose
Künftiger Wohnort: Willershausen

P.
11.06.
18.06.

Elges, Heinrich Georg (Ackerknecht zu Fehlingsen, *01.05.1824 zu Offensen)
V: +Friedrich (Handarbeiter)
M: Charlotte, geb. Wineke

Thielbörger, Marie Sophie Caroline Charlotte (zu Ellierode, *01.02.1825 zu Ellierode)
V: Heinrich Christoph (Hirte)
M: Johanne Justine Charlotte, geb. Hoffman
Künftiger Wohnort: Offensen

31.08.
Erbsen

Wellhausen, Johann Heinrich Christian Friedrich (Ackermann zu Erbsen, *01.01.1824 zu Lödingsen)
V: +Johann Christian (Ackermann)
M: +Hanne Dorothee, geb. Karnebogen

Bick, geb. **Rakebrandt,** Sophie Luise (*27.10.1810 zu Esebeck, Wwe. des 1852 verst. Heinrich Bick (Ackermann zu Erbsen))
V: +Friedrich Wilhelm Rakebrandt (Ackermann)
M: +Sophie Christine, geb. Rakebrandt
Künftiger Wohnort: Erbsen

29.11.
Wibbecke

Friedrichs, Christian Friedrich (*11.01.1812 zu Esebeck, Tischler zu Esebeck, Ww. der 1851 verst. Rosine Sophie Christine Wilhelmine, geb. Frees (2. Ehefrau))
V: +Friedrich Wilhelm (Tischler)
M: +Luise, geb. Heise

Teuteberg, Dorothee Charlotte (zu Wibbecke, *16.01.1819 zu Wibbecke)
V: Heinrich Ernst (Ackermann)
M: Magdalene, geb. Teuteberg
Künftiger Wohnort: Esebeck

1855

P.
21.01.
28.01.

Karnebogen, Christian Wilhelm (*04.07.1799 zu Fehrlingsen, Tagelöhner zu Fehrlingsen, Ww.)
V: +Christian Friedrich
M: +Marie Friederike, geb. Grimme

Schager, Hanna Wilhelmine (zu Gladebeck, *25.10.1806 zu Gladebeck)
V: +Johann Wilhelm (Handarbeiter)
M: +Dorothee Juliane, geb. Heinemann
Künftiger Wohnort: Fehrlingsen

18.02.
Erbsen

Himme, Carl Friedrich Wilhelm (Pensionair zu Bovenden, *09.11.1828 zu Bovenden)
V: Carl Friedrich (Tagelöhner)
M: Wilhelmine, geb. Stacke

Wigand, Dorothee Wilhelmine Friederike (zu Erbsen, *14.08.1830 zu Erbsen)
V: Heinrich Christoph (Hirte)
M: Charlotte, geb. Bake
Künftiger Wohnort: Bovenden

11.03. Erbsen	**Leonhardt**, Heinrich Christian Friedrich Wilhelm (Handarbeiter zu Lödingsen, *07.04.1824 zu Lödingsen) V: Friedrich Bernhard (Tagelöhner) M: +Elisabeth, geb. Schnake	**Knüppel,** Marie Sophie Charlotte (zu Harste, *08.01.1832 zu Harste *(geändert auf 1823)*) V: +Johann Heinrich Wilhelm (Handarbeiter) M: +Marie Justine, geb. Gerland Künftiger Wohnort: Lödingsen
P. 01.04. 09.04.	**Lindemann,** Carl August (Leineweber zu Lödingsen, *05.09.1818 zu Fehrlingsen) V: +Heinrich Ernst (Leineweber) M: Sophie Christine Wilhelmine, geb. Pape	**Krull,** Hanne Caroline Charlotte (zu Asche, *12.11.1820 zu Asche) V: +Ludwig (Ackermann) M: +Luise, geb. Hillebrandt Künftiger Wohnort: Lödingsen
P. 20.03. 28.03.	**Teuteberg,** Wilhelm Carl Eduard (Ackerknecht zu Fehrlingsen, *12.03.1828 zu Fehrlingsen) V: Johann Heinrich (Ackermann) M: +Sophie Henriette, geb. Kirchener	**Engelhardt,** Dorothee Sophie Auguste Friederike (zu Gladebeck, *24.12.1832 zu Gladebeck) V: +Carl Wilhelm (Ackermann) M: Dorothee Sophie Wilhelmine, geb. Bödeker Künftiger Wohnort: Fehrlingsen
23.09. Wibbecke	**Teuteberg,** Carl Wilhelm Heinrich (Ackerknecht zu Wibbecke, *19.12.1829 zu Wibbecke) V: +Wilhelm (Ackermann und Krugwirt) M: +Henriette, geb. Möhle	**Nörtemann,** Hanne Friederike Wilhelmine Caroline (zu Wibbecke, *22.02.1836 zu Wibbecke) V: Friedrich Wilhelm (Ackermann und Bauermeister) M: Hanne Christiane Wilhelmine, geb Klages Künftiger Wohnort: Wibbecke
07.10. Lödingsen	**Wellhausen,** Carl Friedrich Wilhelm (Ackermann zu Lödingsen, *26.05.1834 zu Lödingsen) V: Heinrich (Ackermann) M: +Marie Caroline, geb. Helmbrecht	**Diefholz,** Elise Wilhelmine Magdalene (zu Lödingsen, *11.10.1835 zu Lödingsen) V: +Friedrich Wilhelm (Ackermann) M: Dorothee Wilhelmine Charlotte, geb. Grimme Künftiger Wohnort: Lödingsen

1856

09.03. Lödingsen	**Flinte,** Heinrich Friedrich Wilhelm (Dragoner zu Lödingsen, *31.01.1826 zu Lödingsen) V: Friedrich Wilhelm (Ackermann) M: Sophie Christine, geb. Gerke	**Buhre,** Regine Amalie (zu Lödingsen, *19.12.1824 zu Lödingsen) V: +Friedrich (Krugwirt) M: Hedewig, geb. Buhre Künftiger Wohnort: Lödingsen
24.03. Lödingsen	**Knüppel,** Ernst Christoph Friedrich (Leineweber zu Lödingsen, *07.11.1828 zu Wibbecke) V: +Christian (Leineweber) M: Charlotte, geb. Brekelbaum	**Lehne,** Friederike Charlotte Henriette (zu Lödingsen, *30.09.1835 zu Lödingsen) V: +Heinrich (Schneider) M: Luise, geb. Döring Künftiger Wohnort: Lödingsen

P.
08.06.
15.06.
Herwig, Christian Wilhelm
(Ackermann zu Erbsen, *12.11.1823 zu
Erbsen)
V: Ludwig (Ackermann und Krugwirt)
M: Caroline, geb. Frees

Klinge, Wilhelmine Christiane (zu
Emmenhausen, *16.07.1834 zu
Emmenhausen)
V: Johann Friedrich Ludwig (Ackermann)
M: Johanne Sophie Henriette, geb. Schodder
Künftiger Wohnort: Erbsen

P.
03.08.
10.08.
Thies, Christian Friedrich
(Handarbeiter zu Hettensen,
*10.07.1830 zu Hettensen)
V: Friedrich (Tagelöhner)
M: +Dorothee, geb. Becker

Leonhardt, Marie Luise (zu Hettensen,
*22.10.1822 zu Hettensen)
V: +Christian (Tagelöhner)
M: Elisabeth, geb. Ische
Künftiger Wohnort: Hettensen

07.09.
Lödingsen
Wulf, Johann Heinrich Wilhelm
(Schneider zu Lödingsen, *18.03.1821
zu Lödingsen)
V: Johann Wilhelm (Schneider)
M: +Dorothee Charlotte, geb. Wulf

Flinte, Dorothee Friederike Amalie (zu
Lödingsen, *16.01.1830 zu Lödingsen)
V: Johann Heinrich Friedrich
(Wegebauaufseher)
M: Dorothee Marie Charlotte, geb. Wulf
Künftiger Wohnort: Lödingsen

05.10.
Wibbecke
Pfahlert, Georg Christoph Wilhelm
(Tischler zu Barterode, *30.01.1827 zu
Barterode)
V: Christoph Wilhelm (Tischler)
Marie Ernestine Christiane, geb.
Brosenne

Schnake, Albertine Justine Charlotte (zu
Wibbecke, *20.02.1829 zu Wibbecke)
V: +Johann Ernst (Schmied)
M: +Dorothee Henriette, geb. Möhle
Künftiger Wohnort: Lödingsen

26.10.
Erbsen
Leonhardt, Friedrich Wilhelm
(*29.04.1816 zu Hettensen, Schneider
zu Hettensen, Ww. der 1854 verst.
Rosine Friederike Charlotte, geb.
Volkmar)
V: +Christian (Köthner)
M: Elisabeth, geb. Ische

Thilebeul, Henriette Wilhelmine Friederike
(zu Fredelsloh, *19.02.1833 zu Fredelsloh)
V: +Wilhelm (Tagelöhner)
M: +Hanne, geb. Dörnte
Künftiger Wohnort: Hettensen

26.10.
Lödingsen
Witte, Heinrich Christian Friedrich
(Weißbinder zu Lödingsen,
*03.05.1825 zu Lödingsen)
V: +Christian Friedrich (Tagelöhner)
M: Dorothee Caroline, geb. Wulf

Wulf, Dorothee Albertine Henriette (zu
Lödingsen, *21.09.1827 zu Lödingsen)
V: Johann (Schneider)
M: +Charlotte, geb. Wulf
Künftiger Wohnort: Lödingsen

06.11.
Erbsen
Stute, Carl Heinrich Ludwig
(Mühlenbesitzer zu Schönhagen,
*01.11.1834 zu Schönhagen)
V: +Carl (Mühlenbesitzer)
M: Hanna, geb. Steingräber

Klinge, Henriette Justine Wilhelmine (zu
Fehrlingsen, *17.09.1832 zu Fehrlingsen)
V: Johann Ernst Wilhelm (Ackermann und
Bauermeister)
M: Caroline Wilhelmine, geb. Scheger
Künftiger Wohnort: Schönhagen

06.11. Wibbecke	**Teuteberg,** Heinrich Christian Friedrich (*05.09.1820 zu Wibbecke, Ackermann und Krugwirt zu Wibbecke, Ww. der 1855 verst. Dorothee Friederike Wilhelmine Magdalene, geb. Witthuhn) V: +Wilhelm (Ackermann) M: +Friederike Henriette, geb. Möhle	**Keunemann,** Dorothee Magdalene Christiane (zu Adelebsen, *24.03.1835 zu Adelebsen) V: Heinrich (Ackermann und Bürger) M: +Charlotte, geb. Klinge Künftiger Wohnort: Wibbecke
P. 09.11. 16.11.	**Lindemann,** Ernst Heinrich (Leineweber zu Lödingsen, *05.05.1834 zu Lödingsen) V: Wilhelm (Leineweber) M: +Friederike, geb. Plenge	**Vollmar,** Rosine Caroline Charlotte (zu Ellershausen, *08.10.1828 zu Ellershausen) V: Justus Friedrich (Handarbeiter) M: +Marie Justine, geb. Ahlborn Künftiger Wohnort: Lödingsen
27.11. Erbsen	**Breithaupt,** Justus Heinrich Friedrich (Musikus zu Reinhausen, *29.11.1828 zu Reinhausen) V: Carl Friedrich (Invalide) M: Sophie Henriette Elisabeth, geb. Kiene	**Dornwendt,** Christine Wilhelmine Friederike Luise (zu Erbsen, *12.05.1836 zu Erbsen) V: Wilhelm (Schafmeister) M: Friederike Christine, geb. Bode Künftiger Wohnort: Reinhausen
07.12. Lödingsen	**Müller,** August Heinrich (Schuhmacher zu Escherode, *15.02.1833 zu Escherode) V: +Justus (Handarbeiter) M: Catharine Elisabeth, geb. Riemenschneider	**Pflug,** Charlotte Dorothee Wilhelmine (zu Lödingsen, *23.12.1839 zu Lödingsen) V: +Friedrich August (Leineweber) M: Hanne Dorothee, geb. Wulf Künftiger Wohnort: Escherode

1857

11.01. Erbsen	**Hille,** Christian Ludwig (*30.03.1821 zu Erbsen, Schuhmacher zu Erbsen, Ww.) V: Johann Friedrich Justus (Tagelöhner) M: Charlotte Karin, geb. Lüdeke	**Brinkmann,** Hanna Caroline Wilhelmine Elisabeth (zu Erbsen, *30.07.1825 zu Gladebeck) V: Johann Friedrich (Leineweber) M: +Marie Luise, geb. Hille Künftiger Wohnort: Erbsen
18.01. Wibbecke	**Ohm,** Johann Christoph Friedrich Wilhelm (Ackermann zu Barterode, *24.08.1831 zu Barterode) V: +Georg Heinrich Christoph (Ackermann) M: +Luise, geb. Nolte	**Nörtemann,** Johanne Friederike Luise Charlotte (zu Wibbecke, *25.04.1838 zu Wibbecke) V: Friedrich Wilhelm (Ackermann) M: +Hanne Christine Wilhelmine, geb. Klages Künftiger Wohnort: Barterode
25.01. Erbsen	**Wellhausen,** Heinrich Christoph (*02.12.1800 zu Lödingsen, Ackermann zu Lödingsen, Ww. der 1853 verst. Marie Caroline, geb. Helmbrecht) V: +Johann Ernst (Ackermann) M: +Dorothea Friederike, geb. Schnake	**Küchemann,** geb. **Ahlborn,** Dorothea Christine (*20.08.1795 zu Hettensen, Wwe. des 1856 verst. Georg Wilhelm Küchemann zu Lödingsen) V: +Ludwig Ahlborn (Handarbeiter) M: +Hanne, geb. Petersen Künftiger Wohnort: Lödingsen

08.03. Lödingsen	**Nörtemann,** Christian Friedrich Wilhelm (*01.08.1805 zu Wibbecke, Ackermann zu Wibbecke, Ww. der 1856 verst. Hanne Christiane Wilhelmine, geb. Klages) V: Christian Wilhelm Gerhard (Ackermann) M: +Marie Charlotte, geb. Schrebe (Schrere)	**Diefholz,** geb. **Grimme,** Dorothee Wilhelmine Charlotte (*06.01.1814 zu Lödingsen, Wwe. des 1854 verst. Friedrich Wilhelm Diefholz zu Lödingsen) V: +Heinrich Christian Grimme (Ackermann) M: +Hanne Charlotte, geb. Görden Künftiger Wohnort: Wibbecke
P. 08.03. 15.03.	**Becker,** Friedrich Ernst (Schneider zu Wibbecke, *14.09.1828 zu Wibbecke) V: Christian Friedrich (Leineweber) M: +Justine Wilhelmine Charlotte, geb. Möhle	**Mohrhoff,** Dorothee Sophie Charlotte (zu Barterode, *14.06.1832 zu Barterode) V: Carl Friedrich (Leineweber) M: +Caroline, geb. Scheppe Künftiger Wohnort: Wibbecke
P. 05.04. 13.04.	**Schäfer,** Christian Heinrich Wilhelm (Tischler zu Offensen, *10.11.1828 zu Güntersen) V: Christian (Handarbeiter) M: Caroline, geb. Wineke	**Schaper,** Johanne Caroline Henriette Sophie (zu Offensen, *14.04.1839 zu Offensen) V: +Justus (Brinksitzer) M: +Christine, geb. Nolte Künftiger Wohnort: Offensen
24.05. Erbsen	**Schnake,** Johann Wilhelm (Zimmergeselle zu Lödingsen, *15.08.1824 zu Lödingsen) V: +Heinrich Ernst (Zimmermann) M: Sophie Friederike, geb. Kindervater	**Wieneke,** Dorothea Sophie Juliane (zu Hettensen, *12.11.1828 zu Hettensen) V: Heinrich (Zimmermann) M: Charlotte, geb. Ellies Künftiger Wohnort: Lödingsen
24.05. Wibbecke	**Tolle,** Christian Heinrich Justus (Ackermann zu Wibbecke, *05.06.1812 zu Erbsen) V: +Ernst Christoph (Müller) M: Sophie Christiane Charlotte, geb. Tolle	**Lindemann,** Dorothea Luise Christine Charlotte (zu Wibbecke, *05.08.1829 zu Wibbecke) V: Heinrich Christian (Mühlenbauer) M: Charlotte Sophie Christiane, geb. Nöden Künftiger Wohnort: Wibbecke
01.06. Lödingsen	**Buhre,** Heinrich Conrad Wilhelm (Ackermann zu Lödingsen, *28.09.1820 zu Lödingsen) V: Heinrich (Ackermann) M: +Dorothea, geb. Küchemann	**Steckel,** Christiane Wilhelmine Luise Charlotte (zu Schlarpe, *05.06.1834 zu Schlarpe) V: Wilhelm (Rademacher) M: Christiane, geb. Heise Künftiger Wohnort: Lödingsen
28.06. Erbsen	**Werder,** Heinrich Christian Wilhelm (Handarbeiter zu Erbsen, *14.10.1832 zu Erbsen) V: Heinrich Justus Franz (Handarbeiter) M: +Ernestine Charlotte, geb. Borheck	**Mascher,** Henriette Luise Christine (zu Ellierode, *29.07.1830 zu Ellierode) V: Wilhelm (Böttcher) M: Dorothee Sophie Charlotte, geb. Beck Künftiger Wohnort: Erbsen
P. 30.08. 06.09.	**Schnake,** Christian Friedrich (Ackermann zu Lödingsen, *09.02.1818 zu Lödingsen) V: +Heinrich Ludwig (Ackermann) M: +Sophie Charlotte, geb. Lühmann	**Kungel,** Regine Caroline Friederike Wilhelmine (zu Niedernjesa, *04.06.1825 zu Niedernjesa) V: +Ludwig (Zimmermann) M: +Caroline, geb. Utermöhlen Künftiger Wohnort: Lödingsen

13.09. Erbsen	**Fritsch,** Ernst Carl Eduard (Locomotivführerlehrling zu Göttingen, *09.04.1832 zu Herzberg) V: +Johann Friedrich Carl (Maler) M: Sophie Wilhelmine, geb. Wallis	**Dorenwendt,** Christine Wilhelmine Luise Sophie (zu Erbsen, *01.10.1833 zu Erbsen) V: Wilhelm (Schafmeister) M: Friederike Christine, geb. Bode Künftiger Wohnort: Göttingen
P. 20.09. 27.09.	**Winter,** Heinrich Christian Friedrich (Ackermann zu Wibbecke, *14.05.1829 zu Wibbecke) V: Heinrich Christian Wilhelm (Ackermann) M: Caroline, geb. Korten	**Neise,** Luise Wilhelmine Caroline Hedwig (zu Lemshausen, *19.04.1833 zu Lemshausen) V: Ludwig (Ackermann) M: Christine, geb. Wiegman Künftiger Wohnort: Wibbecke
25.10. Erbsen	**Lindemann,** Heinrich Wilhelm Ludewig (Handarbeiter zu Lödingsen, *19.03.1826 zu Lödingsen) V: Friedrich (Hirte) M: Caroline, geb. Engelhardt	**Bartschehr,** Henriette Sophie Caroline (zu Adelebsen, *18.02.1826 zu Adelebsen) V: Johann Christoph Ernst Bartschehr (Tagelöhner) M: Wilhelmine Hellwig (zu Ahrenborg im Hessischen [unverehelicht?]) Künftiger Wohnort: Lödingsen
27.10. Lödingsen	**Tolle,** Christian Ernst August (Mühlenmeister und Ackermann zu Lödingsen, *25.03.1826 zu Erbsen) V: +Christoph (Mühlenmeister) M: Dorothee Sophie, geb. Tolle	**Bußmann,** Wilhelmine Henriette Friederike (zu Lödingsen, *19.01.1835 zu Lödingsen) V: Georg (Mühlenmeister und Kirchenvorsteher) M: Caroline, geb. Ahlborn Künftiger Wohnort: Lödingsen
08.11. Wibbecke	**Teuteberg,** Heinrich Friedrich Wilhelm (Maurergesell zu Wibbecke, *26.01.1825 zu Wibbecke) V: +Christian Friedrich (Pensionair) M: +Dorothea Sophie Caroline, geb. Wellhausen	**Rettberg,** Dorothea Henriette Magdalene (zu Wibbecke, *19.04.1835 zu Wibbecke) V: +Johann Heinrich Justus (Maurer) M: Magdalena Hanne Christiane, geb. Borchert Künftiger Wohnort: Wibbecke
08.11. Erbsen	**Herwig,** Christian Friedrich Wilhelm (Garde du Corps, Schmiedemeister zu Erbsen, *27.01.1830 zu Erbsen) V: +Johann Christian (Schmiedemeister) M: +Henriette Sophie, geb. Westermann	**Nörtemann,** Justine Serafine Caroline Magdalene (zu Erbsen, *18.02.1830 zu Erbsen) V: Heinrich Christian Justus (Ackermann) M: Sophie Justine Charlotte, geb. Frees Künftiger Wohnort: Erbsen
19.11. Erbsen	**Schinkel,** Carl Christian (Ackermann zu Eddigehausen, *16.02.1822 zu Eddigehausen) V: Heinrich (Schneidermeister) M: Margarethe, geb. Stange	**Hille,** Albertine Caroline Friederike (zu Erbsen, *10.11.1832 zu Erbsen) V: Christian Heinrich (Hofmeister) M: Sophie Caroline, geb. Fusch Künftiger Wohnort: Eddigehausen

P.
22.11.
29.11.
Brede, Johann Christian Friedrich
(*21.08.1812 zu Schoningen,
Ackermann zu Lödingsen, Ww. der
1857 verst. Sophie Christine Charlotte,
geb. Bick)
V: +Christian Friedrich (Ackermann)
M: +Marlene, geb. Wedekind

Eilert, geb. **Teuteberg,** Caroline Charlotte
(*06.04.1806 zu Schoningen, Wwe. des 1833
verst. Heinrich Gepel (Ackermann zu
Schoningen) und des 1853 verst. Friedrich
Eilert (Ackermann zu Schoningen)
V: +Johann Wilhelm Teuteberg (Ackermann)
M: +Sophie Elisabeth, geb. Müller
Künftiger Wohnort: Lödingsen

21.12.
Wibbecke
Fusch, Georg Heinrich August
(*06.02.0821 zu Barterode,
Schmiedemeister zu Barterode, Ww.
der 1850 verst. Sophie Wilhelmine
Christine, geb. von Rhoden)
V: +Johann Georg Heinrich
(Schmiedemeister)
M: Sophie Caroline, geb. Wellhausen

Ludolf, Anna Luise Regine (zu Wibbecke,
*21.12.1832 zu Bollensen)
V: Heinrich (Ackermann)
M: Magdalene, geb. Frieß
Künftiger Wohnort: Barterode

1858

21.02.
Erbsen
Daubert, Carl Friedrich Wilhelm
(Maurergesell zu Erbsen, *25.10.1828
zu Erbsen)
V: Justus (Rademacher)
M: +Dorothea Friederike, geb. Fischer

Brügge, Wilhelmine Henriette Albertine
Luise (zu Erbsen, *15.03.1830 zu Erbsen)
V: Christian (Maurer)
M: +Ernestine, geb. Drubert
Künftiger Wohnort: Erbsen

P.
14.02.
21.02.
Brügge, Heinrich Christian Carl August
(Maurergesell zu Erbsen, *06.01.1829
zu Erbsen)
V: Christian (Maurer)
M: +Ernestine, geb. Drubert

Gieseler, Dorothea Wilhelmine Caroline (zu
Emmenhausen, *20.10.1835 zu Ellierode)
V: Heinrich Georg Ludwig (Hirte)
M: Sophie, geb. Bensemann
Künftiger Wohnort: Erbsen

21.02.
Erbsen
Gerke, Friedrich Wilhelm (*30.03.1811
zu Lödingsen, Schneider zu Lödingsen,
Ww. der 1850 verst. Sophie Charlotte,
geb. Pflug und der 1855 verst. Lisette,
geb. Schmidt)
V: +Johann Christoph (Ackermann)
M: +Sophie Charlotte, geb. Wellhausen

Franke, Henriette Luise (zu Lödingsen,
*08.03.1807 zu Adelebsen)
V: +Justus Friedrich (Handarbeiter)
M: +Anna Christina Magdalene, geb. Risch
Künftiger Wohnort: Lödingsen

28.02.
Erbsen
Lindemann, Friedrich Wilhelm Eduard
(Zimmergesell zu Lödingsen,
*15.03.1832 zu Lödingsen)
V: Friedrich (Hirte)
M: Caroline, geb. Engelhardt

Schnake, Wilhelmine Friderike Charlotte
Henriette (zu Lödingsen, *16.09.1829 zu
Lödingsen)
V: +Heinrich (Zimmermann)
M: Sophie Friederike, geb. Kindervater
Künftiger Wohnort: Lödingsen

P.
14.03.
21.03.
Schodder, Christian Friedrich
(*25.10.1809 zu Wibbecke, Ackermann
zu Wibbecke, Ww. der 1857 verst.
Sophie Luise Juliane, geb. Jaep)
V: +Friedrich Wilhelm (Ackermann)
M: +Johanne Friederike, geb. Schaper

Herwig, Johanna Sophie Luise (zu
Holtensen, *19.02.1829 zu Holtensen)
V: +Johann Friedrich Daniel (Schneider)
M: Justine Elisabeth, geb. Oberdiek
Künftiger Wohnort: Wibbecke

P.
28.03.
05.04.
Daubert, Johann Christian Ludwig
(Maler zu Geestemünde, +24.07.1825
zu Erbsen)
V: Justus Friedrich (Rademacher)
M: +Dorothea Friederike, geb. Fischer

Pülsch, Tete Dorothea (zu Dingen,
*06.04.1825 zu Dingen)
V: Christoph (Dachdecker)
M: Anna Dorothea, geb. Fink
Künftiger Wohnort: Geestemünde

18.04.
Wibbecke
Nörtemann, Ernst Justus Friedrich
Wilhelm (Schmiedemeister zu
Wibbecke, *23.02.1831 zu Wibbecke)
V: Johann Friedrich Ernst (Ackermann)
M: Sophie Justine Christiane
Magdalene, geb. Witthuhn

Wolfskeil, Dorothea Wilhelmine Magdalene
(zu Wibbecke, *18.02.1831 zu Wibbecke)
V: +Johannes (Handarbeiter)
M: +Dorothee Eleonore, geb. Kunkler
Künftiger Wohnort: Wibbecke

24.05.
Erbsen
Freibot, Christian Friedrich
(Leineweber zu Lödingsen,
*11.02.1811 zu Lödingsen)
V: +Christian Ernst Friedrich
(Leineweber)
M: Dorothea Caroline, geb. Schoor

Eckhard, Hanna Justine Wilhelmine
Charlotte (zu Lauenberg. *07.02.1828 zu
Lauenberg)
V: +Carl (Wundarzt)
M: +Julia, geb. Schoppe
Künftiger Wohnort: Lödingsen

30.05.
Lödingsen
Franke, genannt, **Kleinschmidt,**
Johann Christian (Handelsmann zu
Lödingsen, *15.01.1832 zu Göttingen)
V: N.N.
M: +Elisabeth Franke (unverheiratet)

Franke, genannt, **Heger,** Henriette Luise
Juliane (zu Lödingsen, *11.10.1839 zu
Lödingsen)
V: N.N.
M: Henriette Franke (nachmals verehelichte
Gerke
(Anmerkung: Zweiten Grades
Blutverwandtschaft)
Künftiger Wohnort: Lödingsen

04.07.
Erbsen
Finke, Heinrich August Ludwig
(Schneidermeister zu Barterode,
*03.04.1836 zu Barterode)
V: Friedrich (Schneidermeister)
M: +Johanne, geb. Ludewig

Fusch, Henriette Friederike (zu Erbsen,
*26.01.1832 zu Erbsen)
V: Heinrich Justus (Tagelöhner)
M: Dorothea Charlotte, geb. Sprenger
Künftiger Wohnort: Barterode

P.
03.10.
10.10.
Friedrichs, Heinrich Christoph
(Handarbeiter zu Hettensen,
*05.06.1835 zu Hettensen)
V: Heinrich Friedrich (Hirte)
M: Caroline, geb. Glahe

Knüppel, Hanne Christine Caroline Juliane
(zu Hettensen, *18.11.1835 zu Hettensen)
V: Heinrich (Maurer)
M: +Hanne, geb. Leonhardt
Künftiger Wohnort: Hettensen

17.10. Erbsen	**Kampfhenkel,** Georg Heinrich (*10.03.1823 zu Klein Wittenberge, Polizeisergeant zu Halberstadt, Ww. der 1858 verst. Luise Wilhelmine, geb. Bühling) V: Johann Gottfried (Arbeitsmann) M: +Johanne Sophie Elisabeth geb. Hermann	**Pape,** Dorothea Justine Albertine (zu Fehrlingsen, *14.06.1826 zu Fehrlingsen) V: +Christian (Ackermann) M: Henriette, geb. Filthuth Künftiger Wohnort: Halberstadt
P. 07.11. 14.11.	**Kulp,** genannt **Gerwig,** Heinrich Christoph (Handarbeiter zu Asche, *27.04.N.N. zu Hettensen) V: N.N. M: Christine Kulp (nachmals verehelichte Schinkel)	**Prinsing,** Justine Caroline Luise Dorette (zu Hettensen, *13.01.1824 zu Lauenberg) V: Heinrich (Schmied) M: Wilhelmine, geb. Buchbinder Künftiger Wohnort: Asche

1859

P. 13.02. 21.02.	**Rettberg,** Carl Friedrich Justus (Handarbeiter zu Wibbecke, *19.12.1823 zu Wibbecke) V: +Johann Heinrich Christian (Handarbeiter) M: Hanne Rosine, geb. Friedrich	**Görder,** Hanne Charlotte Friederike (zu Gladebeck, *08.03.1825 zu Gladebeck) V: +Friedrich (Handarbeiter) M: +Wilhelmine Amalie, geb. Kraus Künftiger Wohnort: Lödingsen
P. 25.04. 01.05.	**Frees,** Heinrich Christian Louise (Ackermann zu Erbsen, *03.12.1836 zu Erbsen) V: Christian Ludewig (Ackermann) M: Marie Justine Charlotte, geb. Nörtemann	**Wolter,** Hanne Henrike Caroline Luise (zu Sülbeck, *26.11.1841 zu Sülbeck) V: +Johann Andreas Ernst (Vollmeier) M: +Henrike Amalie, geb. Hartmann Künftiger Wohnort: Erbsen
08.05. Erbsen	**Schoor,** Heinrich Christoph (*20.01.1817 zu Sieboldshausen, Musicus zu Dransfeld, Ww. seit 29.03.1851) V: +Justus (Handarbeiter) M: Christine Sophie, geb. Büchner	**Wiegand,** Dorette Caroline Christiane Wilhelmine (zu Erbsen, *23.02.1834 zu Erbsen) V: Heinrich Christoph (Hirte) M: Christine Charlotte, geb. Bake Künftiger Wohnort: Dransfeld
P. 15.05. 22.05.	**Klinge,** Friedrich Wilhelm Ernst (Ackermann zu Wibbecke, *23.05.1832 zu Wibbecke) V: Friedrich Carl (Ackermann) M: Henriette Charlotte, geb. Witthuhn	**Otte,** Lisette Charlotte Caroline (zu Offensen, *21.03.1839 zu Offensen) V: +Friedrich (Ackermann) M: Christine, geb. Horstmann Künftiger Wohnort: Wibbecke
05.06. Lödingsen	**Wulf,** Johann Gerhard August (Ackermann zu Lödingsen, *14.04.1825 zu Lödingsen) V: Christian Friedrich (Ackermann) M: +Hanne Charlotte, geb. Flinte	**Henneke,** Hanne Sophie Caroline Wilhelmine (zu Schlarpe, *26.05.1834 zu Leisenrode) V: Johann Christian (Ackermann) M: +Charlotte Friederike, geb. Otto Künftiger Wohnort: Lödingsen

05.06.
Lödingsen

Henneke, Heinrich Wilhelm
(Ackermann zu Schlarpe, *18.05.1832
zu Leisenrode)
V: Johann Christian (Ackermann)
M: +Charlotte Friederike, geb. Otto

Wulf, Dorothea Wilhelmine Henriette (zu
Lödingsen, *25.01.1834 zu Lödingsen)
V: Christian Friedrich (Ackermann)
M: +Hanne Charlotte, geb. Flinte
Künftiger Wohnort: Schlarpe

13.06.
Erbsen

Winter, Heinrich Justus Friedrich
(Maurergesell zu Erbsen, *26.04.1833
zu Erbsen)
V: Justus Friedrich Wilhelm
(Handarbeiter)
M: Sophie Caroline, geb. Meier

Fusch, Justine Wilhelmine Caroline Charlotte
(zu Erbsen, *23.03.1834 zu Erbsen)
V: Heinrich Justus (Handarbeiter)
M: Dorothee Charlotte, geb. Sprenger
Künftiger Wohnort: Erbsen

11.09.
Erbsen

Werder, Heinrich Christian Wilhelm
(*14.10.1832 zu Erbsen, Handarbeiter
zu Erbsen, Ww. der 1858 verst.
Henriette Luise Christine, geb.
Mascher)
V: Franz Justus (Handarbeiter)
M: +Ernestine Charlotte, geb. Borchert

Karnebogen, Caroline Friederike Minna (zu
Fehrlingsen, *03.03.01829 zu Fehrlingsen)
V: Justus (Handarbeiter)
M: +Juliane, geb. Hille
Künftiger Wohnort: Erbsen

11.10.
Erbsen

Abelmann, August Heinrich Conrad
(Infanterist im königlich hannoverschen
Leibregiment zu Völksen, +21.05.1829
zu Völksen)
V: +Heinrich (Handarbeiter)
M: +Dorothea, geb. Elias

Scheele, Caroline Luise Wilhelmine (zu
Erbsen, *09.09.1831 zu Erbsen)
V: Ludwig (Bötticher)
M: Wilhelmine, geb. Schnake
Künftiger Wohnort: Völksen

16.10.
Lödingsen

Ahlborn, Christian Friedrich Wilhelm
(*26.05.1824 zu Lödingsen,
Ackermann zu Lödingsen, Ww. der
1858 verst. Ernestine Wilhelmine
Friederike, geb. Witthuhn)
V: Christian Friedrich (Ackermann)
M: +Caroline, geb. Wellhausen

Hartmann, Dorothea Wilhelmine Charlotte
(zu Offensen, *05.03.1821 zu Offensen)
V: Heinrich Wilhelm (Handarbeiter)
M: Magdalene Charlotte, geb. Zierenberg
Künftiger Wohnort: Lödingsen

P.
30.10.
06.11.

Knocke, Carl Julius Heinrich Ludwig
(Schullehrer und Küster zu Erbsen,
*01.01.1835 zu Mariengarten)
V: Johann Georg (Cantor)
M: Henriette Ernestine, geb. Klages

Kleinsorge, Anna Gertrud (zu Witzenhausen,
*15.09.1840 zu Witzenhausen)
V: Johannes (Kaufmann)
M: Elisabeth, geb. Burhenne
Künftiger Wohnort: Erbsen

26.12.
Erbsen

Becker, Friedrich Ernst (*14.09.1828
zu Wibbecke, Schneidermeister zu
Wibbecke, Ww. der 1859 verst.
Dorothee Sophie Charlotte, geb.
Mohrhoff)
V: +Christian Friedrich (Leineweber)
M: +Justine Wilhelmine Charlotte, geb.
Möhle

Pflug, Dorothea Charlotte Friederike (zu
Lödingsen, *28.12.1837 zu Lödingsen)
V: +August (Leineweber)
M: +Charlotte, geb. Wulf
Künftiger Wohnort: Wibbecke

1860

P.
22.01.
29.01.
Breuker, Heinrich Friedrich Ludwig (Tischlermeister zu Löwenhagen, *06.02.1834 zu Schönhagen)
V: +Johann Ludwig (Zimmermann)
M: +Johanne Caroline Wilhelmine, geb. Teklenburg

Willig, genannt Fürst, Charlotte Magdalene Henriette (zu Fürstenhagen, *26.02.1833 in Auschnippemühle bei Barterode)
V: N.N.
M: Caroline Amalie Willig (unverheiratet)
Künftiger Wohnort: Löwenhagen

09.04.
Erbsen
Schilling, Heinrich Andreas Friedrich (Lohgerber Arbeiter zu Northeim, *23.01.1835 zu Northeim)
V: +Heinrich (Handarbeiter)
M: Johanne, geb. Riemer

Hille, Christiane Caroline Charlotte (zu Erbsen, *26.02.1832 zu Erbsen)
V: Ernst (Ackerknecht)
M: Sophie, geb. Thieß
Künftiger Wohnort: Northeim

10.04.
Wibbecke
Schulze, Georg Ludwig (Ackermann zu Wibbecke, *10.09.1836 zu Schoningen)
V: +Christoph (Ackermann)
M: Charlotte, geb. Schomburg

Nörtemann, Wilhelmine Luise Charlotte Henriette (zu Wibbecke, *03.03.1836 zu Wibbecke)
V: Johann Justus (Ackermann)
M: Henriette, geb. Sprenger
Künftiger Wohnort: Wibbecke

P.
06.05.
13.05.
Schinkel, Johann Heinrich Friedrich (Leineweber zu Parensen, *24.09.1810 zu Parensen)
V: +Heinrich Wilhelm (Handarbeiter)
M: +Sophie Christine Luise, geb. Bürger

Hillebrecht, Hanne Sophie Friderike Luise (zu Ellierode, *22.01.1835 zu Ellierode)
V: +Friederich (Handarbeiter)
M: +Charlotte Sophie, geb. Voß
Künftiger Wohnort: Parensen

P.
06.05.
13.05.
Aue, Christian Friedrich Wilhelm (Maurer und Steinhauergesell zu Wachenhausen, *01.04.1830 zu Wachenhausen)
V: +Andreas (Ackerknecht)
M: Hanne, geb. Fricke

Büermann, Hanne Wilhelmine Christine (zu Holtensen, *15.11.1836 zu Bollensen)
V: Johann Friedrich (Schneider)
M: Sophie Marie Wilhelmine, geb. Homes
Künftiger Wohnort: Wachenhausen

P.
10.06.
17.06.
Witthuhn, Carl August Wilhelm (Ackermann zu Lödingsen, *19.11.1839 zu Lödingsen)
V: Friedrich (Ackermann)
M: +Ernestine, geb. Schodder

Finger, Wilhelmine Christine Charlotte (zu Offensen, *18.09.1838 zu Offensen)
V: Friedrich (Gastwirt)
M: Charlotte, geb. Wiegmann
Künftiger Wohnort: Lödingsen

P.
05.08.
12.08.
Grimme, Heinrich Friedrich Wilhelm Carl (Ackermann zu Lödingsen, *21.07.1838 zu Lödingsen)
V: +Friedrich (Ackermann)
M: +Sophie Christine, geb. Bick

Schulze, Luise Christine Minna (zu Schoningen, *29.08.1843 zu Schoningen)
V: +Johann Christoph (Ackermann)
M: Charlotte, geb. Schomburg
Künftiger Wohnort: Lödingsen

23.09.
Erbsen
Rosenkranz, Heinrich Wilhelm August (Klempnermeister zu Göttingen, *28.04.1835 zu Göttingen)
V: +Carl Christian (Klempnermeister)
M: +Friederike, geb. Bredorn

Wismann, Justine Caroline Wilhelmine Henriette (zu Fehrlingsen, *25.03.1840 zu Fehrlingsen)
V: Heinrich Christoph (Ackermann)
M: Wilhelmine Hanne Caroline, geb. Poppe
Künftiger Wohnort: Göttingen

P.
30.09.
07.10.
Meier, Carl Friedrich August
(Leineweber zu Fehrlingsen,
*22.04.1836 zu Fehrlingsen)
V: N.N.
M: Friederike Siebenhausen, geb.
Karnebogen (Wwe.)

Knüppel, Caroline Albertine Charlotte
Amalie (zu Hettensen, *28.03.1838 zu
Hettensen)
V: Wilhelm (Handarbeiter)
M: Amalie, geb. Rettberg
Künftiger Wohnort: Fehrlingsen

1861

20.01.
Heuer, Heinrich Carl Wilhelm
(Ackerknecht zu Lödingsen,
*21.01.1830 zu Göttingen)
V: +Heinrich Heuer (Ackerknecht)
M: Magdalene Franke (unverheiratet)

Borchert, Sophie Caroline Charlotte (zu
Lödingsen, *12.07.1819 zu Lödingsen)
V: +Friedrich (Tagelöhner)
M: +Charlotte, geb. Klinge
Künftiger Wohnort: Lödingsen

21.04.
Erbsen
Teuteberg, Heinrich Justus Ludewig
(Schuhmacher zu Erbsen, *03.07.1823
zu Erbsen)
V: +Johann Heinrich Justus
(Schuhmacher)
M: +Hanne Justine, geb. Degenhard

Ahlborn, Wilhelmine Caroline Henriette (zu
Lenglern, *11.04.1826 zu Lenglern)
V: +Wilhelm (Ackermann)
M: Sophie Charlotte, geb. Lüdeke
Künftiger Wohnort: Erbsen

20.05.
Lödingsen
Buhre, Friedrich Georg Justus (Husar
im Regimente Königin Husaren zu
Lüneburg, zu Lödingsen, *08.03.1830
zu Lödingsen)
V: Heinrich (Ackermann)
M: +Dorothea, geb. Küchemann

Sommer, Hanne Caroline Friederike (zu
Schoningen, *02.05.1838 zu Schoningen)
V: +Jürgen (Wegewärter)
M: +Caroline, geb. Buch
Künftiger Wohnort: Lödingsen

P.
26.05.
02.06.
Albrecht, Ernst Friedrich Wilhelm
(Arbeiter und Bürger zu Geestemünde,
*30.09.1834 zu Lödingsen)
V: +Friedrich (Handarbeiter)
M: Caroline, geb. Gerke

Welsche, geb. **Maibaum,** Johanne Marie
Dorothea Wilhelmine (zu Geestemünde,
*17.11.1832 zu Adenstedt, Wwe. des 1859
verst. Heinrich Welsche (Arbeiter zu
Geestemünde))
V: Heinrich Maibaum (Leineweber)
M: Luise, geb. Tönnies
Künftiger Wohnort: Geestemünde

27.10.
Lödingsen
Witte, Heinrich Friedrich Wilhelm Carl
(zu Lödingsen, *05.06.1828 zu
Lödingsen)
V: +Christian Friedrich (Handarbeiter)
M: Hanne Dorothea, geb. Wulf

Siebenhausen, geb. **Krull,** Bernhardine
Justine Amalie (zu Lödingsen, *08.04.1832
zu Asche, Wwe. des 1860 verst. Heinrich
Friedrich Ernst Siebenhausen (Schuhmacher))
V: +Friedrich Krull (Ackermann)
M: Luise, geb. Becker
Künftiger Wohnort: Lödingsen

01.12.
Wibbecke
Teuteberg, Carl Wilhelm Ernst
(Ackermann zu Wibbecke, *26.05.1825
zu Wibbecke)
V: Ernst (Ackermann)
M: Magdalene, geb. Teuteberg

Witthuhn, Hanne Dorothea Caroline
Henriette (zu Wibbecke, *24.11.1831 zu
Wibbecke)
V: Ernst (Ackermann)
M: +Melusine, geb. Mei
Künftiger Wohnort: Wibbecke

1862

12.01.
Erbsen

Dorenwendt, Christian Ernst (Schäfer zu Erbsen, *27.06.1830 zu Erbsen)
V: Wilhelm (Schafmeister)
M: Friederike Christine, geb. Bode

Oelsen, Caroline Wilhelmine Dorothea (zu Lenglern, *13.12.1832 zu Lenglern)
V: +Johann Christian Friedrich (Schmied)
M: Marie Christine Wilhelmine, geb. Ahlborn
Künftiger Wohnort: Erbsen

P.
19.01.
26.01.

Klinge, Christian Friedrich Wilhelm (Schneidermeister zu Gierswalde, *08.11.1826 zu Gierswalde)
V: +Johann Christoph (Schneidermeister)
M: Hanne Charlotte, geb. Harenkamp

Riebeling, Caroline Sophie (zu Dahlheim, *06.05.1840 zu Dahlheim)
V: +Johann Jacob (Handarbeiter)
M: +Johanne Christine Charlotte, geb. Warneke
Künftiger Wohnort: Gierswalde

16.03.
Lödingsen

Lindemann, Georg Friedrich Ludewig (Handarbeiter zu Lödingsen, *02.04.1838 zu Lödingsen)
V: Friedrich (Hirte)
M: Caroline, geb. Engelhardt

Hillebrecht, Serafine Wilhelmine Albertine (zu Lödingsen, *27.12.1838 zu Lödingsen)
V: +Heinrich (Schäfer)
M: Johanne, geb. Kulp
Künftiger Wohnort: Lödingsen

06.04.
Erbsen

Friedrichs, Christoph Ludewig Friedrich (*10.04.1831 zu Elliehausen, Schäfer zu Elliehausen, Ww. der 1860 verst. Rosine Friederike Eleonore Wilhelmine, geb. Gercke)
V: +Andreas (Maurer)
M: Marie Elisabeth, geb. Ahlborn

Dorenwendt, Sophie Serafine Amalie (zu Erbsen, *02.12.1838 zu Erbsen)
V: Wilhelm (Schafmeister)
M: Friederike Christine, geb. Bode
Künftiger Wohnort: Elliehausen

20.04.
Lödingsen

Sauer, Heinrich Friedrich Wilhelm (Holzhauer zu Löwenhagen, *22.07.1837 zu Löwenhagen)
V: Johann Heinrich Christian Friedrich (Schuhmacher)
M: Marie Dorothea Charlotte, geb. Grünewald

Wulf, Henriette Charlotte (zu Lödingsen, *04.03.1838 zu Lödingsen)
V: N.N.
M: Dorothea Wulf (unverheiratet)
Künftiger Wohnort: Löwenhagen

27.04.
Erbsen

Döring, Heinrich Wilhelm (Ackerknecht zu Barterode, *30.03.1834 zu Barterode)
V: Georg (Handarbeiter)
M: Caroline, geb. Wilhelm

Pflug, Albertine Dorothea Christiane (zu Erbsen, *06.08.1840 zu Erbsen)
V: +Ernst Heinrich (Leineweber)
M: Charlotte Sophie Helene, geb. Teuteberg
Künftiger Wohnort: Barterode

12.06.
Erbsen

Hesse, Georg Wilhelm (Ackermann zu Imbsen, *20.02.1832 zu Imbsen)
V: Friedrich Wilhelm (Ackermann)
M: Marie Justine, geb. Krug

Klinge, Friederike Caroline Albertine Elise (zu Fehrlingsen, *26.02.1835 zu Fehrlingsen)
V: Wilhelm Johann Ernst (Ackermann)
M: Caroline Wilhelmine, geb. Schaper
Künftiger Wohnort: Imbsen

06.07.
Erbsen

Nörtemann, Carl Heinrich Wilhelm (Ackermann zu Erbsen, *21.02.1835 zu Wibbecke)
V: Justus (Ackermann)
M: Sophie Justine Charlotte, geb. Frees

Herwig, geb. **Wellhausen,** Albertine Sophie Caroline (*18.11.1826 zu Erbsen, Wwe. des 1860 verst. Heinrich Friedrich August Herwig zu Erbsen)
V: +Heinrich Christian Friedrich Wellhausen
M: +Friederike, geb. Friedrichs
Künftiger Wohnort: Erbsen

06.07.
Lödingsen

Probst, Georg Heinrich (Leineweber zu Schoningen, *01.02.1836 zu Schoningen)
V: +Heinrich (Ackermann)
M: +Caroline, geb. Hildebrandt

Hildebrandt, Wilhelmine Caroline (zu Lödingsen, *18.01.1842 zu Dietenborn, Kirchspiel Großbernten, im Kreise Nordhausen)
V: Wilhelm (Handarbeiter)
M: Christine Sophie, geb. Lehne
Künftiger Wohnort: Lödingsen

17.08.
Erbsen

Sturm, Christian Friedrich (*23.08.1824 zu Eberhausen, Ackermann zu Eberhausen, Ww. der 1861 verst. Friederike Caroline Luise Charlotte, geb. Meier)
V: Christian Gottfried (Ackermann)
M: Caroline, geb. Zierenberg

Meier, geb. **Jacob,** Sophie Henriette Charlotte (*30.03.1823 zu Erbsen, Wwe. des 1861 verst. Christian Wilhelm Carl Meier (Ackermann) zu Erbsen)
V: +Johann Heinrich Jacob (Ackermann)
M: Justine Friederike, geb. Westermann
Künftiger Wohnort: Erbsen

16.09.
Wibbecke

Herbst, Heinrich Carl August Wilhelm (Schullehrer zu Wibbecke, *07.10.1842 zu Fredelsloh)
V: Christian Friedrich (Vollköthner)
M: Sophie Luise, geb. Dreger

Diefholz, Sophie Luise Wilhelmine (zu Lödingsen, *26.09.1839 zu Lödingsen)
V: +Wilhelm (Ackermann)
M: Wilhelmine, geb. Grimme
Künftiger Wohnort: Wibbecke

26.10.
Lödingsen

Müller, Georg August Friedrich (Müllergesell zu Hardegsen, *13.03.1833 zu Hardegsen)
V: +Heinrich (Mühlenbauer)
M: +Henriette, geb. Münnemann

Hillebrecht, Henriette Luise Charlotte (zu Lödingsen, *27.11.1835 zu Lödingsen)
V: +Heinrich (Schäfer)
M: Johanne, geb. Kulp
Künftiger Wohnort: Hardegsen

P.
26.10.
02.11.

Lips, Johann Heinrich Christian Friedrich (*11.09.1798 zu Gladebeck, Hirte zu Gladebeck, Ww. der 1862 verst. Justine Marie Sophie, geb. Helwig (2.Ehefrau))
V: +Johann (Hirte)
M: +Dorothee Juliane, geb. Kirchner

Borchart, Sophie Charlotte (zu Lödingsen, *29.07.1823 zu Lödingsen)
V: +Friedrich (Tagelöhner)
M: +Charlotte, geb. Klinge
Künftiger Wohnort: Gladebeck

06.11.
Erbsen

Hartge, Carl Ludewig (*20.03.1833 zu Lödingsen, Viehhändler zu Brüggen, Ww. der 1862 verst. Marie Wilhelmine, geb. Bode)
V: Friedrich (Ackermann)
M: +Luise, geb. Meseke

Nörtemann, Justine Serafine Caroline (zu Erbsen, *15.05.1838 zu Erbsen)
V: Justus (Ackermann)
M: Sophie Justine Charlotte, geb. Frees
Künftiger Wohnort: Brüggen

P.
23.11.
30.11.

Teuteberg, Wilhelm Carl Eduard (*12.03.1828 zu Fehrlingsen, Handarbeiter zu Fehrlingsen, Ww. der 1859 verst. Dorothea Sophie August, geb. Engelhart)
V: Heinrich (Ackermann)
M: +Sophie Henriette, geb. Kirchner

Krull, Caroline Dorothea Friederike Henriette (zu Asche, *28.09.1835 zu Asche)
V: Georg (Ackermann)
M: Henriette, geb. Diederich
Künftiger Wohnort: Fehrlingsen

1863

04.01.
Lödingsen

Priesing, Wilhelm Carl (Schmiedegesell zu Hettensen, *28.01.1837 zu Hettensen)
V: Heinrich (Schmied)
M: Wilhelmine, geb. Buchbinder

Holtz, Caroline Wilhelmine Charlotte (zu Lödingen, *26.05.1839 zu Lödingsen)
V: Carl (Pensionair)
M: Charlotte, geb. Engelhardt
Künftiger Wohnort: Hettensen

27.01.
Erbsen

Teuteberg, Andreas Heinrich Ludewig August (Schullehrer zu Erbsen, *01.03.1840 zu Volkerode)
V: Heinrich Christoph (Ackermann)
M: Marie Christine Luise Wilhelmine, geb. Klinge

Klinge, Justine Caroline Charlotte (zu Emmenhausen, *01.08.1838 zu Emmenhausen)
V: +Johann Friedrich Ludwig (Ackermann)
M: Johanne Sophie Henriette, geb. Schodder
Künftiger Wohnort: Erbsen

25.03.
Erbsen

Meier, Johann Christian Friedrich (*14.01.1812 zu Fürstenhagen, Handarbeiter zu Wibbecke, Ww. der 1854 verst. Friederike Charlotte, geb. Alrutz)
V: +Heinrich Georg (Ackermann)
M: +Marie Sophie, geb. Meseke

Deichgraben, genannt **Funke,** Marie Dorothea (zu Erbsen, *28.09.1827 zu Börtel [Bördel?])
V: N.N.
M: Charlotte Deichgraben (unverehelicht)
Künftiger Wohnort: Wibbecke

12.04.
Lödingsen

Kellner, Heinrich Friedrich Ludwig Wilhelm (Ackermann zu Imbsen, *10.06.1834 zu Imbsen)
V: Johann Ernst Heinrich (Ackermann)
M: +Dorothee Justine Friederike, geb. Grote

Wulf, Caroline Amalie (zu Lödingsen, *04.03.1838 zu Lödingsen)
V: N.N.
M: Dorothea Wulf (unverheiratet)
Künftiger Wohnort: Imbsen

03.05.
Erbsen

Oberfeldt, Georg Ernst Wilhelm Heinrich (Mechaniker zu Hannover, *25.05.1835 zu Hannover)
V: +Wilhelm Otto (Hauptmann)
M: +Johanne Wilhelmine Catharine, geb. Hauers

Berner, Marie Elise Wilhelmine Caroline (zu Erbsen, *08.03.1837 zu Erbsen)
V: Georg Friedrich (Gutsadministrator)
M: Elise, geb. Gieseke
Künftiger Wohnort: Hannover

10.05.
Erbsen

Lüdecke, August Christian Friedrich Carl (Ackerknecht zu Erbsen, *25.04.1838 zu Erbsen)
V: Wilhelm (Handarbeiter)
M: Johanne Charlotte Friederike, geb. Müller

Klages, Hanna Caroline Friederike Charlotte (zu Lutterhausen, *21.01.1840 zu Lutterhausen)
V: Heinrich Conrad Wilhelm (Ackermann)
M: Caroline, geb. Görder
Künftiger Wohnort: Erbsen

17.05.
Wibbecke

Becker, Heinrich Christian Wilhelm (Leineweber zu Wibbecke, *30.07.1832 zu Wibbecke)
V: +Friedrich (Leineweber)
M: +Christine, geb. Möhle

Harbarth, Christine Wilhelmine Friederike (zu Wibbecke, *09.09.1835 zu Wibbecke)
V: + Heinrich (Handarbeiter)
M: Marie Sophie, geb. Schaper
Künftiger Wohnort: Wibbecke

12.07.
Erbsen

Teuteberg, Heinrich Justus Ludwig (*03.07.1823 zu Erbsen, Schuhmacher zu Erbsen, Ww. der 1862 verst. Wilhelmine Caroline Henriette, geb. Ahlborn)
V: +Johann Heinrich Justus (Schuhmacher)
M: +Hanne Justine, geb. Degenhard

Ahlborn, Johanna Wilhelmine Caroline (zu Lenglern, *17.02.1836 zu Lenglern)
V: +Wilhelm (Ackermann)
M: Sophie Charlotte, geb. Lüdeke
Künftiger Wohnort: Erbsen

19.07.
Erbsen

Kumpe, genannt **Großheim,** Johann Christian Ludwig (Ackerknecht zu Lödingsen, *09.09.1820 zu Hetgershausen [Hetjershausen?])
V: N.N.
M: Christine Wilhelmine Kumpe (unverheiratet)

Dören, Christine Luise Friederike (zu Schönhagen, *20.02.1838 zu Schönhagen)
V: +Christian (Holzhauer)
M: +Henriette, geb. Ahlborn
Künftiger Wohnort: Lödingsen

P.
23.08.
30.08.

Meyer, Gottlieb Wilhelm (Handarbeiter zu Fehrlingsen, *21.03.1831 zu Denkershausen)
V: +Johann Gottlieb (Ackermann)
M: +Dorothee Luise, geb. Heidelberg

Gieseler, Caroline Elise Sophie Serafine (zu Asche, *31.03.1832 zu Asche)
V: Wilhelm (Leineweber)
M: Charlotte, geb. Pape
Künftiger Wohnort: Fehrlingsen

20.09.
Wibbecke

Witthuhn, Georg Heinrich Ernst (Ackermann zu Wibbecke, *26.07.1836 zu Wibbecke)
V: +Ernst (Ackermann)
M: +Melusine, geb. Mei

Ludolf, Georgine Wilhelmine Charlotte (zu Wibbecke, *01.09.1837 zu Bollensen)
V: Ernst Heinrich (Ackermann)
M: Christine Magdalene, geb. Frees
Künftiger Wohnort: Wibbecke

P.
27.09.
04.10.

Ritter, Heinrich Ludewig Wilhelm (Handarbeiter zu Dankelshausen, *01.08.1838 zu Dankelshausen)
V: Mathias Christoph Friedrich (Handarbeiter)
M: Dorothea Rosine, geb. Hildebrand

Sommer, Caroline Wilhelmine Charlotte (zu Schoningen, *01.08.1838 zu Dankelshausen)
V: +Jürgen (Wegewärter)
M: +Caroline, geb. Buch
Künftiger Wohnort: Dankelshausen

22.11.
Erbsen

Nörtemann, Christian Wilhelm August (Ackermann zu Erbsen, *24.08.1831 zu Erbsen
V: Heinrich Christian Justus (Ackermann)
M: +Sophie Justine Charlotte, geb. Frees

Herwig, geb. **Klinge,** Wilhelmine Christiane (*16.07.1834 zu Emmenhausen, Wwe. des 1861 verst. Christian Wilhelm Herwig zu Erbsen)
V: +Joh. Friedr. Ludwig Klinge (Ackermann)
M: Johanne Sophie Henriette, geb. Schodder
Künftiger Wohnort: Erbsen

13.12.
Wibbecke

Burgland, Heinrich Ernst Christian (*13.04.1820 zu Adelebsen, Schuhmachermeister zu Adelebsen, Ww. der 1863 verst. Sophie Dorothea, geb. Fündeling)
V: Friedrich Ludwig (Schuhmachermeister)
M: Hanne Friederike, geb. Rust

Nörtemann, Friederike Henriette Charlotte (zu Wibbecke, *21.10.1834 zu Wibbecke)
V: Christian Wilhelm (Ackermann)
M: Christine Friederike, geb. Mei
Künftiger Wohnort: Adelebsen

1864

14.02.
Erbsen

Oberdieck, Christian Eduard (Gastwirt und Ackermann zu Holtensen, *24.07.1827 zu Holtensen)
V: Heinrich Wilhelm (Gastwirt und Ackermann)
M: +Christine Charlotte, geb. Ahlborn

Bick, Sophie Rosine Caroline (zu Erbsen, *08.10.1841 zu Erbsen)
V: +Johann Heinrich (Ackermann)
M: Sophie Lise, geb. Rakebrandt
Künftiger Wohnort: Holtensen

P.
23.10.
30.10.

Wellhausen, Heinrich Friedrich Ludewig (Ackermann zu Lödingsen, *18.11.1836 zu Lödingsen)
V: Heinrich (Ackermann)
M: +Caroline, geb. Helmbrecht

Schmidt, Ernestine Caroline Charlotte (zu Barterode, *18.12.1840 zu Barterode)
V: Ernst (Ackermann)
M: Juliane, geb. Helmbrecht
Künftiger Wohnort: Lödingsen

13.11.
Erbsen

Sievert, Johann Christoph Ludewig (*08.04.1821 zu Emmenhausen (Anmerkung: „Hardegsen ?") Tagelöhner zu Emmenhausen, Ww. der 1864 verst. Wilhelmine Christine Friederike, geb. Scheidemann (2. Ehefrau))
V: +Johann Christian Friedrich (Hirte)
M: +Sophie Charlotte, geb. Bertram

Lüdeke, Dorothea Albertine Ernestine (zu Erbsen, *16.10.1842 zu Erbsen)
V: Heinrich (Tagelöhner)
M: +Charlotte, geb. Klinge
Künftiger Wohnort: Emmenhausen

27.11.
Erbsen

Fornefett, Justus Friedrich Ludewig (*29.09.1817 zu Gladebeck, Leineweber und Mäkler zu Lödingsen, Ww. der 1862 verst. Sophie Christine, geb. Klinge)
V: +Johann Heinrich Ludewig (Handarbeiter)
M: +Hanne Luise Catharine, geb. Jacob

Karnebogen, Sophie Christine Wilhelmine Charlotte (zu Esebeck, *29.08.1828 zu Esebeck)
V: +Johann Justus (Hirte)
M: +Hanne Christine Elisabeth, geb. Lutze
Künftiger Wohnort: Lödingsen

26.12.
Lödingsen

Wolkenhauer, Heinrich Christian Ludewig (Handarbeiter zu Lödingsen, *11.03.1829 zu Thüdinghausen)
V: +Georg Wilhelm (Ackermann)
M: Marie Caroline, geb. Hartge

Michel, Dorothea Caroline Wilhelmine (zu Lödingsen, *13.02.1838 zu Lödingsen)
V: Friedrich (Leineweber)
M: Dorothee, geb. Engelhardt
Künftiger Wohnort: Lödingsen

1865

15.01.
Lödingsen

Freibot, Christian Heinrich (Ackerknecht zu Lödingsen, *14.03.1838 zu Lödingsen)
V: +Wilhelm (Leineweber)
M: +Hedewig, geb. Schnake

Lindemann, Dorothea Charlotte Henriette (zu Lödingsen, *25.08.1843 zu Lödingsen)
V: Friedrich (Hirte)
M: Caroline, geb. Engelhardt
Künftiger Wohnort: Lödingsen

P.
26.02.
05.03.
Hartig, Friedrich Heinrich August (*07.05.1815 zu Dankelshausen, Klostergutspächter zu Imbsen, Ww. der 1864 verst. Ernestine Wilhelmine Henriette Magdalene, geb. Klinge)
V: +Heinrich Joachim (Schmiedemeister)
M: +Luise, geb. Ritter

Witthuhn, geb. **Filthuth,** Rosine Henriette (*26.05.1822 zu Güntersen, Wwe. des 1863 verst. Ernst Christian Witthuhn, zu Wibbecke)
V: +Ludwig Filthuth (Ackermann)
M: Marie Sophie Müller (nachmals verehelichte Filthuth)
Künftiger Wohnort: Imbsen

16.03.
Lödingsen
Buhre, Heinrich Christian Friedrich (Schmied zu Lödingsen, *29.11.1838 zu Lödingsen)
V: Heinrich (Handarbeiter)
M: Friederike, geb. Holtz

Hartge, Charlotte Dorothea Henriette (zu Lödingsen, *16.05.1843 zu Lödingsen)
V: Heinrich (Ackermann)
M: Friederike, geb. Krull
Künftiger Wohnort: Lödingsen

30.04.
Erbsen
Werder, Heinrich Justus Friedrich Wilhelm (Handarbeiter zu Erbsen, *03.02.1835 zu Erbsen)
V: Heinrich Justus Franz (Handarbeiter)
M: +Ernestine Charlotte, geb. Borchert

Rettberg, Hanne Sophie Dorothea (zu Hevensen, *17.11.1840 zu Hevensen)
V: Heinrich Ludewig (Brinksitzer)
M: +Sophie Wilhelmine, geb. Krengel
Künftiger Wohnort: Erbsen

11.05.
Erbsen
Bode, Georg Friedrich August (Ackermann zu Erbsen, *01.02.1835 zu Föhrste)
V: Friedrich Georg (Ackermann)
M: Engel Marie, geb. Folkerfeld

Nörtemann, Caroline Albertine Serafine (zu Erbsen, *11.04.1842 zu Wibbecke)
V: Justus (Ackermann)
M: Sophie Justine Charlotte, geb. Frees
Künftiger Wohnort: Erbsen

05.06.
Erbsen
Rettberg, Heinrich Ernst August (Hirte zu Wibbecke, *27.07.1842 zu Wibbecke)
V: +Wilhelm (Hirte)
M: Charlotte, geb. Görder

Schäfer, Justine Charlotte (zu Güntersen, *22.11.1835 zu Güntersen)
V: Wilhelm (Handarbeiter)
M: Charlotte, geb. Arend
Künftiger Wohnort: Wibbecke

08.06.
Erbsen
Weigel, Carl Wilhelm Hermann (Geometer zu Einbeck, *26.04.1828 zu Wirringen)
V: +Johann Gottfried (Pastor)
M: Henriette Doris, geb. Borchers

Rinck, Johanna Auguste Elise Dorothea Charlotte (zu Erbsen, *12.07.1839 zu Erbsen)
V: Christoph Friedrich August (Pastor)
M: Minna Charlotte Friederike, geb. Sothen
Künftiger Wohnort: Bolzum

06.07.
Erbsen
Weitemeier, Christoph Ludewig Hermann (Ackermann in Meensen, *18.08.1838 zu Meensen)
V: Friedrich (Ackermann)
M: +Dorothee, geb. Weitemeier

Wismann, Caroline Wilhelmine Marie Dorothea Charlotte (zu Fehrlingsen, *08.03.1844 zu Fehrlingsen)
V: Heinrich Christoph (Ackermann)
M: Wilhelmine Hanne Caroline, geb. Poppe
Künftiger Wohnort: Meensen

16.07.
Erbsen
Schnake, Carl Friedrich (Handarbeiter zu Wibbecke, *29.02.1828 zu Wibbecke)
V: +Friedrich (Leineweber)
M: +Henriette, geb. Becker

Filthuth, Marie Luise Henriette Elisabeth (zu Güntersen, *19.04.1829 zu Güntersen)
V: +Ernst Heinrich (Ackermann)
M: +Engel Rosine, geb. Müller
Künftiger Wohnort: Wibbecke

23.07. Lödingsen	**Witte,** Heinrich Christian Friedrich (*06.05.1825 zu Lödingsen, Weißbinder zu Lödingsen, Ww. der 1864 verst. Dorothea Albertine Henriette, geb. Wulf) V: +Christian Friedrich (Handarbeiter) M: Dorothee Caroline, geb. Wulf	**Steckel,** Hanne Melusine Charlotte (zu Lödingsen, *008.1845 zu Schlarpe) V: Wilhelm (Rademacher) M: Christiane, geb. Heise Künftiger Wohnort: Lödingsen
06.08. Erbsen	**Winter,** Carl Wilhelm Ernst (Schuhmacher zu Erbsen, *08.06.1834 zu Erbsen) V: Justus Friedrich Wilhelm (Handarbeiter) M: Sophie Caroline, geb. Meier	**Wieneke,** genannt **Fündling,** Hanna Luise Caroline (zu Schoningen, *23.10.1838 zu Schoningen) V: N.N. M: Justine Wieneke (unverheiratet) Künftiger Wohnort: Erbsen
24.09. Erbsen	**Raub,** August Heinrich Christian Friedrich (Weißbinder zu Erbsen, *07.11.1835 zu Erbsen) V: Johann Christoph (Weißbinder) M: +Dorothee Sophie Charlotte, geb. Klinge	**Meier,** Sophie Albertine Charlotte (zu Erbsen, *01.05.1839 zu Erbsen) V: N.N. M: Henriette Justine Meier (nachmals verehelichte Hille) Künftiger Wohnort: Erbsen
24.09. Wibbecke	**Ludolf,** Heinrich Christian August (Ackermann zu Wibbecke, *08.04.1840 zu Bollensen) V: +Heinrich (Ackermann) M: Magdalene, geb. Frees	**Witthuhn,** Ernestine Wilhelmine Henriette (zu Wibbecke, *24.05.1839 zu Wibbecke) V: +Ernst (Ackermann) M: +Melusine, geb. Mai Künftiger Wohnort: Wibbecke
10.12. Erbsen	**Biermann,** Heinrich Christian Friedrich (Ackerknecht zu Asche, *07.11.1839 z Asche) V: Christoph (Leineweber) M: +Caroline, geb. Borchert	**Sturm,** Christiane Dorothea Caroline (zu Gladebeck, *15.07.1845 zu Gladebeck) V: Moritz Carl (Schlosser) M: Johanne Dorothee Wilhelmine Hille (nachmals verehelichte Sturm) Künftiger Wohnort: Asche
10.12. Lödingsen	**Bäre,** Georg Friedrich August (Ackerknecht zu Güntersen, *03.03.1836 zu Güntersen) V: Christoph (Ackermann) M: Henriette, geb. Tolle	**Wulf,** Marie Sophie Melusine Charlotte (zu Lödingsen, *30.10.1842 zu Lödingsen) V: Heinrich (Ackermann) M: +Charlotte, geb. Schnake Künftiger Wohnort: Güntersen
27.12. Erbsen	**Becker,** Carl Friedrich Wilhelm (Schneider zu Wibbecke, *28.11.1834 zu Wibbecke) V: +Friedrich (Leineweber) M: +Christine, geb. Möhle	**Nörtemann,** Christiane Elise Friederike (zu Wibbecke, *10.01.1840 zu Barterode) V: Ernst (Handarbeiter) M: +Magdalene, geb. Witthuhn Künftiger Wohnort: Wibbecke

1866

15.04. Lödingsen	**Degelau,** Georg Friedrich (Ackerknecht zu Verliehausen, *03.05.1838 zu Verliehausen) V: +Christoph (Handarbeiter) M: Charlotte, geb. Helmbrecht	**Kirchener,** Caroline Wilhelmine Dorothea (zu Lödingsen, *23.11.1839 zu Lödingsen) V: Friedrich (Leineweber) M: Wilhelmine, geb. Engelhart Künftiger Wohnort: Verliehausen

| 13.05. Lödingsen | **Rexhausen,** Johann Christian Friedrich (Schuhmachermeister zu Lödingsen, *10.08.1837 zu Lödingsen) V: Friedrich (Forstaufseher) M: Caroline, geb. Marienhagen | **Watermann,** Dorothea Friederike Henriette (zu Lödingsen, *21.06.1840 zu Lödingsen) V: Georg (Wegevogt) M: Friederike, geb. Wulf Künftiger Wohnort: Lödingsen |

P.
06.05.
13.05.
Küster, Heinrich Ludwig August (Handarbeiter zu Erbsen, *17.10.1843 zu Erbsen)
V: Friedrich (Handarbeiter)
M: Friederike, geb. Brinkmann

Knüppel, Hanne Dorothea Elise (zu Hettensen, *13.11.1843 zu Hettensen)
V: Heinrich (Maurer)
M: +Hanne, geb. Bernhardt
Künftiger Wohnort: Erbsen

08.07.
Lödingsen
Rakebrandt, Heinrich Christian (*26.07.1832 zu Esebeck, Handarbeiter zu Esebeck, Ww. der 1866 verst. Justine Luise Charlotte, geb. Friedrichs)
V: Johann Christian Wilhelm (Ackermann)
M: Sophie Christine, geb. Hampe

Hinterthür, Dorothee Sophie Henriette Wilhelmine (zu Lödingsen, *16.03.1839 zu Lödingsen)
V: Georg Friedrich (Ackermann)
M: Caroline, geb. Wellhausen
Künftiger Wohnort: Esebeck

16.09.
Erbsen
Richter, Carl Wilhelm Christoph (Handarbeiter zu Bovenden, *04.03.1838 zu Bovenden)
V: +Friedrich Wilhelm (Handarbeiter)
M: Charlotte, geb. Siebert

Glae, Sophie Caroline Luise Henriette (zu Erbsen, *14.01.1842 zu Harste)
V: Johann Carl Justus (Handarbeiter)
M: Hanne Marie Friederike, geb. Tiele
Künftiger Wohnort: Bovenden

P.
16.09.
23.09.
Lindemann, Carl August (*05.09.1818 zu Fehrlingsen, Leineweber zu Lödingsen, Ww. der 1862 verst. Hanne Caroline Charlotte, geb. Krull)
V: Heinrich Ernst (Leineweber)
M: Sophie Christine Wilhelmine, geb.
[? *Seite abgeschnitten]*

Wehmann, Christine Dorothee Charlotte Wilhelmine (zu Heisebeck, *17.11.1837 zu Heisebeck)
V: Georg Christoph Ludewig (Ackermann)
M: +Dorothee Wilhelmine, geb. Rosenthal
Künftiger Wohnort: Lödingsen

02.12.
Erbsen
Grebe, Heinrich Carl Friedrich (Schäfer zu Asche, *17.09.1833 zu Asche)
V: Heinrich (Hirte)
M: Friederike, geb. Klinge

Schmidt, Dorothea Luise Wilhelmine (zu Fehrlingsen, *09.01.1842 zu Güntersen)
V: Ludwig (Schäfer)
M: Ernestine, geb. Witthuhn
Künftiger Wohnort: Asche

1867

P.
03.02.
10.02.
Teuteberg, Christian August Wilhelm (Steinhauer zu Wibbecke, *01.02.1839 zu Wibbecke)
V: +Friedrich (Handarbeiter)
M: +Dorothee, geb. Wellhausen

Kassau, Hanne Sophie Caroline (zu Lichtenborn, *21.12.1839 zu Lichtenborn)
V: +Christian (Leineweber)
M: Luise, geb. Fischer
Künftiger Wohnort: Wibbecke

07.04. Lödingsen	**Ahlborn,** Heinrich August Friedrich (*09.11.1827 zu Elliehausen, Ackermann zu Lödingsen, Ww. der 1866 verst. Dorette Wilhelmine Elise Amalie, geb. Mariengarten) V: Johann Christoph Friedrich (Ackermann) M: Marie Christine Charlotte, geb, Irsengard	**Hengst,** Sophie Caroline Friederike Charlotte (zu Espol, *10.03.1838 zu Espol) V: Friedrich (Zimmermeister und Halbköthner) M: +Wilhelmine, geb. Thielebeule Künftiger Wohnort: Elliehausen
22.04. Wibbecke	**Pflug,** Heinrich Friedrich August (Maurer zu Lödingsen, *02.01.1842 zu Lödingsen) V: +August (Leineweber) M: +Charlotte, geb. Wulf	**Nörtemann,** Ernestine Wilhelmine Melusine (zu Wibbecke, *12.02.1839 zu Wibbecke) V: Wilhelm (Ackermann) M: +Friederike, geb. Mei Künftiger Wohnort: Adelebsen
22.04. Erbsen	**Steckel,** Georg Heinrich Ludwig (Dienstknecht zu Schlarpe, *01.07.1835 zu Schlarpe) V: +Christian (Schneider) M: Luise Charlotte, geb. Frickse	**Degelau,** Hanne Luise Caroline (zu Verliehausen, *28.06.1835 zu Verliehausen) V: +Christoph (Schneider) M: Hanne Charlotte, geb. Helmbrecht Künftiger Wohnort: Schlarpe
26.05. Erbsen	**Gerke,** Friedrich Wilhelm (*30.03.1811 zu Lödingsen, Gemeindediener zu Lödingsen, Ww. der 1863 verst. Henriette Luise, geb. Franke) V: +Johann Christoph (Ackermann) M: +Sophie Charlotte, geb. Wellhausen	**Dörnte,** Sophie Christine Luise (zu Schlarpe, *17.02.1822 zu Schlarpe) V: +Georg Ludwig (Ackermann) M: +Sophie Charlotte, geb. Kegel Künftiger Wohnort: Lödingsen
23.06. Erbsen	**Hille,** Ernst August Ludwig (Ackerknecht zu Erbsen, *27.10.1841 zu Hettensen) V: +Ernst Friedrich (Ackerknecht) M: Sophie, geb. Thies	**Klages,** Caroline Friederike Luise Henriette (zu Lutterhausen, *24.02.1844 zu Lutterhausen) V: Heinrich Wilhelm (Handarbeiter) M: Sophie Caroline Amalie, geb. Görder Künftiger Wohnort: Erbsen
23.06. Erbsen	**Meier,** Johann Heinrich Diderich Louise (Maurer und Steinhauer zu Harste, *29.06.1843 zu Harste) V: Friedrich Justus (Handarbeiter) M: Sophie Dorothee Charlotte, geb. Tegetmeier	**Pflug,** Henriette Dorothea Christiane (zu Erbsen, *01.10.1842 zu Erbsen) V: Ernst Heinrich (Leineweber) M: Charlotte Sophie Helene, geb. Teuteberg Künftiger Wohnort: Harste
22.09. Erbsen	**Teuteberg,** Christoph Friedrich Wilhelm (Maurer zu Wibbecke, *07.10.1830 zu Wibbecke) V: +Friedrich (Handarbeiter) M: +Dorothea, geb. Wellhausen	**Nörtemann,** Ernestine Wilhelmine Friederike Albertine (zu Wibbecke, *19.09.1839 zu Wibbecke) V: Johann Justus (Ackermann) M: Henriette, geb. Sprenger Künftiger Wohnort: Wibbecke

1868

19.01. Lödingsen	**Borchart,** Justus Friedrich Ludewig (Schäfer zu Lödingsen, *10.12.1844 zu Lödingsen) V: Justus (Schäfer) *spätere Ergänzung: „August Frdr. Wilhelm"* M: +Dorothea geb. Winter *(OO 07.0.1847)*	**Breckerbaum,** Caroline Wilhelmine Auguste (zu Lichtenborn, *22.06.1844 zu Fahle) V: +Heinrich Wilhelm (Leineweber) M: +Marie Sophie Charlotte, geb. Heipe Künftiger Wohnort: Lödingsen
08.03. Lödingsen	**Kumpe,** genannt **Luze,** Heinrich Carl Gottlieb (Handarbeiter zu Lödingsen, *24.11.1842 zu Lödingsen) V: N.N. M: Charlotte Kumpe (unverheiratet)	**Hellwig,** Dorothea Luise Justine (zu Offensen, *17.07.1845 zu Offensen) V: N.N. M: Marie Justine Schaper, geb. Hellwig (Wwe.) Künftiger Wohnort: Lödingsen
P. 01.03. 08.03.	**Rettberg,** Carl Friedrich Justus (*19.12.1823 zu Wibbecke, Handarbeiter zu Wibbecke, Ww. der 1864 Hanne Charlotte Friederike, geb. Görder) V: +Johann Heinrich (Handarbeiter) M: +Hanne Rosine, geb. Friedrich	**Hillebrecht,** Luise Marie Elisabeth (zu Güntersen, *01.09.1826 zu Güntersen) V: +Heinrich Ludewig (Handarbeiter) M: +Dorothea Charlotte, geb. Heyne Künftiger Wohnort: Wibbecke
13.04. Erbsen	**Winter,** Heinrich Christoph Ludewig (Handarbeiter zu Wibbecke, *14.04.188 zu Hetjershausen) V: +Heinrich (Handarbeiter) M: Charlotte, geb. Plesmann	**Rettberg,** Dorothea Charlotte Henriette (zu Wibbecke, *1211.1829) V: +Friedrich Wilhelm (Hirte) M: Dorothee Charlotte, geb. Görder Künftiger Wohnort: Wibbecke
19.04. Erbsen	**Rettberg,** genannt **Ellermeier,** Heinrich Wilhelm (*21.01.1821 zu Wibbecke, Ackerknecht zu Wibbecke, Ww. der 1860 verst. Marie Caroline Henriette, geb. Klinge) V: N.N. M: Dorothea Rettberg (nachmals verehelichte Kunze)	**Lüdeke,** Friederike Justine Magdalene (zu Erbsen, *12.04.1837 zu Erbsen) V: +Heinrich (Handarbeiter) M: +Charlotte, geb. Klinge Künftiger Wohnort: Wibbecke
03.05. Erbsen	**Bindseil,** Heinrich Friedrich Ludewig (Eisenbahnarbeiter zu Holtensen, *11.05.1833 zu Holtensen) V: Christian Friedrich (Handarbeiter) M: +Johanna Christine Luise, geb. Schulz	**Carlberg,** Justine Bertha (in Erbsen, *09.10.1841 zu Göttingen) V: N.N. M: Dorothea Carlberg (unverehelicht) Künftiger Wohnort: Holtensen
P. 17.05. 24.05.	**Grote,** genannt **Teuteberg,** Georg Friedrich Wilhelm (Holzhändler zu Wibbecke, *30.09.1836 zu Güntersen) V: N.N. M: Friederike Grote (unverehelicht, nachmals verehelichte Teuteberg)	**Koch,** Luise Rosine Henriette (zu Güntersen, *08.10.1839 zu Güntersen) V: N.N. M: Dorothea Koch (unverehelicht) Künftiger Wohnort: Wibbecke

14.06. Lödingsen	**Buhre,** Friedrich Wilhelm (Handarbeiter zu Lödingsen, *03.11.1845 zu Lödingsen) V: Heinrich (Ackerknecht) M: Friederike, geb. Holtz	**Watermann,** Wilhelmine Auguste Amalie (zu Lödingsen, *22.01.1848 zu Lödingsen) V: Georg (Wegevogt) M: Friederike, geb. Wulf Künftiger Wohnort: Lödingsen
21.06. Erbsen	**Hinterthür,** Johann Heinrich Ludewig (Ackermann zu Lödingsen, *21.03.1841 zu Lödingsen) V: Georg Friedrich (Ackermann) M: Caroline, geb. Wellhausen	**Henneke,** Marie (zu Schlarpe, *17.08.1838 zu Leisenrode) V: Johann Christian (Ackermann) M: +Friederike, geb. Otte
26.07. Erbsen	**Bete,** Johann Heinrich Christian Ludewig (*04.11.1828 zu Jühnde, Sattlermeister zu Jühnde, Ww. der 1867 verst. Wilhelmine, geb. Grube) V: +Johann Heinrich Friedrich (Ackermann) M: Dorothea Luise, geb. Katzmann	**Hille,** Caroline Serafine Augustine (zu Erbsen, *30.11.1828 zu Erbsen) V: +Ludewig (Ackermann) M: Elisabeth, geb. Wische Künftiger Wohnort: Jühnde
P. 19.07. 26.07.	**Schmidt,** Georg Wilhelm Ludewig (Dienstknecht zu Bühren, *28.06.1827 zu Bühren) V: +Johann Heinrich (Zimmermann) M: +Sophie Rosine, geb. Klinge	**Schmidt,** Dorothea Caroline Henriette Charlotte (zu Offensen, *13.01.1840 zu Atzenhausen) V: +Christian (Leineweber) M: Caroline, geb. Sydekum Künftiger Wohnort: Bühren
04.10. Erbsen	**Ludolph,** Wilhelm Friedrich August (Handarbeiter zu Wibbecke, *20.09.1843 zu Bollensen) V: +Heinrich (Ackermann) M: Magdalene, geb. Frees	**Harbarth,** Henriette Charlotte Melusine (zu Wibbecke, *28.01.1840 zu Wibbecke) V: +Heinrich (Ackermann) M: Marie Sophie, geb. Schager Künftiger Wohnort: Wibbecke
P. 18.10. 25.10.	**Wellhausen,** Friedrich Ernst August (Ackermann zu Lödingsen, *17.04.1839 zu Lödingsen) V: +Heinrich (Ackermann) M: +Caroline, geb. Helmbrecht	**Witthuhn,** Magdalene Dorothea Luise (zu Güntersen, *16.01.1846 zu Güntersen) V: Justus (Ackermann) M: Magdalene, geb. Busch Künftiger Wohnort: Lödingsen
08.11. Erbsen	**Sievert,** Johann Christoph Ludewig (*08.04.1821 zu Emmenhausen, Handarbeiter zu Emmenhausen, Ww. der 1868 verst. Dorothea Albertine Ernestine, geb. Lüdeke (3.Ehefrau)) V: +Johann Christian (Hirt) M: +Sophie Charlotte, geb. Bertram	**Knüppel,** Dorothea Wilhelmine Charlotte (zu Erbsen, *29.05.1830 zu Erbsen) V: Johann Carl Ludewig (Schneider) M: Wilhelmine, geb. Küster Künftiger Wohnort: Erbsen
15.11. Erbsen	**Pabst,** Friedrich Carl Lorenz (Handarbeiter (zu Dankelshausen, *16.01.1838 zu Dankelshausen) V: +Heinrich (Hirte) M: +Charlotte, geb. Schäfer	**Becker,** Dorothea Friederike Caroline (zu Wibbecke, *17.11.1838 zu Wibbecke) V: +Heinrich (Handarbeiter) M: +Caroline, geb. Ahlborn Künftiger Wohnort: Wibbecke

29.11.
Wibbecke

Teuteberg, Heinrich Christian Friedrich August (Ackermann zu Wibbecke, *05.05.1832 zu Wibbecke)
V: +Ernst Johann Heinrich (Ackermann)
M: Christine Elisabeth Magdalene, geb. Teuteberg

Möhle, Dorothea Sophie Wilhelmine Augustine Charlotte (zu Wibbecke, *16.1.1836 zu Wibbecke)
V: Wilhelm Christian (Ackermann)
M: Hanne Justine Charlotte, geb. Tolle
Künftiger Wohnort: Wibbecke

1869

31.01.
Erbsen

Becker, Friedrich Wilhelm Ernst (Handarbeiter zu Wibbecke, *02.12.1843 zu Wibbecke)
V: Friedrich Wilhelm (Handarbeiter)
M: Hanne Luise Caroline, geb. Brandt

Kulp, Dorothea Caroline Wilhelmine (zu Offensen, *05.05.1843 zu Offensen)
V: +Johann Heinrich (Handarbeiter)
M: Caroline, geb. Beuke
Künftiger Wohnort: Wibbecke

29.03.
Lödingsen

Friedrichs, Ernst August Christoph (Leineweber zu Gladebeck, *14.08.1843 zu Gladebeck)
V: Ernst Christoph (Leineweber)
M: +Dorothea Friederike, geb. Görder

Michel, Dorothea Caroline Henriette (zu Lödingsen, *13.04.1841 zu Lödingsen)
V: Friedrich (Leineweber)
M: Dorothea, geb. Engelhardt
Künftiger Wohnort: Gladebeck

18.04.
Wibbecke

Breckerbaum, Johann Christian Friedrich Wilhelm (*19.11.1820 zu Barterode, Maurermeister zu Adelebsen, Ww. der 1868 verst. Ernestine Luise Dorothee Amalie, geb. Kunze)
V: +Johann Christian Ludewig (Maurermeister)
M: Johanna Dorothea Friederike, geb. Fündling

Reineke, Justine Leonore Luise (zu Bördel, *15.02.1849 zu Bördel)
V: N.N.
M: Charlotte Reineke (unverehelicht)
Künftiger Wohnort: Adelebsen

18.04.
Erbsen

Kühne, Christian Heinrich (Schäfer zu Bursfelde, *29.07.1844 zu Bursfelde)
V: +Andreas Christoph (Handarbeiter)
M: Dorothea, geb. Knüppel

Pflug, Dorothea Luise Henriette (zu Erbsen, *06.10.1844 zu Erbsen)
V: +Ernst Heinrich (Leineweber)
M: Charlotte Sophie Helene, geb. Teuteberg
Künftiger Wohnort: Bursfelde

25.04.
Erbsen

Unverzagt, Heinrich Christian (Handarbeiter zu Hettensen, *30.06.1824 zu Hettensen)
V: +Heinrich (Hirte)
M: +Hanne Luise, geb. Grube

Wolfskeil, geb. **Elges,** Dorothea Luise (*23.12.1825 zu Offensen, Wwe. des 1862 verst. Ludewig Johann Christian Wolfskeil (zu Wibbecke))
V: +Wilhelm Elges (Handarbeiter)
M: Luise, geb. Pape
Künftiger Wohnort: Wibbecke

02.05.
Erbsen

Henze, August Christian Heinrich (Schäfer zu Erbsen, *03.05.1842 zu Erbsen)
V: +Friedrich (Leineweber)
M: Hanne Sophie Charlotte, geb. Klinge

Klinge, Albertine Caroline Luise (zu Erbsen, *17.12.1845 zu Emmenhausen)
V: Johann Friedrich Wilhelm (Schneidermeister)
M: Dorothea Caroline Friederike, geb. Wellhausen
Künftiger Wohnort: Erbsen

18.07. Erbsen	**Klinge,** Heinrich Carl August (Leineweber zu Erbsen, *10.09.1843 zu Erbsen *(Anmerkung: Emmenhausen ?)*) V: Wilhelm Johann Friedrich (Schneider) M: Dorothea Caroline Friederike, geb. Wellhausen	**Schwertfeger,** Auguste Elise Friederike Luise (zu Erbsen, *27.06.1846 zu Erbsen) V: N.N. M: Sophie Schwertfeger (unverheiratet) Künftiger Wohnort: Erbsen
P. 11.07. 18.07.	**Klinge,** Heinrich Friedrich Wilhelm Carl (Ackermann zu Fehrlingsen, *14.03.1843 zu Fehrlingsen) V: Wilhelm (Ackermann) M: Wilhelmine, geb. Schaper	**Ellermeier,** Caroline Wilhelmine Auguste (zu Allershausen [bei Uslar], *16.05.1849 zu Allershausen) V: Georg Heinrich (Ackermann) M: Hanne Justine Caroline Amalie, geb. Harrinfeld Künftiger Wohnort: Fehrlingsen
P. 15.08. 22.08.	**Borchart,** genannt **Helmbrecht,** Heinrich Christian Friedrich (Handarbeiter zu Hettensen, *29.09.1845 zu Hettensen) V: N.N. M: Sophie Borchart (unverehelicht, jetzt verehelichte Helmbrecht)	**Wahmke,** Charlotte Luise Elisabeth (zu Offensen, *25.03.1869 zu Offensen) V: +Hans Jürgen (Ackermann) M: Henriette, geb. Gobrecht Künftiger Wohnort: Hettensnen
19.09. Erbsen	**Friedrichs,** Christian Justus Ludewig (Ackermann zu Esebeck, *24.03.1840 zu Esebeck) V: +Johann Friedrich Wilhelm (Schneidermeister) M: +Marie Christine Magdalene, geb. Gerke	**Pape,** Caroline Serafine Henriette (zu Erbsen, *13.12.1841 zu Erbsen) V: Justus (Ackermann) M: Sophie Caroline, geb. Jacob Künftiger Wohnort: Esebeck
26.09. Erbsen	**Glahe,** Carl Christian Friedrich Wilhelm (Handarbeiter zu Erbsen, *02.06.1845 zu Harste) V: +Johann Carl Justus (Handarbeiter) M: Hanne Marie Christine, geb. Tiele	**Gieseler,** Ernestine Henriette Elise (zu Emmenhausen, *05.07.1837 zu Emmenhausen) V: Heinrich Ludewig (Handarbeiter) M: +Johanne Dorothea Sophie Luise, geb. Beusemann Künftiger Wohnort: Erbsen
26.12. Erbsen	**Teuteberg,** Carl Heinrich Wilhelm (Handarbeiter zu Erbsen, *07.07.1832 zu Erbsen) V: +Justus (Schuhmacher) M: +Johanne Justine, geb. Degenhard	**Grimme,** Dorothea Christine Friederike Wilhelmine (zu Bühren, *03.12.1843 zu Bühren) V: +Friedrich (Tischler) M: +Rosine, geb. Kraft Künftiger Wohnort: Erbsen

1870

P.
02.01.
09.01.

Bode, Heinrich Conrad (Ackermann zu Föhrste, *28.03.1839 zu Föhrste)
V: Friedrich Georg (Ackermann)
M: Engel Marie, geb. Volkerfeldt

Nörtemann, Justine Wilhelmine Albertine (zu Erbsen, *25.110.1844 zu Erbsen)
V: Justus (Ackermann)
M: Sophie Justine Charlotte, geb. Frees
Künftiger Wohnort: Klein Almerode

27.02.
Erbsen

Schwetge, Heinrich Friedrich Hermann (Maurer zu Sack, *02.11.1844 zu Sack)
V: Justus Friedrich Gottlieb Heinrich (Maurer)
M: Johanne Henriette Justine, geb. Oppermann

Pflug, Christine Wilhelmine Charlotte (zu Erbsen, *18.07.1847 zu Offensen)
V: +Georg Heinrich (Leineweber)
M: Sophie Charlotte Helene, geb. Teuteberg
Künftiger Wohnort: Erbsen

05.04.
Erbsen

Berner, Carl Friedrich Hermann (Gastwirt zu Adelebsen, *29.11.1835 zu Erbsen)
V: +Georg Friedrich (Administrator)
M: Elise, geb. Gieseke

Herwig, Henriette Charlotte Alwine Albertine (zu Erbsen, *09.03.1840 zu Erbsen)
V: +Ludwig (Ackermann)
M: +Caroline, geb. Frees
Künftiger Wohnort: Adelebsen

18.04.
Erbsen

Kassau, Andreas Friedrich Christian (*29.08.1827 zu Lichtenborn, Handarbeiter zu Emmenhausen, Ww. der 1869 verst. Henriette Wilhelmine Charlotte, geb. Harbart (Beck))
V: +Ludewig (Hirte)
M: +Charlotte, geb. Ahrens

Grube, Magdalene Henriette Friederike Albertine (zu Wibbecke, *17.04.1845 zu Wibbecke)
V: +Ernst (Handarbeiter)
M: +Dorothee Henriette Friederike, geb. Klinge
Künftiger Wohnort: Emmenhausen

08.05.
Erbsen

Pflug, August Friedrich Wilhelm (Ackerknecht (zu Lödingsen, *30.11.1842 zu Offensen)
V: Georg Friedrich (Stellmacher)
M: +Wilhelmine, geb. Wellhausen

Wiegand, Ernestine Luise Wilhelmine (zu Erbsen, *22.09.1844 zu Erbsen)
V: August Christian Heinrich (Handarbeiter)
M: Dorothee Caroline Henriette, geb. Harenkamp
Künftiger Wohnort: Erbsen

22.05.
Wibbecke

Meseke, Heinrich Friedrich Wilhelm (Brenner zu Güntersen, *03.02.1825 zu Güntersen, Ww. der 1869 verst. Christine Rosine Henriette, geb. Kellner)
V: +Heinrich Friedrich Wilhelm (Leineweber)
M: +Marie Charlotte, geb. Jung

Teuteberg, Dorothea Wilhelmine Albertine Henriette (zu Wibbecke, *10.11.1835 zu Wibbecke)
V: +Johann Heinrich Ernst (Ackermann)
M: Christine Magdalene Elisabeth, geb. Teuteberg
Künftiger Wohnort: Güntersen

26.06.
Lödingsen

Fürchtenicht, Heinrich Friedrich Wilhelm (Ackerknecht zu Wollbrechtshausen, *05.05.1846 zu Wollbrechtshausen)
V; +Johann Heinrich (Kleinköthner und Schuhmacher)
M: Hanne Marie Dorothea Caroline, geb. Hinze

Nörtemann, Dorothea Ernestine Henriette (zu Lödingsen, *30.03.1846 zu Lödingsen)
V: August (Leineweber)
M: Hanne, geb. Wolkenhauer
Künftiger Wohnort: Güntersen

14.08.
Lödingsen

Engelhart, Heinrich Julius August (*15.02.1843 zu Gladebeck, Ackermann zu Gladebeck, Ww. der 1869 verst. Helene Wilhelmine Friederike, geb. Behrens)
V: +Georg Heinrich Christoph (Ackermann)
M: Sophie Magdalene, geb. Klinge

Wulf, Dorothea Charlotte Henriette (zu Lödingsen, *26.01.1840 zu Lödingsen)
V: Heinrich (Ackermann)
M: +Charlotte, geb. Schnake
Künftiger Wohnort: Gladebeck

P.
26.09.
02.10.

Rettberg, Heinrich Wilhelm Christian Friedrich (Handarbeiter zu Hevensen, *06.09.1834 zu Hevensen)
V: Heinrich Ludwig (Brinksitzer)
M: +Marie Dorothea Elisabeth, geb. Busch

Sommer, Luise Friederike Henriette (zu Schoningen, *07.08.1843 zu Schoningen)
V: Georg (Handarbeiter
M: +Hanne, geb. Alrutz
Künftiger Wohnort: Lödingsen

P.
23.10.
30.10.

Meyer, Christian Heinrich (*27.07.1823 zu Denkershausen, Stellmacher, Krugwirt zu Fehrlingsen, Ww. der 1868 verst. Sophie Magdalene Henriette, geb. Teuteberg)
V: +Gottlieb (Ackermann)
M: +Dorothea, geb. Heidelberg

Grumme, Caroline Wilhelmine Christiane Albertine (zu Harste, *29.09.1844 zu Harste)
V: Heinrich Christian Friedrich (Leineweber)
M: Dorette Friederike Caroline, geb. Fülling
Künftiger Wohnort: Fehrlingsen

1871

23.04.
Lödingsen

Borchert, genannt **Duntemann,** Georg Ernst Heinrich (Handarbeiter zu Lödingsen, *11.11.1840 zu Lödingsen)
V: N.N.
M: Caroline Borchers (später verheiratete Heuer)

Kirchener, Dorothea Albertine (zu Lödingsen, *25.07.1841 zu Lödingsen)
V: Heinrich (Leineweber)
M: Sophie, geb. Lindemann
Künftiger Wohnort: Lödingsen

30.04.
Erbsen

Scheele, Georg Heinrich Ludewig (Ackerknecht zu Offensen, *25.11.1840 zu Offensen)
V: Conrad (Schneider)
M: +Christine, geb. Ohm

Rolf, Wilhelmine Christine Luise (zu Harste, *09.07.1848 zu Harste)
V: N.N.
M: Caroline Amalie Wilhelmine Christiane Rolf (nachher verheiratete Tegtmeier)
Künftiger Wohnort: Harste

P.
23.04.
30.04.

Grebenstein, Heinrich Wilhelm Theodor (Handarbeiter zu Adelebsen, *20.06.1841 zu Adelebsen)
V: Georg Wilhelm (Handarbeiter)
M: +Dorothea Friederike Luise, geb. Rorig

Rettberg, Justine Wilhelmine Friederike Charlotte (zu Wibbecke, *03.01.1835 zu Wibbecke)
V: +Wilhelm (Hirte)
M: Charlotte, geb. Görder
Künftiger Wohnort: Adelebsen

29.05.
Lödingsen

Albrecht, Georg Carl Hermann Franz *(Berichtigt: Georg Karl Hermann Christian)* (Locomotivheizer zu Geestendorf, *28.12.1844 zu Hannover)
V: August Joseph (Handarbeiter)
M: Johanna Friederike, geb. Murmann

Küchemann, Wilhelmine Amalie (zu Lödingsen, *09.10.1845 zu Lödingsen)
V: Ludwig (Schullehrer)
M: +Henriette, geb. Buhre
Künftiger Wohnort: Geestendorf

29.05. Lödingsen	**Degelau,** Georg Friedrich (*03.05.1838 zu Verliehausen, Handarbeiter zu Lödingsen, Ww. der 1871 verst. Caroline Wilhelmine Dorothea, geb. Kirchener) V: +Christoph (Handarbeiter) M: +Charlotte, geb. Helmbrecht	**Witte,** Dorothea Christine Serafine (zu Lödingsen, *20.02.1840 zu Lödingsen) V: +Friedrich (Handarbeiter) M: +Dorothea, geb. Wulf Künftiger Wohnort: Lödingsen
05.08. Erbsen	**Milz,** Gustav Friedrich (Reservist im Königl. 3. Garderegiment zu Fuß, zu Hannover, *16.04.1847 zu Waldhof bei Schwartow in Pommern) V: +Carl (Handarbeiter) M: +Caroline, geb. Jonski	**Scheele,** Charlotte Albertine Elise (zu Erbsen, *21.09.1833 zu Erbsen) V: +Ludewig (Böttchermeister) M: +Wilhelmine, geb. Schnake Künftiger Wohnort: Hannover
20.08. Lödingsen	**Watermann,** Georg Heinrich Wilhelm (Eisenbahnarbeiter zu Northeim), *02.09.1843 zu Lödingsen) V: Georg (Wegevogt) M: Friederike, geb. Wulf	**Holtz,** Betty Charlotte Dorothea (zu Lödingsen, *19.02.1844 zu Lödingsen) V: Christian (Schmiede und Schlächtermeister) M: Christiane, geb. Wetzer
P. 10.09. 17.09.	**Buhre,** Friedrich Wilhelm (Ackermann und Krugwirt zu Lödingsen, *09.09.1843 zu Lödingsen) V: +Carl (Krugwirt) M: Friederike, geb. Ahlborn	**Korte,** Henriette Friederike Dorette (zu Hettensen, *18.09.1852 zu Hettensen) V: +Christian Friedrich Ludewig (Krugwirt) M: Charlotte Henriette, geb. Diekmann Künftiger Wohnort: Lödingsen
P. 15.10. 22.10.	**Küster,** Heinrich Friedrich Wilhelm (Handarbeiter zu Erbsen, *03.10.1845 zu Erbsen) V: +Friedrich (Handarbeiter) M: Friederike, geb. Brinkmann	**Kempf,** Sophie Caroline Wilhelmine Charlotte (zu Lichtenborn, *29.01.1846 zu Lichtenborn) V: Johann Friedrich Ludewig (Handarbeiter) M: Friederike Christiane, geb. Wahl Künftiger Wohnort: Erbsen
P. 05.11. 12.11.	**Ahlborn,** Carl Heinrich Christian (Ackerknecht zu Lödingsen, *07.04.1782 zu Lenglern) V: +Johann Heinrich Christian (Ackermann) M: Marie Christine Luise, geb. Ahlborn	**Kempf,** Hanne Marie Luise Henriette (zu Lichtenborn, *24.09.1842 zu Lutterbeck) V: Johann Friedrich Ludewig (Handarbeiter) M: Johanne Justine, geb. Wahl Künftiger Wohnort: Lödingsen
19.11. Erbsen	**Rode,** Ernst Friedrich Carl (Tischler zu Lödingsen, *28.02.1841 zu Lödingsen) V: Heinrich (Tischlermeister) M: Henriette, geb. Buhre	**Hille,** Sophie Caroline Albertine (zu Erbsen, *10.02.1842 zu Erbsen) V: +Ludewig (Ackermann) M: Elisabeth, geb. Wische Künftiger Wohnort: Erbsen
P. 26.11. 03.12.	**Rettberg,** Ernst Heinrich Justus Friedrich (Musicus beim 56 königlich Preussischen Infanterie Regiment zu Wesel, zu Wibbecke, *25.10.1849 zu Wibbecke) V: Heinrich (Handarbeiter) M: Dorothee Wilhelmine Henriette Christiane, geb. Harbarth	**Fricke,** Justine Luise Henriette (zu Esebeck, *27.03.1845 zu Esebeck) V: Heinrich Christian (Leineweber) M: Dorothee Luise, geb. Bock Künftiger Wohnort: Wibbecke

1872

P.
04.02.
11.02.
Kaufmanns, Georg Heinrich Ludewig Friedrich (Schullehrer zu Wibbecke, *31.01.1849 zu Elliehausen)
V: +Heinrich August (Ackermann)
M: + Hanne Charlotte, geb. Thofern

von Werder, Bertha Auguste Charlotte Friederike (zu Höckelheim, *11.03.1851 zu Höckelheim)
V: August (Gutsbesitzer)
M: Dorothee, geb. Hartmann
Künftiger Wohnort: Wibbecke

03.03.
Lödingsen
Küchemann, Heinrich Christian Friedrich Wilhelm (Schullehrer zu Lödingsen, *15.09.1848 zu Lödingsen)
V: Ludewig (Schullehrer)
M: Amalie, geb. Buhre

Hartje, Justine Friederike Charlotte Wilhelmine (zu Lödingsen, *12.06.1849 zu Lödingsen)
V: Heinrich (Ackermann)
M: +Friederike, geb. Krull
Künftiger Wohnort: Lödingsen

10.03.
Erbsen
Tegtmeier, Carl August Wilhelm (Handarbeiter zu Göttingen, *17.04.1845 zu Gladebeck)
V: Ludewig (Schneider)
M: +Charlotte, geb. Ruwitsch

Tolle, Auguste Ernestine Charlotte Luise (zu Wibbecke, *25.04.1838 zu Wibbecke)
V: +Ernst (Ackermann)
M: Henriette, geb. Regente
Künftiger Wohnort: Göttingen

17.03.
Erbsen
Fusch, Heinrich Wilhelm August (Weißbinder zu Erbsen, *04.09.1836 zu Erbsen)
V: Friedrich (Handarbeiter)
M: +Ernestine Sophie Caroline, geb. Pape

Winter, Caroline Mathilde Emilie (zu Erbsen, *16.07.1841 zu Erbsen)
V: Justus Friedrich (Handarbeiter)
M: Sophie Caroline, geb. Meier
Künftiger Wohnort: Erbsen

29.09.
Erbsen
Teuteberg, Carl Friedrich August (*04.05.1821 zu Fehrlingshausen, Schmied zu Asche, Ww. der 1871 verst. Sophie Henriette, geb. Klinge)
V: +Johann Heinrich (Ackermann)
M: +Sophie Henriette, geb. Kirchner

Dietrich, Hanne Dorothea Christine Charlotte (zu Hettensen, *05.02.1830 zu Hettensen)
V: +Carl Ludewig (Ackermann)
M: +Ernestine, geb. Klinge
Künftiger Wohnort: Asche

06.10.
Wibbecke
Grebenstein, Heinrich Wilhelm Theodor (*20.06.1841 zu Adelebsen, Handarbeiter zu Adelebsen, Ww.)
V: Georg Wilhelm (Handarbeiter)
M: +Dorothea Friederike Luise, geb. Rörig

Rettberg, Henriette Dorothea Caroline (zu Wibbecke, *07.08.1832 zu Wibbecke)
V: +Wilhelm (Hirte)
M: Charlotte, geb. Görder
Künftiger Wohnort: Adelebsen

13.10.
Fehrlingsen
Fischer, Adolf Leopold (Sergeant im königlich Preußischen Dragoner Regiment Nr. 16, zu Lüneburg, *21.02.1842 zu Ruhde)
V: +Ferdinand (Mühlenmeister)
M: Emilie, geb. Gribnitz

Kirchner, Catharina Alwine Christine Emilie Marie (zu Fehrlingsen, *21.12.1850 zu Fehrlingsen)
V: Ernst (Holzschnitzer)
M: Anna Caroline Christiane, geb. Köneke
Künftiger Wohnort: Lüneburg

13.10.
Erbsen
Schröder, Carl Friedrich Wilhelm (Handarbeiter zu Schoningen, *12.01.1842 zu Schoningen)
V: Georg (Schuhmacher)
M: +Charlotte, geb. Warnecke

Küster, Dorothea Caroline August (zu Erbsen, *09.09.1841 zu Erbsen)
V: +Friedrich (Handarbeiter)
M: +Friederike, geb. Brinkmann
Künftiger Wohnort: Schoningen

| 27.10.
Erbsen | **Frees,** Heinrich Friedrich Ludewig (Stellmacher zu Oberscheden, *27.04.1846 zu Meensen)
V: Johann Heinrich Justus (Zimmermann)
M: Hanne Justine Regine, geb. Weitermeier | **Hartmann,** Henriette Caroline Luise Friederike (zu Roringen, *12.12.1845 zu Roringen)
V: +Georg Wilhelm (Schankwirt)
M: +Dorothea Charlotte Luise Friederike, geb. Stiegel
Künftiger Wohnort: Oberscheden |

1873

P. 02.02. 09.02.	**Fricke,** Carl Christian Ludewig (Leineweber zu Esebeck, *26.04.1840 zu Esebeck) V: Heinrich Christian (Leineweber) M: Dorothea Luise, geb. Bock	**Grimme,** Luise Dorothea Catharine Charlotte (zu Lödingsen, *02.12.1846 zu Atzenhausen) V: Friedrich Wilhelm (Schäfer) M: +Elisabeth, geb. Thies Künftiger Wohnort: Esebeck
P. 02.02. 09.02.	**Schnake,** Christian Friedrich (Leineweber zu Wibbecke, *23.04.1825 zu Wibbecke) V: +Friedrich (Leineweber) M: +Christine Henriette, geb. Becker	**Sohnrey,** geb. **Westermann,** Hanne Dorothea Luise (* 31.12.1828 zu Güntersen, Wwe. zu Güntersen) V: Friedrich Westermann (Ackermann) M: +Dorothea, geb. Borchert Künftiger Wohnort: Wibbecke
09.03. Lödingsen	**Gaßmann,** Theodor Carl Dieter (*30.08.1845 zu Göttingen, Locomotivführer zu Göttingen,) V: Heinrich (Universitätspedell) M: +Johanne Justine, geb. Wolter	**Holtz,** Albertine Serafine Henriette (zu Lödingsen, *18.09.1850 zu Lödingsen) V: Christian (Schlossermeister) M: Christiane, geb. Wetzer Künftiger Wohnort: Göttingen
13.03. Erbsen	**Wendt,** August Wilhelm (Kaufmann zu Bovenden, *17.09.1842 zu Bovenden) V: +Heinrich Wilhelm (Kaufmann) M: Dorothea Sophie Charlotte, geb. Warneke	**Bick,** Christiane Catharine Dorothea Melusine (zu Erbsen, *12.12.1843 zu Erbsen) V: +Johann Heinrich (Ackermann) M: Sophie Luise, geb. Rakebrandt Künftiger Wohnort: Bovenden
06.04. Erbsen	**Leonhardt,** Christian Friedrich August (Ackerknecht zu Wibbecke, *01.09.1848 zu Lödingsen) V: +Friedrich (Handarbeiter) M: Charlotte, geb. Hagemann	**Becker,** Christine Luise Friederike (zu Wibbecke, *18.03.1843 zu Wibbecke) V: +Heinrich (Handarbeiter) M: +Caroline, geb. Ahlborn Künftiger Wohnort: Wibbecke
P. 30.03. 06.04.	**Teuteberg,** Heinrich Friedrich Wilhelm (*26.01.1825 zu Wibbecke, Maurer zu Wibbecke, Ww. der 1870 verst. Dorothea Henriette Magdalene, geb. Rettberg) V: +Friedrich (Handarbeiter) M: +Dorothea, geb. Gruben	**Behrens,** Rosine Luise Sophie (zu Güntersen, *14.11.1845 zu Güntersen) V: Christian (Schneider) M: +Dorothea, geb. Hillebrecht Künftiger Wohnort: Wibbecke

P. 30.03. 06.04.	**Rettberg,** Heinrich Friedrich Wilhelm (Handarbeiter zu Wibbecke, *07.10.1839 zu Wibbecke) V: +Wilhelm (Hirte) M: Charlotte, geb. Görder	**Knüppel,** geb. **Ahrend,** Dorothea Wilhelmine Caroline Hanne (*14.11.1846 zu Adelebsen, Wwe. des 1872 verst. Carl Knüppel (Handarbeiter) zu Adelebsen) V: N.N. M: Dorothea Ahrend (unverehelicht) Künftiger Wohnort: Adelebsen
14.04. Erbsen	**Fischer,** Carl Heinrich Gustav (Maurer zu Hannover, *07.12.1847 zu Travemünde) V: +Johann Christian Wilhelm (Maurer) M: Anne Catharine Marie, geb. Kleinfeldt	**Dorenwendt,** Caroline Albertine Friederike (zu Erbsen, *11.09.1842 zu Erbsen) V: Wilhelm (Schafmeister) M: Friederike Christine, geb. Bode Künftiger Wohnort: Hannover
27.04. Erbsen	**Schulze,** Georg Ludewig (*10.09.1836 zu Schoningen, Ackermann zu Wibbecke, Ww. der 1872 verst. Wilhelmine Luise Charlotte Henriette, geb. Nörtemann) V: +Christoph (Ackermann) M: Charlotte, geb. Schomburg, verwittwete Groppe	**Hofmeister,** geb. **Quast,** Hanne Wilhelmine Georgine Charlotte (*19.11.1834 zu Bollensen, Wwe. des 1870 verst. Christian Heinrich Friedrich Hofmeister (Ackermann zu Verliehausen) V: +Johann Christoph Quast (Leineweber) M: +Friederike, geb. Mannshausen Künftiger Wohnort: Wibbecke
02.06. Wibbecke	**Borchart,** Georg Friedrich (Ackermann zu Verliehausen, *14.12.1845 zu Verliehausen) V: +Wilhelm (Ackermann) M: +Hanne Charlotte, geb. Klinge	**Nörtemann,** Marie Charlotte Magdalene Dina (zu Wibbecke, *20.07.1846 zu Wibbecke) V: Wilhelm (Ackermann) M: +Hanne Christiane Wilhelmine, geb. Klages Künftiger Wohnort: Verliehausen
02.06. Wibbecke	**Bartram,** Georg Christian Ernst Friedrich (*08.01.1836 zu Mollenfelde, Ackermann zu Wibbecke, Ww. der 1872 verst. Margarethe Caroline, geb. Hahn) V: Christoph Friedrich Ludewig (Ackermann) M: +Marie Elisabeth, geb. Racke	**Teuteberg,** Henriette Caroline Friederike Wilhelmine Emilie (zu Wibbecke, *13.01.1848 zu Wibbecke) V: +Heinrich Christian (Ackermann) M: +Dorothee Wilhelmine Friederike Magdalene, geb. Witthuhn Künftiger Wohnort: Wibbecke
15.06. Wibbecke	**Rettberg,** Heinrich Wilhelm Carl (Handarbeiter zu Wibbecke, *13.12.1853 zu Wibbecke) V: Heinrich (Handarbeiter) M: Dorothee Wilhelmine Henriette Christiane, geb. Harbarth	**Klinge,** Friederike Dorothea Eleonore Regine Caroline (zu Wibbecke, *08.09.1852 zu Wibbecke) V: +Johann Heinrich Wilhelm Ludewig (Maurer) M: Sophie Luise Friederike, geb. Klapprodt Künftiger Wohnort: Wibbecke
28.09. Erbsen	**Klinge,** Justus Friedrich (Leineweber zu Erbsen, *15.06.1843 zu Ellierode) V: Heinrich (Schneider) M: Luise, geb. Küchemann	**Borchart,** Rosine Luise Charlotte Caroline (zu Güntersen, *13.03.1843 zu Güntersen) V: +Christian Friedrich (Schuhmacher) M: Sophie Caroline, geb. Wasmann Künftiger Wohnort: Erbsen

P.
21.09.
28.09.
Wolfskeil, Ludewig Friedrich Wilhelm (Maurer zu Wibbecke, *12.04.1848 zu Offensen)
V: +Ludewig Johann Christian (Handarbeiter)
M: +Dorothee Luise, geb. Elges

Hartmann, Hanne Luise Friederike (zu Offensen, *13.10.1851 zu Offensen)
V: +Georg (Pensionär)
M: Caroline, geb. Sonne
Künftiger Wohnort: Wibbecke

19.10.
Erbsen
Rorig, Christoph Friedrich Wilhelm (Ackerknecht zu Fehrlingsen, *18.04.1850 zu Gladebeck)
V: +Ernst Friedrich (Forstaufseher)
M: Marie Dorothee Charlotte, geb. Klinge

Meier, geb. **Knüppel,** Caroline Albertine Charlotte Amalie (*28.03.1838 zu Hettensen, Wwe. zu Fehrlingsen)
V: +Wilhelm Knüppel (Handarbeiter)
M: +Amalie, geb. Rettberg
Künftiger Wohnort: Fehrlingsen

P.
07.12.
14.12.
Schulz, Justus Christoph (*14.02.1824 zu Ossenfeld, Maurer zu Wibbecke, Ww. der 1872 verst. Dorothee Christine Amalie, geb. Becker)
V: +Johann Justus Friedrich (Ackermann)
M: +Catharine Rosine, geb. Bürmann

Grote, geb. **Dunker,** Caroline Charlotte (*03.02.1834 zu Barterode, Wwe. des 1871 verst. Christoph Justus Heinrich Grote (Dienstknecht zu Güntersen))
V: N.N.
M: Marie Sophie Dorothea Caroline Dunker
Künftiger Wohnort: Wibbecke

28.12.
Lödingsen
Wulf, Heinrich Friedrich Wilhelm August (Handarbeiter zu Lödingsen, *17.02.1841 zu Lödingsen)
V: Heinrich (Ackermann)
M: +Charlotte, geb. Schnake

Flinte, Dorothea Caroline Christine Henriette (zu Lödingsen, *12.12.1830 zu Lödingsen)
V: Friedrich (Ackermann)
M: Emilie, geb. Jung
Künftiger Wohnort: Lödingsen

1874

P.
04.01.
11.01.
Leonhardt, Georg Carl (Müllergesell zu Lödingsen, *17.08.1848 zu Asche)
V: Georg (Handarbeiter)
M: +Dorothea, geb. Knüppel

Mönnkmeier, Johanne Lisette Eleonore Charlotte (zu Schoningen, *26.07.1853 zu Schoningen)
V: Christian Friedrich Mönnkemeier (Handarbeiter)
M: +Justine Friederike, geb. Brekerbohn
Künftiger Wohnort: Lödingen

28.07.
Erbsen
Ilse, Heinrich Christoph Friedrich Daniel (Lehrer in Erbsen, *10.03.1848 in Bördel)
V: Heinrich Christoph (Ackermann)
M: Sophie Marie Charlotte, geb. Werder

Herwig, Caroline Albertine Henriette Friederike (in Erbsen, *25.08.1853 in Erbsen)
V: Heinrich (Ackermann)
M: Serafine, geb. Herwig
Künftiger Wohnort: Erbsen

23.08.
Lödingsen
Witthuhn, Heinrich Wilhelm August (Leineweber in Lödingsen, *21.08.1845 in Lödingsen)
V: Heinrich (Leineweber)
M: Friederike, geb. Wulf

Rexhausen, Christine Charlotte Friederike (in Lödingsen, *03.05.1844 in Lödingsen)
V: Friedrich (Forstaufseher)
M: Caroline, geb. Marienhagen
Künftiger Wohnort: Lödingsen

30.08.
Lödingsen

Borchert, Heinrich Friedrich Ernst (Schäfer in Lödingsen, *06.09.1850 in Lödingsen)
V: Justus (Schäfer)
M: +Dorothee, geb. Winter

Wellhausen, Christine Caroline Henriette Bertha (in Lödingsen, *01.02.1853 in Lödingsen)
V: Johann August Heinrich (Ackermann)
M: Caroline Sophie Charlotte, geb. Schnake
Künftiger Wohnort: Lödingsen

30.10.
Erbsen

Porde, geschrieben **Pordege**, Wilhelm August Heinrich (Ackerknecht in Fehrlingsen, *24.02.1841 in Eddigehausen)
V: Ludwig Porde (Pordege) (Tagelöhner)
M: Henriette, geb. Schmidt

Krull, Wilhelmine Justine Caroline (Dienstmagd in Fehrlingsen, *23.08.1852 in Asche)
V: Heinrich Carl (Handarbeiter)
M: Hanne Caroline Juliane, geb. Hille
Künftiger Wohnort: Fehrlingsen

24.11.
Erbsen

Klinge, Heinrich Carl August (*10.09.1843 in Emmenhausen, Leineweber in Erbsen, Ww.)
V: Johann Friedrich Wilhelm (Schneider)
M: Dorothee Caroline Friederike, geb. Wellhausen

Tute, Luise, Dorothee Amalie (Dienstmagd in Erbsen, *15.08.1844 in Ellierode)
V: Ludwig (Klafterleger)
M: Luise, geb. Küchemann
Künftiger Wohnort: Erbsen

1875

P.
28.02.
07.03.

Didrich (Diederich), Heinrich Friedrich Wilhelm (Ackermann in Wibbecke, *07.06.1846 in Wibbecke)
V: Johann Friedrich Christoph (Ackermann)
M: Dorothea Caroline, geb. Teuteberg

Diederich (Dieterich), Dorothea Caroline Wilhelmine Henriette (in Asche, *07.12.1845 in Asche)
V: Wilhelm Diederich (Ackermann)
M: Dorothea, geb. Klinge
Künftiger Wohnort: Wibbecke

17.05.
Erbsen

Klinge, Friedrich August Ludwig (Schneider in Erbsen, *10.08.1845 in Erbsen)
V: Heinrich (Schneider)
M: Sophie Caroline Luise Henriette, geb. Küchemann

Winter, Dorothea Caroline Wilhelmine Albertine (in Erbsen, *20.05.1845 in Erbsen)
V: Justus Heinrich (Tagelöhner)
M: Sophie Caroline, geb. Meier
Künftiger Wohnort: Erbsen

06.06.
Wibbecke

Brennecke, Christian Friedrich Ernst Carl (Gastwirt in Wibbecke, *13.11.1843 in Wibbecke)
V: Johann Friedrich Ernst (Gastwirt)
M: Caroline Friederike Henriette, geb. Teuteberg

Schildknecht, Anne Catharine (in Deisel, Regierungsbezirk Kassel, *08.02.1849 in Deisel)
V: Andreas (Ackermann)
M: Amalie, geb. Loshe
Künftiger Wohnort: Wibbecke

P.
23.05.
30.05.

Winter, Heinrich Christian Friedrich (*14.05.1829 in Wibbecke, Ackermann in Wibbecke, Ww.)
V: Heinrich Christian Wilhelm (Ackermann)
M: Caroline, geb. Korten

Klinge, geb. **Otte**, Lisette Charlotte Caroline (*21.03.1839 in Offensen, Wwe.)
V: Friedrich Otte (Ackermann)
M: Christine, geb. Horstmann
Künftiger Wohnort: Wibbecke

11.07. Erbsen	**Fischer,** Heinrich Friedrich Wilhelm (Handarbeiter in Fehrlingsen, *08.12.1846 in Fredelsloh) V: Friedrich Philipp (Ackermann) M: Sophie Henriette Charlotte, geb. Böcker	**Cohrs**, geb. **Grebe,** Hanne Charlotte Caroline Friederike (*04.03.1839 in Asche, Wwe. in Fehrlingsen) V: Heinrich Grebe (Hirt) M: Friederike, geb. Klinge Künftiger Wohnort: Fehrlingsen
11.07. Wibbecke	**Ellermeier,** Heinrich Justus Wilhelm (Schäfer in Wibbecke, *02.02.1848 in Wibbecke) V: Heinrich Ellermeier (unverheiratet, Ackerknecht) M: Caroline Klinge (unverheiratet)	**Dettmar,** Hanne Luise Georgine Henriette (Dienstmagd in Wibbecke, *02.02.1849 in Gierswalde) V: Friedrich (Böttcher) M: Henriette, geb. Göttze Künftiger Wohnort: Wibbecke
18.07. Erbsen	**Kirchener,** Ernst Friedrich (*28.11.1820 in Fehrlingsen, Öconom in Fehrlingsen, Ww.) V: Ernst (Ackermann) M: Justine, geb. Poppe	**Pape,** Friederike Albertine Henriette (in Fehrlingsen, *23.10.1821 in Fehrlingsen) V: Christian (Ackermann) M: Henriette, geb. Filthuth Künftiger Wohnort: Fehrlingsen
26.09. Erbsen	**Tolle,** Heinrich Christian Wilhelm (Ackermann in Barterode, *14.04.1849 in Barterode) V: Friedrich (Schafherr) Dorothee Caroline, geb. Filthuth	**Bick,** Sophie Henriette Bertha (in Erbsen, *23.01.1853 in Erbsen) V: Johann Heinrich (Ackermann) M: Sophie Luise, geb. Rakebrandt Künftiger Wohnort: Erbsen
P. 26.09. 03.10.	**Ahlborn,** Georg August Eduard (Kutscher in Göttingen, *17.06.1855 in Lenglern) V: Georg Ludwig (Ackermann) M: Sophie Luise Charlotte, geb. Oberdiek	**Hille,** Wilhelmine Serafine Luise (in Erbsen, *04.09.1853 in Erbsen) V: Ludewig (Schuhmacher) M: Justine, geb. Meier Künftiger Wohnort: Erbsen

1876

05.03. Erbsen Standes- amtlich 05.03. Erbsen	**Meier,** Christian Friedrich Wilhelm (Ackermann in Erbsen)	**Storm (Sturm),** Charlotte Dorette Minna (in Erbsen)
17.04. Erbsen Standes- amtlich 17.04. Erbsen	**Tute,** Johann Heinrich Christian Friedrich (Leineweber in Ellierode)	**Klinge,** Dorothee Caroline Friederike (in Erbsen)
11.06. Erbsen Standes- amtlich 11.06. Erbsen	**Kassau,** Georg Friedrich Wilhelm (Dienstknecht in Asche)	**Borchert,** Auguste Caroline Henriette (in Erbsen)

27.08.
Erbsen
Standes-
amtlich
27.08.
Erbsen

Münte, Georg Friedrich Ludwig (Rademacher, Ww. in Ellierode)

Klinge, Dorothee Sophie Friederike (in Erbsen)

12.10.
Erbsen
Standes-
amtlich
12.10.
Erbsen

Ilse, Heinrich Christoph Friedrich Daniel (Lehrer, Ww. in Erbsen)

Herwig, Wilhelmine Albertine Serafine (in Erbsen)

26.11.
Erbsen
Standes-
amtlich
26.11.
Erbsen

Borchert, Heinrich Carl Wilhelm (Leineweber in Erbsen)

Köhne, Wilhelmine Friederike (in Emmenhausen)

03.12.
Erbsen
Standes-
amtlich
03.12.
Erbsen

Meier, Carl Christian Heinrich (Ackermann in Erbsen)

Herwig, Henriette Helene Caroline Albertine Serafine (in Erbsen)

1877

14.01.
Erbsen
Standes-
amtlich
14.01.
Erbsen

Rettberg, Johann Christian Carl (Ackerknecht in Fehrlingsen)

Lühmann, geb. **Karnebogen,** Hanne Sophie Caroline Friederike (Wwe. in Fehrlingsen)

18.03.
Erbsen
Standes-
amtlich
18.03.
Erbsen

Unverzagt, Georg Heinrich (Ackerknecht in Fehrlingsen)

Wahmke, geb. **Gobrecht,** Henriette (Wwe. in Fehrlingsen)

13.05.
Standes-
amtlich
13.05.
Wibbecke

Ahlborn, Heinrich August Friedrich (Ackermann, Ww. in Lödingsen)

Tolle, geb. **Lindemann,** Dorothee Luise Christine Charlotte (Wwe. in Wibbecke)

20.05.
Standes-
amtlich
20.05.
Wibbecke

Becker, Ernst Friedrich Wilhelm (Ackermann in Wibbecke)

Teuteberg, geb. **Möhle,** Dorothee Sophie Wilhelmine Augustine Charlotte (Wwe. in Wibbecke)

25.10.
Standes-
amtlich
25.10.
Wibbecke

Jaeger, Heinrich (Musiker in Wibbecke)

Schrebe, Wilhelmine Caroline Luise Charlotte (in Wibbecke)

28.10. Erbsen Standes- amtlich 28.10. Erbsen	**Rorig**, Carl Justus Friedrich (Schäfer in Fehrlingsen)	**Schelp**, Caroline Henriette Sophie Dorothee (Dienstmagd in Fehrlingsen)

1878

10.02. Erbsen Standes- amtlich 10.02. Erbsen	**Kirchner**, Friedrich Ernst Carl Heinrich Wilhelm (Öconom im Fehrlingsen)	**Teuteberg**, Auguste Friederike Caroline Dorothee (in Fehrlingsen)
24.03. Lödingsen Standes- amtlich 24.03. Lödingsen	**Hillebrandt (Hildebrandt)**, Heinrich Christian Wilhelm Theodor (Sch.. in Nicolausberg)	**Flinte**, Dorothee Charlotte Auguste Luise (in Lödingsen)
22.04. Erbsen Standes- amtlich 21.04. Erbsen	**Ahlborn**, Heinrich Wilhelm Christian Ludwig (Bahnhofsarbeiter in Elliehausen)	**Hille**, Albertine Wilhelmine Augustine (in Grone)
30.06. Erbsen Standes- amtlich 30.06. Lödingsen	**Teuteberg**, August Heinrich Friedrich Wilhelm (Steinhauer in Lödingsen)	**Appel**, Christiane Ernestine Melusine (in Lödingsen)
07.07. Wibbecke Standes- amtlich 07.07. Wibbecke	**Nörtemann**, Carl Heinrich August (Knecht in Wibbecke)	**Meseke**, Henriette Luise Auguste Charlotte (in Wibbecke)
28.07. Erbsen Standes- amtlich 28.07. Erbsen	**Tupper**, Heinrich Friedrich (Ackermann in Kerstlingerode)	**Hillemann**, Johanne Wilhelmine Friederike Dorette Auguste (in Erbsen)
19.11. Wibbecke Standes- amtlich 19.11. Wibbecke	**Hendrich**, Friedrich August Eduard (Friseur in Göttingen)	**Klinge**, Dorothee Henriette Luise (in Wibbecke)

1879

23.03. Lödingsen Standes- amtlich 23.03. Lödingsen	**Philipp**, Wilhelm Heinrich Ludwig (Ackermann in Lichtenborn)	**Hinterthür**, Johanne Wilhelmine (in Lödingsen)

27.04.
Erbsen
Standes-
amtlich
27.04.
Erbsen

Wulf, Heinrich Friedrich Ludwig (Ackermann in Lödingsen)

Buhre, Magdalene Dorothee Lina (in Lödingsen)

13.07.
Lödingsen
Standes-
amtlich
13.07.
Lödingsen

Achilles, Friedrich Christoph (Barbier in Hannover)

Wulf, Charlotte Henriette Amalie Wilhelmine (in Lödingsen)

1880

18.07.
Lödingsen
Standes-
amtlich
18.07.
Lödingsen

Wille, Heinrich Ernst Wilhelm Louis (Weißbinder in Lödingsen)

Ahlborn, Auguste Henriette Dorothee Wilhelmine (in Lödingsen)

31.10.
Erbsen
Standes-
amtlich
31.10.
Erbsen

Köhler, Friedrich Wilhelm Karl Louis (Handarbeiter in Uslar)

Gödeke, Melusine Luise Minna Charlotte (in Erbsen)

07.11.
Erbsen
Standes-
amtlich
07.11.
Erbsen

Eberleh, Ludwig Christian Theodor (Ackermann in Harste)

Piepenbrink, Johanne Wilhelmine (in Erbsen)

1881

24.04.
Lödingsen
Standes-
amtlich
24.04.
Lödingsen

Nörtemann, Heinrich Christian Friedrich August (Steinhauer in Lödingsen)

Lindemann, Henriette Regine Wilhelmine (in Lödingsen)

01.05.
Lödingsen
Standes-
amtlich
01.05.
Lödingsen

Michel, Heinrich Christian Ludwig Christoph (Steinhauer in Lödingsen)

Schnake, Caroline Henriette Magdalene (in Lödingsen)

06.06.
Lödingsen
Standes-
amtlich
06.06.
Lödingsen

Wulf, Carl Heinrich Georg Friedrich (Kaufmann in Lödingsen)

Flinte, Luise Dorothee Charlotte Henriette (in Lödingsen)

14.08. Lödingsen Standes- amtlich 14.08. Lödingsen	**Witthuhn**, Heinrich Wilhelm August (Leineweber, Ww. in Lödingsen)	**Teuteberg,** Dorothee (in Lödingsen)
09.10. Lödingsen Standes- amtlich 09.10. Lödingsen	**Philipp**, Carl Ludwig Wilhelm (Ackermann in Lödingsen)	**Tolle,** Auguste Wilhelmine Alwine (in Lödingsen)
24.11. Lödingsen Standes- amtlich 24.11. Lödingsen	**Kerl,** Heinrich Gottlieb August Albert (Ackermann in Lödingsen)	**Philipp,** Charlotte Wilhelmine Henriette Amalie (in Lödingsen)
27.11. Lödingsen Standes- amtlich 27.11. Lödingsen	**Wellhausen**, Friedrich Wilhelm August (Ackermann in Lödingsen)	**Knepel,** Friederike Louise Sophie (in Lödingsen)
15.12. Lödingsen Standes- amtlich 15.12. Lödingsen	**Wellhausen**, Ernst August Wilhelm (Ackermann in Lödingsen)	**Wellhausen,** geb. **Schmidt**, Karoline (Wwe. in Lödingsen)

1882

15.03. Wibbecke Standes- amtlich 31.01. Wibbecke	**Nörtemann,** Wilhelm Ernst August (Kutscher in Wibbecke)	**Wahmke,** Friederike Charlotte Henriette (in Offensen)
09.03. Wibbecke Standes- amtlich 09.03. Wibbecke	**Beiermann,** Georg Heinrich Friedrich (Ackermann in Wibbecke)	**Schodder,** Dorothee Sophie Louise (in Wibbecke)
10.04. Lödingsen Standes- amtlich 10.04. Lödingsen	**Pflug,** Heinrich Friedrich Hermann (Steinhauer in Lödingsen)	**Stümpel,** Dorothee Christine Wilhelmine (in Lödingsen)
23.04. Lödingsen Standes- amtlich 23.04. Lödingsen	**Wellhausen,** Friedrich Ernst August (Ackermann, Ww. in Lödingsen)	**Wulf,** Dorothee Henriette Caroline Amalie (in Lödingsen)

07.05. Wibbecke Standes- amtlich 07.05. Wibbecke	**Schrebe**, Heinrich Friedrich Wilhelm (Handarbeiter in Wibbecke)	**Büermann**, Friederike (in Landolfshausen)
07.05. Lödingsen Standes- amtlich 07.05. Lödingsen	**Friedrichs**, Heinrich Christian Friedrich (Hofmeister in Hettensen)	**Leonhardt**, Caroline Justine Dorothee (in Lödingsen)
21.05. Erbsen Standes- amtlich 21.05. Erbsen	**Göbel**, Karl Christian August Wilhelm (Leineweber in Barterode)	**Klinge**, Serafine Caroline Dorothee (in Erbsen)
03.09. Erbsen Standes- amtlich 03.09. Erbsen	**Friedrichs**, Heinrich Wilhelm August (Ackerknecht in Erbsen)	**Klemme**, Minna Henriette Christine (in Erbsen)
10.12. Wibbecke Standes- amtlich 10.12. Wibbecke	**Möhle**, Heinrich (Ackermann in Wibbecke)	**Klinge**, Albertine Luise (in Wibbecke)

1883

15.02. Erbsen Standes- amtlich 15.02. Erbsen	**Klinge**, Heinrich Christian Ludwig (Sergeant bei dem Garde-Fuß-Artillerie-Regiment, in Spandau)	**Kirchner**, Caroline Friederike Elise (in Fehrlingsen)
08.04. Erbsen Standes- amtlich 27.01. Hannover	**Brosende**, Friedrich Konrad Christian (Schneider in Hannover)	**Friedrichs**, Melusine Henriette Wilhelmine Charlotte (in Hannover)
29.04. Lödingsen Standes- amtlich 29.04. Lödingsen	**Behmann**, Karl Heinrich Wilhelm Gottlieb (Hofmeister in Lödingsen)	**Wellhausen**, Karoline Wilhelmine Magdalene (in Lödingsen)
13.05. Lödingsen Standes- amtlich 13.05. Lödingsen	**Buhre**, Albert Friedrich Ernst (Sattler in Lödingsen)	**Fricke**, Hanne Friederike Wilhelmine (in Lenglern)

14.05. Wibbecke Standes- amtlich 14.05. Wibbecke	**Meseke,** Georg Wilhelm (Maurer in Wibbecke)	**Pagel**, Luise Dorothee (in Dankelshausen)
20.05. Wibbecke Standes- amtlich 20.05. Wibbecke	**Thies**, Carl Friedrich Ludwig (Arbeiter in Dankelshausen)	**Meyer,** Dorothee Wilhelmine Juliane Luise (in Wibbecke)
30.09. Lödingsen Standes- amtlich 30.09. Lödingsen	**Pflug,** August Karl Ludwig (Steinhauser in Lödingsen)	**Gerke,** Karoline Wilhelmine Magdalene (in Lödingsen)
18.11. Erbsen Standes- amtlich 18.11. Erbsen	**Rohrig**, Heinrich Wilhelm (Arbeiter)	**Spörhase**, Ernestine Wilhelmine Luise Albertine

1884

14.04. Lödingsen Standes- amtlich 14.04. Lödingsen	**Bode,** Heinrich August Karl (Fabrikarbeiter in Holtensen)	**Großheim,** Hanne Melusine Karoline Luise (in Lödingsen)
25.05. Lödingsen Standes- amtlich 25.05. Lödingsen	**Kleinschmidt,** Heinrich Wilhelm Louise (Ackerknecht in Lödingsen)	**Meyer,** Johanne Wilhelmine (in Lödingsen)
20.07. Erbsen Standes- amtlich 20.07. Erbsen	**Meier,** Karl Friedrich Wilhelm (Ackerknecht in Fehrlingsen)	**Friedrichs,** Charlotte Luise Friederike (in Elliehausen)
03.08. Wibbecke Standes- amtlich 03.08. Wibbecke	**Klinge,** Heinrich Ernst Karl (Steinhauer in Wibbecke)	**Wehmann,** Christine Wilhelmine Karoline (in Wibbecke)
24.08. Erbsen Standes- amtlich 24.08. Erbsen	**Meyer,** Johann Heinrich Fritz (Maler in Alfeld)	**Herwig,** Johanne Wilhelmine Karoline (in Erbsen)

28.09. Erbsen Standes- amtlich 28.09. Erbsen	**Adam**, Heinrich Karl August (Schmiedemeister in Erbsen)	**Meier,** Marie Seraphine Luise (in Erbsen)
06.11. Wibbecke Standes- amtlich 06.11. Wibbecke	**Ude**, Heinrich Christian Friedrich (Ackermann in Hollenstedt)	**Büermann**, geb. **Schodder**, Dorothee Sophie Luise (Wwe. in Wibbecke)
09.11. Lödingsen Standes- amtlich 09.11. Lödingsen	**Teuteberg**, Karl Heinrich Friedrich August (Tischler in Lödingsen)	**Ruwisch**, Johanne Wilhelmine Georgine (in Volpriehausen)

1885

03.05. Lödingsen Standes- amtlich 03.05. Lödingsen	**Tolle**, Christian Friedrich Ludwig (Steinhauer in Lödingsen)	**Mitbauer**, Johanne Sophie Charlotte (in Schlarpe)
30.08. Erbsen Standes- amtlich 30.08. Erbsen	**Kerl**, Karl Heinrich Hermann (Gutspächter in Hatzbach)	**Herwig**, Henriette Caroline Albertine (in Erbsen)
25.10. Lödingsen Standes- amtlich 25.10. Lödingsen	**Leonhardt**, Georg Heinrich Christian (Ackerknecht in Lödingsen)	**Gerls**, Christine Luise Dorothee (in Varmissen)

1886

30.05. Lödingsen Standes- amtlich 30.05. Lödingsen	**Müller**, Friedrich Ludwig Karl (Steinhauer in Lödingsen)	**Knepel**, Friederike Marie (in Lödingsen)
06.06. Lödingsen Standes- amtlich 06.06. Lödingsen	**Knüppel**, Friedrich Wilhelm Heinrich August (Schuhmacher in Lödingsen)	**Witthuhn**, geb. **Teuteberg**, Dorothee (Wwe. in Lödingsen)
18.09. Lödingsen Standes- amtlich 18.09. Lödingsen	**Götze**, Max Emil Georg (Kaufmann in Westerhausen)	**Witthuhn**, Johanne Henriette Emilie Caroline Wilhelmine ((in Lödingsen)

31.10.
Lödingsen
Standes-
amtlich
31.10.
Lödingsen

Franke, Heinrich Ernst Ludwig
(Briefträger in Adelebsen)

Rexhausen, Auguste Wilhelmine Charlotte
Amalie (in Lödingsen)

1887

23.01.
Erbsen
Standes-
amtlich
23.01.
Erbsen

Henze, Heinrich Justus Ludwig
(Tagelöhner in Fehrlingsen)

Meier, Caroline Wilhelmine Dorette
Henriette (in Fehrlingsen)

13.02.
Erbsen
Standes-
amtlich
13.02.
Erbsen

Meyer, Wilhelm (Ackerknecht in
Lödingsen)

Schinkel, Albertine Charlotte Dorothee (in
Fehrlingsen)

27.02.
Erbsen
Standes-
amtlich
27.02.
Erbsen

Rohrig, Georg (Tagelöhner in Erbsen)
(Anmerkung: 14.03.1863 zu Offensen)

Hartmann, Dorothee (in Erbsen)
(Anmerkung: 8.11.1865)

01.05.
Wibbecke
Standes-
amtlich
01.05.
Wibbecke

Otte, Georg Heinrich August
(Ackermann in Verliehausen)

Nörtemann, geb. **Klinge,** Dorothee
Wilhelmine Elise (Wwe. in Wibbecke)

08.05.
Erbsen
Standes-
amtlich
08.05.
Erbsen

Trümper, Friedrich Wilhelm
(Ackerknecht in Erbsen)

Rohrig, Sophie Karoline Dorette (in Erbsen)

22.05.
Lödingsen
Standes-
amtlich
22.05.
Lödingsen

Thielbörger, Heinrich Wilhelm Carl
(Handarbeiter in Lödingsen)

Freibot, Regine Charlotte Wilhelmine (in
Lödingsen)

29.05.
Lödingsen
Standes-
amtlich
29.05.
Lödingsen

Freibot, August Heinrich Friedrich
(Handarbeiter in Lödingsen)

Lindemann, Henriette Dorothee Wilhelmine
(in Lödingsen)

29.05.
Erbsen
Standes-
amtlich
28.05.
Erbsen

Lege, Heinrich Wilhelm Carl (Gaertner
in Ossig)

Kirchner, Albertine Georgine Friederike
Dorothee (in Fehrlingsen)

10.11. Wibbecke Standes- amtlich 10.11. Wibbecke	**Rau,** Julius Louis (Bäckermeister in Northeim)	**Bartram,** Minna Elise Luise (in Wibbecke)
04.12. Lödingsen Standes- amtlich 04.12. Lödingsen	**Schelp,** Ernst Karl August (Landbriefträger in Goslar)	**Adler,** Luise Charlotte Justine (in Lödingsen)

1888

15.04. Wibbecke Standes- amtlich 15.04. Wibbecke	**Becker,** Carl Heinrich August (Schuhmacher in Wibbecke)	**Dietrich,** Luise Friederike Elisabeth (in Ebergötzen)
15.07. Erbsen Standes- amtlich 14.07. Erbsen	**Eggers,** Carl Friedrich Heinrich August (Metzger in Adelebsen)	**Kirchner,** Friederike Hermine Caroline Hanne Anne (in Fehrlingsen)
11.11. Wibbecke Standes- amtlich 11.11. Wibbecke	**Nörtemann,** Wilhelm Friedrich Ernst (Schmied in Wibbecke)	**Klinge,** Sophie Hanna Melusine Amalie Luise Charlotte (in Wibbecke)
09.12. Wibbecke Standes- amtlich 09.12. Wibbecke	**Schachtebeck,** Heinrich Wilhelm (Ackermann in Landolfshausen)	**Schodder,** Johanne Sophie Charlotte Wilhelmine (in Wibbecke)

1889

20.01. Erbsen Standes- amtlich 20.01. Erbsen	**Lüllepop,** Heinrich August Karl (Kutscher in Göttingen)	**Teuteberg,** Wilhelmine Friederike Luise (in Erbsen)
21.04. Lödingsen Standes- amtlich 21.04. Lödingsen	**Olfenbüttel,** Ernst Wilhelm (Knecht in Wolbrechtshausen)	**Sievert,** Johanne Elise Justine (in Lödingsen)
26.05. Lödingsen Standes- amtlich 26.05. Lödingsen	**Priesing,** Heinrich Wilhelm August (Steinhauer in Lödingsen)	**Buhre,** Wilhelmine Lina Amalie (in Lödingsen)

27.10. Lödingsen Standes- amtlich 27.10. Lödingsen	**Lindemann**, Ernst Heinrich Wilhelm (Zimmermann in Lödingsen)	**Tolle**, Auguste Helene Minna (in Lödingsen)
03.11. Erbsen Standes- amtlich 03.11. Erbsen	**Thiele**, Heinrich Eduard Ernst (Steinhauer in Göttingen)	**Diedrich**, Christine Henriette Caroline (in Fehrlingsen)

1890

26.01. Lödingsen Standes- amtlich 26.01. Lödingsen	**Krull**, Georg August Heinrich Wilhelm (Schneider in Lödingsen)	**Knüppel**, Auguste Caroline Luise (in Lödingsen)
02.02. Wibbecke Standes- amtlich 02.02. Wibbecke	**Grube**, Johann Heinrich Ludwig (Arbeiter in Elliehausen)	**Klinge**, Emilie Friederike August (in Wibbecke)
16.02. Lödingsen Standes- amtlich 16.02. Lödingsen	**Flinte**, August Wilhelm Ludwig (Ackerknecht in Lödingsen)	**Buhre**, Magdalene Wilhelmine Emma (in Lödingsen)
27.04. Lödingsen Standes- amtlich 27.04. Lödingsen	**Buhre**, Heinrich Wilhelm Ludwig (Steinhauer in Lödingsen)	**Krull**, Friederike Justine Henriette (in Lödingsen)
11.05. Lödingsen Standes- amtlich 10.05. Lödingsen	**Puchmüller**, Heinrich Friedrich (Schuhmacher in Hettensen)	**Ohm**, Wilhelmine Caroline Luise Bertha (in Lödingsen)
28.09. Lödingsen Standes- amtlich 28.09 Lödingsen	**Grödeke**, Hermann Wilhelm Gustav (Schuster in Hannover)	**Kirchner**, Minna Emma Doris (in Lödingsen)
19.10. Wibbecke Standes- amtlich 19.10. Wibbecke	**Rackebrandt**, August Christine Wilhelmine (Arbeiter in Esebeck)	**Becker**, Melusine Charlotte (in Wibbecke)

09.11. Wibbecke Standes- amtlich 09.11. Wibbecke	**Bindseil,** August Heinrich Justus (Fabrikarbeiter in Holtensen)	**Meyer,** Friederike Caroline Charlotte (in Wibbecke)

1891

01.01. Lödingsen Standes- amtlich 01.01. Lödingsen	**Knüppel,** Ernst August Ludwig Wilhelm (Weißbinder in Lödingsen)	**Klages,** Caroline Friederike Marie (in Lenglern)
31.03. Lödingsen Standes- amtlich 31.03. Lödingsen	**Meier,** Heinrich Friedrich August (Schneider in Erfurt)	**Knüppel,** Wilhelmine Luise Charlotte (in Lödingsen)
18.05. Wibbecke Standes- amtlich 17.05. Wibbecke	**Heise,** Christian Friedrich August (Tischler in Esebeck)	**Winter,** Dorette Caroline Charlotte (in Wibbecke)
14.06. Lödingsen Standes- amtlich 14.06. Lödingsen	**Stolze,** August Julius Ludwig (Fabrikarbeiter in Linden)	**Probst,** Dorothee Wilhelmine Louise (in Lödingsen)
28.06. Wibbecke Standes- amtlich 28.06. Wibbecke	**Stünkel,** Heinrich Wilhelm Zacharias (Arbeiter in Wibbecke)	**Wiechmann,** Anne Gerhardine Catharine (in Tonndeich)
12.07. Wibbecke Standes- amtlich 12.07. Wibbecke	**Schrader,** August Karl Heinrich Ludwig (Arbeiter in Bodenfelde)	**Schulze,** Lina Albertine Melusine (in Wibbecke)
08.11. Lödingsen Standes- amtlich 07.11. Lödingsen	**Münder,** Karl August Heinrich Friedrich (Maurermeister in Lauenförde)	**Buhre,** Sophie Caroline Friederike Lotti Minna (in Lödingsen)

1892

18.04. Erbsen Standes- amtlich 18.04. Erbsen	**Winter,** August Christian Heinrich Carl (Arbeiter in Erbsen)	**Junge,** Christiane Friederike Dorothea Caroline (in Erbsen)

187

06.06. Wibbecke Standes- amtlich 05.06. Wibbecke	**Ilse,** Friedrich Heinrich (Maurer in Wibbecke)	**Teuteberg**, Caroline Louise Dorette Albertine (in Wibbecke)
06.06. Lödingsen Standes- amtlich 06.06. Lödingsen	**Bode,** Georg Christian August Wilhelm (Steinbrucharbeiter in Lödingsen)	**Klemme**, genannt **Freiboth**, Caroline Charlotte Henriette (in Lödingsen)
11.10. Lödingsen Standes- amtlich 11.10. Lödingsen	**Bertram,** Otto Christoph Heinrich (Schullehrer in Erbsen)	**Wellhausen**, Marie Juliane Wilhelmine Auguste (in Lödingsen)
16.10. Wibbecke Standes- amtlich 16.10. Wibbecke	**Becker,** Friedrich August Heinrich (Maurer in Wibbecke)	**Dietrich**, Wilhelmine Friederike Elisabeth (in Göttingen)
25.10. Wibbecke Standes- amtlich 25.10. Wibbecke	**Quentin,** Ludwig Heinrich August (Ackermann in Knutbühren)	**Reinecke**, Constantine Melusine Dorette Amalie (in Wibbecke)
20.11. Lödingsen Standes- amtlich 20.11. Lödingsen	**Thöne,** Adolf Heinrich Wilhelm Louise (Arbeiter zu Güntersen)	**Wachsmuth**, Auguste Louise Alwine (zu Lödingsen)
26.12. Erbsen Standes- amtlich 26.12. Erbsen	**Raub,** Heinrich Christian Friedrich (Weißbinder in Erbsen)	**Henze**, Wilhelmine Albertine Friederike (in Erbsen)

1893

05.03. Lödingsen Standes- amtlich 05.03. Lödingsen	**Flinte,** Ernst August Heinrich Wilhelm Friedrich Ludwig (Ackermann in Lödingsen)	**Harbold**, geb. **Lange**, Caroline Catharine Wilhelmine (Wwe. in Arenborn)
18.06. Erbsen Standes- amtlich 18.06. Erbsen	**Friedrichs,** Heinrich Ernst Wilhelm (Dienstknecht, Ww. zu Erbsen)	**Steckel**, Auguste Albertine Hanne (zu Lödingsen)

16.07. Lödingsen Standes- amtlich 16.07. Lödingsen	**Gerke,** Christian Georg Friedrich Wilhelm (Schmied zu Lödingsen)	**Dietrich,** Wilhelmine Caroline Ernestine (zu Lödingsen)
01.10. Lödingsen Standes- amtlich 01.10. Lödingsen	**Otte,** Heinrich Friedrich Wilhelm (Steinbrucharbeiter zu Lödingsen)	**Luze,** Auguste Wilhelmine Dorette (zu Lödingsen)
08.10. Lödingsen Standes- amtlich 08.10. Lödingsen	**Herwig,** Heinrich Louis (Ackermann zu Erbsen)	**Wellhausen,** Wilhelmine Dorette Caroline (zu Lödingsen)
08.10. Wibbecke Standes- amtlich 08.10. Wibbecke	**Pabst,** Ernst Carl Christian (Steinhauer zu Wibbecke)	**Schlieper,** Minna Berthine Caroline (zu Wibbecke)

1894

07.01. Wibbecke Standes- amtlich 07.01. Wibbecke	**Bolm,** Heinrich Wilhelm Ernst (Malergeselle zu Hannover)	**Becker,** Caroline Albertine Henriette Sophie (zu Wibbecke)
07.01. Erbsen Standes- amtlich 06.01. Erbsen	**Storm,** Friedrich Carl Heinrich (Schneidermeister zu Erbsen)	**Piepenbrink,** Johanne Friederike Charlotte (zu Erbsen)
08.03. Erbsen Standes- amtlich 07.03. Erbsen	**Krull,** Diedrich Friedrich Wilhelm (Ackermann zu Asche)	**Herwig,** Serafine Albertine Caroline (zu Erbsen)
11.03. Wibbecke Standes- amtlich 11.03. Wibbecke	**Sauerland,** Ernst Heinrich Andreas (Wegewärter zu Barterode)	**Trebing,** Luise Friederike Dorette (zu Wibbecke)
26.03. Lödingsen Standes- amtlich 26.03. Lödingsen	**Schaper,** Heinrich August Ludwig (Ackerknecht zu Lödingsen)	**Großheim,** Friederike Caroline Hanne (zu Lödingsen)

01.04. Lödingsen Standes- amtlich 01.04. Lödingsen	**Buhre,** Carl Friedrich August (Haussohn zu Lödingsen)	**Buhre,** Lina Regine Henriette (zu Lödingsen)
01.04. Lödingsen Standes- amtlich 01.04. Lödingsen	**Fischer,** Christian Louis August Carl (Ackerknecht zu Lödingsen)	**Brandfass,** Johanne Rosine Caroline Amalie (zu Lödingsen)
22.07. Wibbecke Standes- amtlich 22.07. Wibbecke	**Ahlborn,** Georg Heinrich Carl Wilhelm (Gärtner z Göttingen)	**Teuteberg,** Luise Dorette August (zu Wibbecke)
16.09. Erbsen Standes- amtlich 16.09. Erbsen	**Piepenbrink,** Heinrich Carl Gustav (Müller in Erbsen)	**Nörtemann,** Auguste Henriette Albertine Caroline (in Erbsen)
28.10. Lödingsen Standes- amtlich 27.10. Lödingsen	**Teuteberg,** Friedrich Wilhelm (Haussohn zu Lödingsen)	**Buhre,** Caroline Regine Friederike (zu Lödingsen)
11.11. Lödingsen Standes- amtlich 10.11. Lödingsen	**Puchmüller,** Heinrich Friedrich (Schuhmachermeister zu Lödingsen)	**Ohm,** Emilie Wilhelmine Mathilde (zu Lödingsen)
13.11. Erbsen Standes- amtlich 13.11. Erbsen	**Friedrichs,** August Wilhelm (Drellmacher zu Erbsen)	**Molthan,** Johanne Melusine Georgine Emilie (zu Ellierode)
27.11. Lödingsen Standes- amtlich 26.11. Lödingsen	**Sporleder,** Albert Christian (Kaufmann zu Adelebsen)	**Wellhausen,** Bertha Wilhelmine Conradine (zu Lödingsen)

1895

13.01. Lödingsen Standes- amtlich 13.01. Lödingsen	**Hanne,** Wilhelm Friedrich (Schuhmacher zu Göttingen)	**Probst,** Luise Albertine Wilhelmine (zu Lödingsen)

03.02. Wibbecke Standes- amtlich 03.02. Wibbecke	**Reese,** Heinrich Carl Wilhelm August (Ackerknecht zu Wibbecke)	**Teuteberg,** Wilhelmine Dorothea Caroline (zu Wibbecke)
10.02. Wibbecke Standes- amtlich 10.02. Wibbecke	**Ahlborn,** Heinrich Ludwig (Vorarbeiter, Ww. zu Göttingen)	**Nörtemann,** Albertine Wilhelmine Caroline Henriette (zu Wibbecke)
21.05. Erbsen Standes- amtlich 20.05. Lödingsen	**Kirchner,** Karl Heinrich Albert (Ackermann zu Lödingsen)	**Franke,** Emma Minna Johanne (zu Lödingsen)
03.06. Lödingsen Standes- amtlich 01.06. Lödingsen	**Böger,** Heinrich Georg Hermann (Ackerknecht zu Lödingsen)	**Degelau,** Emma (zu Lödingsen)
04.08. Lödingsen Standes- amtlich 03.08. Lödingsen	**Niemeyer,** Friedrich Wilhelm Eduard (Ackermann zu Esebeck)	**Tolle,** Hermine Caroline Henriette Magdalene Luise (zu Lödingsen)
24.11. Wibbecke Standes- amtlich 24.11. Wibbecke	**Schulze,** Carl Heinrich Friedrich August (Ackermann zu Wibbecke)	**Becker,** Dorette Henriette Auguste Friederike Christiane (zu Wibbecke)
24.11. Lödingsen Standes- amtlich 24.11. Lödingsen	**Müller,** Friedrich Ludwig Karl (Steinhauer, Ww. zu Lödingsen)	**Denecke,** geb. **Müller,** Adelheid Franziska Eleonore (Wwe. auf der Bramburg bei Lödingsen)
08.12. Lödingsen Standes- amtlich 08.12. Lödingsen	**Grossheim,** Wilhelm Heinrich Ludwig (Steinbrucharbeiter zu Lödingsen)	**Diedrich,** Emilie Caroline Dorothee (zu Lödingsen)

Ende des Kirchenbuches

Erbsen (Lödingsen, Wibbecke, Fehrlingsen)

Kulle	5	Ludolph	36,69,165
Kulp	8,28,34,37,39,43,135,	Lühmann	177
Kulp	151,166	Lüllemann	4,13,22,23,26,27,50,52,
Kumpe	158,164	Lüllepop	185
Kungel	147	Lüllich	62
Kunke	7	Lüshenhop	61
Kunnemann	30	Luze	21,164,189
Kunze	1,10,13,17,19,21,30,33,	**Mahn**	2,38
Kunze	40,43,51	Maibaum	154
Küster	2,30,77,162,170,171	Mandelsloh, von	52
Kutscher	44	Mannes	8
Lambach	136	Marienhagen	46
Lambrecht	79,119	Maring	68
Lammert	39	Markewitz	16,23
Lang	24	Marten	52
Lange	49,188	März	50
Laspe	100,105	Mascher	114,164,189
Lauterberg	37	Mechmershausen	90
Lege	184	Meier	10,41,64,71,82,86,102,
Lehmann	51	Meier	109,113,139,154,156,
Lehne	65,144	Meier	157,161,163,174,175,
Leibeke	140	Meier	176,177,182,183,184,
Lene	65	Meier	187
Leonhardt	3,144,145,172,174,175,	Meister	16,29
Leonhardt	181,183	Mengel	51
Lesche	3,5,19	Mertens	1
Leßner	26,101,107,113	Mesecke	10,36,55,57,60,63,66,71,
Leunig	60,74,83,91,136	Mesecke	90,101,104,109,137
Leverenz	33	Meseke	19,21,34,55,168,178,
Lichtenthäler	50	Meseke	182
Liebrecht	23	Methe	50
Lindemann	30,33,36,40,45,50,52,	Meyenberg	18
Lindemann	143,144,146,147,148,	Meyer	10,13,17,36,37,43,
Lindemann	149,155,159,162,177,	Meyer	68,69,71,78,79,80,81,83
Lindemann	179,184,186	Meyer	84,84,85,86,87,88,89,95,
Lindemeyer	42	Meyer	97,100,102,104,106,115,
Lindhorst	37	Meyer	120,124,126,132,134,
Linne	39	Meyer	158,169,182,184,187
Lips	156	Meyerdierks	103
Litschke	50	Michel	159,166,179
Lockte	102	Milz	170
Löhr	129	Mitbauer	183
Lohrengel	66,73,81	Mohhoff	121
Löhrke	2	Möhle	28,38,40,139,166,177,
Lücke	23,42	Möhle	181
Lüdecke	42,157,159	Möhlecke	46
Lüdeke	164	Mohrhoff	63,66,92,96125,126,129,
Ludewig	19,25,44,94,122	Mohrhoff	147
Ludolf	149,158,161	Möhring	24,40,

Molthan	190	Oppermann	10,11,69,123,128,134
Mönnkmeier	174,175	Ostwald	85
Moosmeyer	52	Otte	28,49,51,86,137,151,
Mordmüller	40	Otte	175,184,
Möriken	86	**P.**	114
Müller	38,44,65,69,73,78,93,97,	Pabst	165,189
Müller	101,117,132,134146,	Pagel	182
Müller	156,183,191	Pape	22,142,151,167,176
Mündemann	26,86	Parish	9
Münder	19,38,187	Paul	95
Münte	177	Peter	41,109
Mußmann	19,23,24,25,37,38,40,	Pfaffenbach	23
Mußmann	52,95	Pfahlert	56,58,65,66,67,69,73,79,
Muthig	72,110,	Pfahlert	83,85,89,90,101,103,104,
Neise	56,88,134,148	Pfahlert	109,119,123,131,133,
Neumann	90,118	Pfahlert	136,145
Neuse	88	Pfestorf	29,33
Niemeyer	191	Pflug	25,47,141,146,152,155,
Niendorff	85	Pflug	163,166,168,180,182
Nienstaedt	69,102	Pflüger	16,103
Nienstedt	55,59,62,69,81,102,112,	Philipp	13,178,180,
Nienstedt	137	Phillips	8
Nienstett	1	Piepenbrink	179,189,190,
Noelke	133	Pinne	132
Noerteman	10	Plenge	3
Noertemann	10,18,43,44	Plinke	11,42,45
Nölke	36,48,95	Poppe	1,15,19,45,50,51
Nolte	51,55	Porde	175
Nordmann	10,59,67,72,93,121,129,	Pordege	175
Nordmann	134,136	Potthast	56
Nörtemann	5,8,23,71,84,96,98,102,	Prater	99
Nörtemann	107,113,118,144,146,	Priesing	157,185,
Nörtemann	147,148,150,153,155,	Prinsing	151
Nörtemann	156,158,160,161,163,	Probst	156,187,190,
Nörtemann	168,173,178,179,180,	Pröpping	28
Nörtemann	184,185,190,191	Puchmüller	186,190,
Oberdieck	10,56,118,159	Pülsch	150
Oberdiek	2,21,78,94,130,	**Q**uast	7,71,173
Oberfeldt	157	Queer	91
Oehme	48	Quentin	127,188
Oelfenbüttel	61	**R**ackebrandt	57,128,131,186
Oelgarte	48	Räckel	110
Oels	21	Raeke	27
Oelsen	155	Rakebrandt	143,162
Oetting	11	Räkel	55
Ohlrogge	19	Ramberg	67,76,111
Ohm	64,71,129,146,186,190	Ramster	40
Olfenbüttel	185	Rangott	121
Oppel	116	Rappe	83,92